文部科学省後援

【2024年版】 B検

ビジネス能力検定ジョブパス

2級

公式試験問題集

一般財団法人 職業教育・キャリア教育財団 監修

日本能率協会マネジメントセンター

刊行にあたって

一般財団法人 職業教育・キャリア教育財団

理事長　**福田　益和**

　本財団は、2012年4月に財団法人 専修学校教育振興会から名称を変更し、一般財団法人 職業教育・キャリア教育財団となりました。旧財団は、30年以上にわたり専修学校教育の発展に寄与し、新財団では、その教育的資産を引き継ぎ、広く社会に対して職業教育・キャリア教育の振興に資する活動を行って参ります。その理念の核として文部科学省後援ビジネス能力検定（通称、B検）があります。

　ビジネス能力検定は、生涯学習の浸透にともない、これまでも専門学校生をはじめとして社会人、大学生、短大生など幅広い層からの受験者を迎えてきました。昨今のDXをはじめとした社会・経済環境の急速な変化のもと、職業教育・キャリア教育の必要性と重要性がますます高まっております。職業教育・キャリア教育の推進のツールとして役割を果たしていくために、2013年度からプログラム全体を再構築し、ビジネス能力検定ジョブパス（通称、B検ジョブパス）と試験名称を変更して新たなカリキュラムおよび試験形式に変更すべきとの結論に至りました。今後も学生や社会人のキャリアビジョンを構築し、充実したキャリアを形成していくと同時にビジネス能力の向上が図れるようビジネス能力検定ジョブパスを実施して参ります。

　また、2015年10月より2級・3級にもインターネットに接続されたパソコンで受験が可能なＣＢＴ方式を導入し、試験日を自由に選択できる形態を導入しました。これまでより大幅に受験機会が増え、学習プランが組み立てやすくなります。

　『ビジネス能力検定ジョブパス公式試験問題集』を活用されることにより、試験に合格するとともに、より多くの方々がビジネス社会において有為な人材として活躍されることを祈念いたします。

ビジネス能力検定ジョブパス
試験概要

2024年1月末現在の情報です。

┌ ペーパー方式[*1] ┐ 2級・3級

●実施級・試験日・出願期間

	実施級	試験日	出願期間
前期試験	2級・3級	7月第一日曜日（全国一斉）	4月1日〜5月中旬
後期試験	2級・3級	12月第一日曜日（全国一斉）	9月1日〜10月中旬

●試験時間

級	説明時間	試験時間
3級	10：20〜10：30	10：30〜11：30（60分間）
2級	12：50〜13：00	13：00〜14：30（90分間）

●合格発表

2級・3級	前期試験：8月下旬　　後期試験：1月下旬

＊1　2022年度からペーパー方式は団体受験のみとなりました。個人受験をご希望の方は、CBT方式をご利用ください。

┌ CBT方式 ┐ 1級・2級・3級

●実施級・試験日・出願期間

実施級	試験日		出願期間
1級	前期	9月初旬〜中旬[*2]	団体：試験実施日の2週間前まで
	後期	2月初旬〜中旬[*2]	
2級・3級	団体：試験日、試験開始時刻は随時自由に設定可。 個人：指定会場により試験日、試験開始時刻が異なります。 （詳細はホームページをご覧ください。）		個人：試験実施日の3週間前まで

＊2　団体受験：上記のうち試験センターが指定する期間内で、自由に設定できます。
　　　個人受験：上記のうち試験センターが指定する期間内で、指定会場が設定する試験日です。

ＣＢＴ方式とは：CBT（Computer Based Testing）方式は、パソコン画面で受験できる試験方式です。
（インターネットに接続できる環境が必要となります。）

●試験時間

級	説明時間	試験時間
1級	10分間	90分間
2級		
3級		60分間

●合格発表

1級	前期試験：10月下旬　　後期試験：3月下旬
2級・3級	試験終了ボタンを押すと、その場で合否結果を表示

受験料 （税込み）

級	3級	2級	1級
金額	3,000円	4,200円	8,500円*3

＊3 1級受験料優遇措置：2級合格者が一定期間内に受験する場合は、5,500円 （税込み） となります。
（ただし、1回限り）

◆ ペーパー方式2級合格者の優遇対象期間

2級合格者が1年以内に受験する場合。

例）2024年度前期2級合格者：2024度前期、2024年度後期のいずれかの期間で1回。

◆ CBT方式2級合格者の優遇対象期間

2級試験日 （＝合格登録日）	優遇対象となる1級試験回
1月1日～7月31日	試験日の年の前期試験 （9月） 試験日翌年の後期試験 （2月）　のいずれか1回
8月1日～12月31日	試験日翌年の後期試験 （2月） 試験日翌年の前期試験 （9月）　のいずれか1回

なお、優遇措置を使った1級出願手続きは、システムの都合上、2級試験日 （合格登録日） の翌々日から可能です。（1級の出願期間は、B検ホームページにて確認ください。）

受験対象

1級・2級・3級	どなたでも受験できます。

出題形式

ペーパー方式	2級・3級	解答マークシート方式
CBT方式	1級	解答記述入力方式
	2級・3級	解答選択方式

合格基準

1級	60 / 100点*4
2級	65 / 100点
3級	70 / 100点

各級とも100点満点

＊4 配点得点：体系的知識問題50点、実践応用問題50点のうち、体系的知識問題25点、実践応用問題20点以上の得点が必要で、体系的知識問題で基準点に満たない場合、実践応用問題は採点されません。

※最新の情報は、下記ホームページでご確認ください。

一般財団法人 職業教育・キャリア教育財団　検定試験センター

〒102-0073　東京都千代田区九段北 4-2-25 私学会館別館

TEL：03-5275-6336　　FAX：03-5275-6969

（休日：土・日・祝日および年末・年始）

URL：https://bken.sgec.or.jp/

目次
Contents

刊行にあたって

ビジネス能力検定ジョブパス試験概要

第1編 演習問題①　ビジネスとコミュニケーションの基本

第2編 演習問題② 仕事の実践とビジネスツール

第3編 過去の試験問題

第1編

演習問題①
ビジネスとコミュニケーションの基本

1 キャリアと仕事へのアプローチ

問1 ＩＴ時代のビジネス環境についての記述である。
[＿＿＿＿]にあてはまる字句を選択肢から選びなさい。

　ＩＴ時代のビジネスの特徴は、情報通信の[(1)]、リアルタイム化、[(2)]によって仕事の方法そのものが変化してきた。また、ＤＸ（デジタルトランスフォーメーション）に取り組む事業者が増えており、[(3)]と[(4)]の活用は業績の優劣に大きく影響するようになってきた。社会全体の変化とともに、会社自身も大きく変化し、働く一人ひとりに求められる能力や[(5)]は大きくなった。

（1）〜（5）の選択肢

ア．データ　　イ．グローバル化　　ウ．才能　　エ．低コスト化

オ．デジタル技術　　カ．労働時間　　キ．ローカル化　　ク．マーケティング

ケ．クラウド　　コ．高コスト化　　サ．過労働時間　　シ．責任

問2 最近の職場についての記述である。
[＿＿＿＿]にあてはまる字句を選択肢から選びなさい。

　労働形態が多様化し、働く時間については[(1)]やフレックスタイム制、働く場所についてはフリーアドレス制のオフィスや在宅勤務も見られるようになった。また働く人については契約社員、派遣社員やパート労働者など[(2)]は、雇用者全体の約4割を占めるまでになった。

（1）の選択肢

ア．自由労働制　　　　イ．個人労働制

ウ．裁量労働制　　　　エ．集団労働制

（2）の選択肢

ア．準社員　　　　　　イ．非正規社員

ウ．出向社員　　　　　エ．現地社員

問3 次の設問に答えなさい。

（1）異なる国や地域の人々とかかわるグローバル社会のコミュニケーションについて、<u>不適切なもの</u>を1つ選びなさい。

【選択肢】

ア．円滑にビジネスを進めるため、英語をはじめ語学力が必要である。

イ．相手のものの考え方、マナーなどを理解する必要がある。

ウ．自分や自国の常識を常に主張し、通用させる必要がある。

エ．論理構築力、プレゼンテーション力も大切である。

（2）社会が求める人材について、<u>不適切なもの</u>を1つ選びなさい。

【選択肢】

ア．自ら考えて、すばやく判断し、自主的に行動することで、期待された成果を生み出すことが求められる。

イ．会社・組織から期待された考え方（倫理観）、知識の豊富さや思考能力、行動力が備わっていることが求められる。

ウ．時代とともに変化する社会の仕組みや技術に対応して、継続して知識を得て能力を高めることが求められている。

エ．過去の成功体験に頼り、その分野で仕事を続けることが求められている。

（3）キャリア形成について、<u>不適切なもの</u>を1つ選びなさい。

【選択肢】

ア．キャリアとは、資格、職業や就業経験のことであり、居住している地域の社会活動など仕事に関係のないものは含まれない。

イ．キャリア形成は、社会や会社が求める人材を理解し、自分がなりたい将来の姿を描くことからはじまる。

ウ．会社は生活の糧を得る経済的な基盤であるとともに、自分のキャリアを形成していく場である。

エ．キャリア形成とは、自分がなりたい姿を実現するための知識、技術を身につけ、実際の場面で実践していくことである。

（4）個人がキャリアを形成していくにあたって必要となる3つの代表的なスキルについて、適切なものを1つ選びなさい。

【選択肢】

ア．新入社員から中堅社員、管理職へと立場が変わると、求められる割合が大きいスキルが、順にコンセプチュアルスキルからヒューマンスキル、テクニカルスキルに変わる。

イ．ヒューマンスキルとは、状況分析・問題発見力、創造力、戦略企画立案能力、意思決定力など状況を的確にとらえ、構造を理解し、問題の本質を見極めるスキルである。

ウ．テクニカルスキルとは、業務知識・技能・技術、財務、法務、知的財産、語学、労務管理、生産管理、情報処理など職務を効率的に遂行するスキルである。

エ．コンセプチュアルスキルとは、与えられた職務と役割を把握し、自分の責任を意識して、職務権限の範囲内で最大限に役割を果たすスキルである。

（5）コミュニケーション能力について、<u>不適切なもの</u>を1つ選びなさい。

【選択肢】

ア．専門性を活かすためには、コミュニケーション能力を高める必要がある。

イ．コミュニケーション能力を高めるためには、お客さま、上司、先輩、同僚、後輩など周囲の人たちの行動や言葉から学ぶとよい。

ウ．人と接する場面で自分の関心事や希望を積極的に主張し、相手に従ってもらえるようなコミュニケーション能力が大切である。

エ．折衝能力とは、利害関係が一致しない相手と自分がおかれた状況や主張のギャップを把握し、問題を解決するために、相手とやり取りするコミュニケーション能力の一つである。

問4 **キャリアマネジメントについての記述である。**
□□□□□にあてはまる字句を選択肢から選びなさい。

　キャリア形成のために必要な意識として、仕事をするにあたって、　**(1)**　の責任を認識して、職務権限の範囲内で最大限に役割を果たすという意識がある。つまり、「その仕事の責任は　**(1)**　にある」「その仕事は　**(1)**　が最後までやりきる」という意識で業務を行うことを意味する。

　これからの時代においては、ある分野で多くの知識と専門能力を身につけ、プロとして業務を遂行できる　**(2)**　になることが求められている。また同時に、周辺分野や会社の仕組みなどを理解し、周囲の人を巻き込んで仕事の成果が出せる　**(3)**　になることも求められている。小さな成果を着実に繰り返すうちに、周囲から大きな期待をかけられるようになる。期待に応えるために身につけたい姿勢は、　**(4)**　の視点で仕事をすることである。

　つまり、身につけている得意技術や専門知識で1つの業務を遂行するだけではなく、複雑な状況のなかで的確にものごとをとらえ、技術や知識を一般化・汎用化して、他の分野に応用したり、世の中が求めていることに対応して、つぎの仕事につなげていくことが必要である。

(1) の選択肢

ア．社長　　　　　　　　イ．上司
ウ．自分　　　　　　　　エ．同僚

(2) ～ (3) の選択肢

ア．スペシャリスト　　　イ．アマチュア
ウ．ビギナー　　　　　　エ．ジェネラリスト

(4) の選択肢

ア．親　　　　　　　　　イ．上司
ウ．自分　　　　　　　　エ．部下

キャリアと仕事へのアプローチ

 解答・解説

問1（第1章第1節）

（1）イ（グローバル化）（2）エ（低コスト化） ※（1）（2）は順不同
（3）ア（データ）（4）オ（デジタル技術） ※（3）（4）は順不同 **（5）シ（責任）**

　情報通信の発達により、仕事の方法そのものが変わり、会社と市場、会社と社会、会社と会社、会社と個人の関係が大きく変化しています。ITの活用やDXの推進により、会社間の優劣の差が拡大し、その結果、経営力のある会社が他の会社を再編・統合、さらには合併・買収しています。こうした社会全体の変化の中で、会社においても、これまでの組織や職種という境界や枠組みを超えた活動が増え、働く一人ひとりにもこうした活動に参画し、成果を生み出す役割が増え、期待される能力や責任は大きくなりました。

問2（第1章第1節）

（1）ウ　（裁量労働制）—近年は、たとえばマスコミ関係など、労働時間と成果が必ずしも連動しない職種が増えてきました。こうした職種に就く従業員に対して定められたのが裁量労働制です。達成すべき成果をあらかじめ決めたうえで、具体的な仕事の進め方や時間配分を従業員の裁量に任せるというものです。

（2）イ　（非正規社員）—非正規社員とは、正規雇用以外の雇用形態で働く社員のことです。正社員以外の人のこととともいえます。会社は、正社員と比較し、一般に低コストの非正規社員を採用することで、利益を確保していきます。そのため、近年では採用数も増え、雇用者全体の約4割を占めるまでになっています。非正規社員は雇用も不安定なため、不安定な立場を理解しながら仕事を進めることも大切です。

問3

（1）ウ（第 1 章第 1 節）

ア— 今日のようなグローバル社会では、異なる国や地域の人々と仕事を進めていく機会も増えています。そのため、英語をはじめ語学力を身につけて、良好なコミュニケーションをとる必要があります。

イ— 異なる国や地域の人々の常識は、自分や自国の常識とさまざまな点で異なります。したがって、相手を理解することも重要なコミュニケーションの一つになります。

ウ— 一方的に自分や自国の常識を押し付けてはなりません。

エ— 自分を理解してもらうために、論理構築力、プレゼンテーション力も大切になります。

（2）エ（第 1 章第 2 節）

ア— スピードが要求される現代のビジネス社会では、会社が決めた指示を待って行動していては遅すぎます。率先して自らが考え、行動する自律型の人材が求められています。

イ— 会社・組織は自主的に行動する人材を求めています。法令などを順守する倫理観をもち、仕事に関連する知識を増やし、物事の仕組みを思考して理解し、周囲と協力しながら行動することが求められています。

ウ— 社会の仕組みや技術の進歩は目覚ましいものがあります。社会人として仕事をしていくためには、継続して知識を得て能力を高める必要があります。

エ— 過去の成功に頼るのではなく、知識や技能を深め、新たな分野に挑戦する人材が求められています。

（3）ア（第 1 章第 2 節）

ア— キャリアとは、資格、職業や就業経験、また、必要な資格を取得し、職業を選択することだけではなく、もっと広く、社会的活動やさまざまな組織、グループの一員としての「自分らしい生き方」を意味します。

イ— 社会や会社が求める人材に対して自分の将来の姿を描き、それに向かって知識、技術を身につけ、実践していくことがキャリア形成です。

ウ— 会社で仕事をすることで、自らのキャリアを築き上げていくことができます。

エ— キャリア形成は、自分がなりたい姿を実現するための知識、技術を身につけるだけではなく、仕事や社会的活動など、実践してはじめてわかること

が多いため、実際の場面でそれらの知識や技術を実践する必要があります。

（4）**ウ** （第1章第2節）

ア―求められる割合が大きいスキルの正しい順番は、テクニカルスキルから
ヒューマンスキル、コンセプチュアルスキルです。

イ―ここで説明されている内容は、コンセプチュアルスキルです。ヒューマン
スキルとは、コミュニケーション能力、提案能力、リーダーシップ能力、
折衝力など対人関係を円滑に処理し、リードするスキルのことです。

ウ―テクニカルスキルを高めることで、得意分野を開拓し確立することにもつ
ながります。

エ―コンセプチュアルスキルは複雑な状況のなかで的確にものごとをとらえる
能力のことです。

（5）**ウ**（第1章第3節）

ア―会社はチームで仕事をします。周囲の信頼を得て、組織の中で力を発揮で
きて、はじめて専門性が活きてきます。

イ―コミュニケーション能力は、本などを読んでもなかなか高めることはでき
ません。周囲の人の行動や言葉をよく観察・理解し、自分が良いと感じた
ことを参考にすることは、コミュニケーション能力を高める近道です。

ウ―コミュニケーションで大切なことの一つは、相手を理解し、自分も理解し
てもらうという双方向のやり取りです。人と接する場面で自分の関心事や
希望を伝えて理解してもらうことも必要ですが、むしろ相手の関心事やお
かれた状況・要望を読み取ることのほうが大切です。

エ―ビジネスでは、上司、先輩、同僚、部下、取引先などと関係を持ちながら
仕事を行いますが、自分と相手の利害は必ずしも一致しません。こうした
場面では、相手と自分がおかれた状況や主張のギャップを把握し、どうし
たらお互いに納得できるかを考え、相手と話し合い、解決していくことが
求められます。

問4 （第1章第3節）

（1）ウ **（自分）**―会社の仕事を通してキャリア形成をしていく場合、会社に貢
献する必要があります。そのためには職業倫理（コンプライアンス）を維
持し、当事者意識（責任感）をもち、自らの成長を図る（自己実現）こと

が求められます。このなかの当事者意識とは、担当した仕事の責任は自分にあり、自分が最後までやりきるという意識です。こうした意識が不足し、仕事がうまくいかず都合が悪くなると、周りの人の責任にしたり、仕事を投げ出して責任逃れをする人も見られますが、職業人として失格です。担当した仕事を1つひとつ行って、自分の存在を認めてもらい、キャリアを積み重ねていきましょう。

（2）ア （スペシャリスト）―特定の分野に関する深い知識や専門的な技術をもち、その分野に特化して仕事をする人をスペシャリストといいます。現在の会社では、単純で定型的な仕事はITによって自動化が進み、人が行う仕事は高度化・専門化してきました。そのため、他人より優れた専門能力を身につけて、その分野でプロとして業務を遂行できるスペシャリストになることが求められています。まずは自分が得意とする技術や専門的な知識を一つ身につけて、周りの人から仕事を任される存在になり、組織の中で必要とされる人材であり続けることが、自分のキャリア形成につながります。

（3）エ （ジェネラリスト）―広範囲の知識・経験をもち、広い業務分野を担当する人のことをジェネラリストといいます。会社では職位が上がるにつれてジェネラリストとしての活躍が求められることが多いです。高度成長期の会社では、単純で定型的な仕事がたくさんあり、多くの人がそれに従事していました。こうした多くの人を管理する人が必要であり、業務分野、専門技術などを広く身につけるジェネラリストになることが求められました。

（4）イ （上司）―会社で仕事をはじめてしばらくの間は、ある特定の業務分野を遂行することが求められます。そこで特定の知識や専門的な技術を身につけながら仕事の成果を上げて経験を積みます。次に、同じ業務分野でさらに大きな成果や、新たな業務分野で経験を活かした成果をあげるなど、もっと大きな期待がかけられます。こうしたとき、従来と同じ仕事のやり方・考え方では通用しません。期待に応えるポイントは、上司の視点で仕事をとらえることです。つまり、これまでに身につけてきた知識や技術を、さらに大きな成果につなげられらないか、他の分野に応用できないか、と考えることです。

2 会社活動の基本

問1 次の □□□□□ にあてはまる字句を選択肢から選びなさい。

（1）会社の基本的な活動サイクルは、「□□□□□、モノ、カネ、情報」という資源を使って商品やサービスを生み出し、それを社会に提供することによって対価を受け取る。

（2）会社が存続し続けるためには、「売上」から「費用」を差し引いた「□□□□□」がプラスであることが重要になる。

（3）会社とは、そこで働く人々が協力しあって仕事を進めるための集団組織を指し、法律上では「□□□□□」という疑似的な人格を持つ組織の一つの形態である。

（4）会社には、その存在意義や存在目的を表すための「□□□□□」というものが存在する。

（5）□□□□□部門とは、企業の事業目的を達成するための直接的な活動を行う部門（生産部門や営業部門）を指す。

（1）〜（5）の選択肢

ア．スタッフ　　　　イ．経営者　　　　ウ．コスト
エ．ライン　　　　　オ．法人　　　　　カ．利益
キ．経営計画　　　　ク．経営理念　　　ケ．ヒト

問2 次の設問に答えなさい。

（1）会社の果たすべき役割として誤っているものを1つ選びなさい。

【選択肢】
ア．企業活動を通じて社会に価値ある商品・サービスを提供し、人々の生活を豊かにする。
イ．従業員を雇用し、仕事と成長の機会を提供する。

ウ．社員の残業代を支払わず、会社の利益拡大を図る。

エ．組織として存続し、継続的に社会に貢献し続ける。

（2）会社は一般的にライン部門とスタッフ部門という2種類の組織から構成されます。次の選択肢からスタッフ部門を1つ選びなさい。

【選択肢】

ア．営業部　　　イ．総務部

ウ．生産部　　　エ．製造部

 問3 次の用語についての組み合わせで、<u>誤っているもの</u>を1つ選びなさい。

（1）職位階層の説明

【選択肢】

ア．経営管理者 …… 会社全体の方向性を決める。

イ．中間管理者 …… ある部門の事業を推進するための実行グループを編成・維持する仕事を担う。

ウ．一般社員 ……… 会社の方針の実現や会社全体の業績に対する責任を負う。

（2）経営理念と経営戦略の意義

【選択肢】

ア．経営理念 ……… その会社の存在意義や存在目的を表す。

イ．経営目標 ……… 方針に従った事業目的を短期〜長期にわたり設定する。

ウ．経営方針 ……… 目標を達成するための戦略を立案・実行する。

（3）法人の種類

【選択肢】

ア．公益法人 ……… 慈善・学術など公共の利益を図ることを目的とする法人

イ．NPO法人 …… 利益を追求し継続的に存続し続けることを目的とする法人

ウ．社会福祉法人 … 介護施設の運営など公共性が高い事業を行う法人

次の文章のうち、最も適切な説明が書かれている文章を、選択肢から１つ選びなさい。

（１）取締役の役割

【選択肢】

ア．社長に代表される取締役が会社の重要な意思決定や運営全般を行う。

イ．社長に代表される取締役が会社を所有し、経営状況の監視を行う。

ウ．取締役は社長の指示に従い日常業務の遂行を行う。

（２）スタッフ部門の役割

【選択肢】

ア．スタッフ部門は、販売や製造を担い直接的に価値を生産して会社の経済活動を遂行する。

イ．スタッフ部門は、競合他社の指示に従い日常業務の遂行を行う。

ウ．スタッフ部門は、ライン部門全体の流れを把握して、ライン部門が価値を生産しやすいように補佐・支援をする。

 次の仕事を遂行するうえでの姿勢を表した８つの意識について、それぞれにあてはまる説明を選択肢から選びなさい。

① 会社（自分）の都合よりお客さまの事情やニーズを優先する。

② 商品・サービスを、相手から要求されているレベルと同等、またはそれ以上のレベルに保つ。

③ 仕事の納期をきちんと守る。

④ 最小のコストで最大の効果をねらう。

⑤ 組織の一員として全体の利益のために協力し、組織としてのパワーを結集する。

⑥ ゴールを設定して仕事に取り組む。

⑦ 迅速な仕事と、合理的なタイムマネジメントを大切にする。

⑧ 常に問題意識を持ち、ムダ・ムリ・ムラを取り除こうと考える。

【選択肢】

ア．コスト意識 　　　 イ．目標意識 　　　 ウ．時間意識

エ．改善意識 　　　 オ．納期意識 　　　 カ．品質意識

キ．顧客意識 　　　 ク．協調意識

第1編

2

 問6 次の顧客満足に関する文章について、お客さまの今後の行動を正しく表している選択肢をそれぞれ選びなさい。

① 会社が提供した商品の評価が、お客さまの事前の期待に対して著しく低かった。

② 会社が提供したサービスの評価が、お客さまの事前の期待に対して大きく上回った。

【選択肢】

ア．お客さまはその会社の商品・サービスをもう使わないと思い離れてゆく。

イ．お客さまは「まぁこんなものか」と感じ、競争相手がいなければ商品・サービスを使い続けてくれる。

ウ．お客さまはその会社の商品・サービスをまた利用したいと思いリピーターになる。

 問7 次の文章は、商品・サービスを提供する際にどのような考え方が必要になるかを説明している。文章の □□□□□ にあてはまる字句を選択肢から選びなさい。

8つの意識において顧客意識を中心として商品・サービスを提供していく際に重要となるのは、品質意識、納期意識、 （1） である。

商品・サービスのクオリティーを、お客さまの要求しているレベル以上に保つように、 （2） を目指す。

（3） 、デザインなど商品の品質向上を追求していくと、仕事を （4） に間に合わせることが難しくなる。しかし、納期意識は、仕事を進めるうえでの前提であり、お客さまの （5） の源となる。

また、会社が （6） を上げるためには良い商品をいかに安くつくるかというコスト意識も重要になる。

このように、品質、納期、コストといった　(7)　の中で、どの条件をどのように向上させるかバランスを取りながら判断して仕事を遂行していく。

そして、それらの仕事を行う際には、同僚や取引先の人たちとの協調意識をもつことや、仕事の　(8)　を考えるうえで重要な目標意識、時間意識、改善意識をもつことも大切な要素となる。

（1）〜（8）の選択肢

ア．機能	イ．制約条件	ウ．利益
エ．期日	オ．十分条件	カ．品質向上
キ．コスト意識	ク．効率意識	ケ．生産意識
コ．マネジメント	サ．信頼	シ．売上

 問8　次の語句・用語についての説明にあてはまるものを、選択肢の中から選びなさい。

（1）お客さまの要求レベルを超えるために、継続的に商品やサービスの品質レベルや仕事の進め方のレベルを向上させること

（2）企業活動を行ううえで知り得るさまざまなお客さまの情報や社員の個人情報、自社の内部情報などの重要な情報を社外に漏えいしないようにする責任

（3）お客さまの「事前期待」に対する「実績評価」

（1）〜（3）の選択肢

ア．変革	イ．カイゼン	ウ．M&A
エ．増収	オ．顧客満足	カ．守秘義務
キ．ハラスメント	ク．ディスクロージャー	ケ．品質管理
コ．知的財産権		

問9 次のケースを読んで設問に答えなさい。

＜設問＞

　以下の文章はA社の状況と、その状況における上司の行動を表している。この上司の行動の中で、①パワーハラスメントまたは②セクシャルハラスメントにあたるものを選択肢からそれぞれ1つ選びなさい。

【A社のケース】

　A社は菓子の製造販売を行っている会社で、販売員がお客さまの会社にお菓子の入った商品ケースを持ち込み、お客さまの休憩時にお菓子を販売して売上を上げている。

　それぞれの販売員には1日の売上のノルマがあるが、最近はノルマを達成できない販売員が増えてきており、それによってA社全体の売上も低迷している。

　販売部長のBは、毎晩訪問販売から帰ってきた販売員の売上を確認し、叱咤激励や販売方法の指導を行い、何とか売上を上げようと奮闘している。

　また、この販売方法は、お客さまの会社に立ち入って販売活動をする必要があることから、新規会社を開拓するためには、その会社の総務部の了解を取りつける必要がある。

　Bは、新規のお客さまの開拓により販売員の訪問先を増やすことも売上改善につながると考え、毎晩さまざまな会社の総務部長の接待に勤しんでいる。

【上司の取った行動】

ア．販売員のCが今日の売上の報告を拒んだので、叱って報告をさせた。

イ．今日の売上ノルマが達成できていない販売員に、罰として正座して反省文を書くよう指示した。

ウ．新規のお客さま開拓を行うため、D社の総務部長を接待し、女性販売員のEにお酌をするように指示した。

2 会社活動の基本

 問1（第2章第1節、第2節）

（1）**ケ （ヒト）**—会社活動の資源は、大きく「ヒト、モノ、カネ、情報」という4つの資源から構成されます。

（2）**カ （利益）**—会社の事業成績は、この「利益」で表現されることが最も一般的で、商品やサービスを販売した対価である「売上」から、その商品やサービスを生み出すためにかかった「費用」を差し引いて計算します。

（3）**オ （法人）**—「法人」とは、法律によって、「人」と同等の権利義務の主体となることを認められた疑似的な存在です。いわゆる一般企業のような営利法人以外にも、NPO法人や公益法人などが存在します。

（4）**ク （経営理念）**—経営理念は、企業の存在意義や存在目的を表すためのものです。企業の設立時に草案されることが一般的で、企業の価値観を表現します。

（5）**エ （ライン）**—会社は、それぞれの部門が効率的に仕事を遂行できるよう、専門的機能に分業して組織を分割します。その専門的機能は大きく、「ライン部門」と「スタッフ部門」という2つに分けて考えることができます。

 問2

（1）**ウ** （第2章第1節）

ア— 会社が優れた商品やサービスを生み出し、それらを社会に提供することは、最も基本的な会社の役割と言えます。

イ— 会社は顧客、株主、従業員、地域社会などさまざまな関係者への貢献が求められます。会社が経済活動を行うことで、雇用を生み出し、その中で従業員の成長の機会を創ることは、重要な会社の役割の1つです。

ウ— 社員は労働を通じて製品やサービスを生み出し、会社に売上をもたらします。会社は社員の働きに対して適正な報酬を支払うことで、社員が安心して生活や仕事をすることができる環境をつくる役割があります。

また、社員に対して残業代など、適正な報酬を支払わないのは違法行為に
あたります。

エ—一度、経済活動を始めた会社は、顧客や株主、従業員や取引先、地域社会
といったさまざまなものに貢献する存在となります。これらの関係者や社
会に貢献し続けるために、継続的に存続することも重要な役割の1つとな
ります。

（2）イ（第2章第2節）

ア・ウ・エ—営業部は顧客に対して自社の商品を紹介し、商談を進める活動
を行う部門であり、生産部や製造部は営業を通じて顧客に提供する商
品・サービスそのものを創り出す活動を行う部門です。これらの部門の
ように事業目的を達成するために直接的な活動をする部門を、ライン部
門と言います。

イ—総務部はスタッフ部門です。スタッフ部門とは、ライン部門が活動しやす
いように補佐・支援する部門を指し、総務部、人事部、経理部、財務部、
法務部などが例として挙げられます。

（1）ウ（第2章第3節）

ア—経営管理者は、経営方針の決定、事業の選択、会社の目的や中長期経営計
画の立案など、部門の役割と方針の決定、ヒト、モノ、金、情報といった
経営資源の配分などをします。

イ—中間管理者は、経営管理者から配分された経営資源をその部門内で的確に
割り振ったり、一般社員だけでは対応できない問題を解決したりするなど、
一般社員が働きやすいように支援を行います。

ウ—一般社員の役割は、日常的に繰り返される現場の仕事を遂行することにあ
ります。会社の方針の実現や会社全体の業績に対する責任を負うことはあ
りません。個々の取引を行う営業担当者としての仕事、商品の生産を直接
実行する製造現場の仕事など、実際に行動する一般社員なしに会社の仕事
は前に進みません。

（2）ウ（第2章第2節）

ア—経営理念とは、会社の事業遂行における基本的価値観と目的意識を表して

おり、そこに所属する人々が何のために集まっているのかを表しています。つまり、会社の存在意義や存在目的が定義されているものが経営理念といえます。

イ— 経営目標は経営方針に沿って立てられます。一般的に短期的な目標と中長期的な目標の両面で設定します。

ウ— 経営方針は経営者の事業運営の方針を示すものです。経営理念などの下位に位置づけられることが一般的で、理念に基づきどのような事業運営を行うかを明文化して、社内外に発信し浸透させることを目的に定義されます。

（3）イ（第2章第1節）

ア— 公益法人の説明は問題文のとおりです。公益法人・NPO法人・社会福祉法人は、非営利法人です。非営利法人とは、営利以外の目的を求める法人です。

イ— NPO法人とは福祉や環境など、社会の課題を解決するために非営利活動を行う法人を指します。

ウ— 社会福祉法人の説明は、問題文のとおりです。また、社会福祉法で定義される法人です。

問4

（1）ア（第2章第2節）

株式会社では、会社を所有する株主が経営を監視し、社長に代表される取締役が会社の重要な意思決定や運営全般を行い、その意思決定に基づいた業務執行を各部門が遂行する組織体制を採ります。

（2）ウ（第2章第3節）

スタッフ部門は、ライン部門全体の流れを把握して、ライン部門が価値を生産しやすいように補佐・支援をする役割を担っています。

 問5 （第2章第5節）

① **キ（顧客意識）**—会社は商品やサービスを購入するお客さまなしに経営活動を行うことはできません。その意味では、顧客意識はすべての中心となる意識といえます。

② **カ（品質意識）**—商品やサービスの品質を、お客さまの要求しているレベル

以上に保つことが、お客さまに商品やサービスが選ばれ続ける源泉となります。

③ **オ（納期意識）**—どんなに良い商品やサービスでも、必要なタイミングにお客さまの手元に届かなければ価値がありません。納期意識をもつことは、お客さまからの信頼の源となります。

④ **ア（コスト意識）**—どんなに良い商品やサービスを創る会社でも、利益が出なければ会社として存続し続けることができません。コスト意識をもつことは会社が適切な利益を確保するうえでも、お客さまに適正な価格で商品・サービスを提供するためにも、非常に重要になります。

⑤ **ク（協調意識）**—会社では、一人で仕事をするわけではなく、多くの人が協力しながら仕事を進めていきます。その意味で他の人と協調をしながら仕事を進める協調意識は大切な要素といえます。

⑥ **イ（目標意識）**—ゴールを設定して仕事に取り組むことを、目標意識といいます。この意識が希薄だと、だらだらと生産性の低い仕事になったり、一つひとつの仕事の品質が低下したりして、結果的にコストの増加や品質の低下、顧客満足の低下などにつながる原因となります。

⑦ **ウ（時間意識）**—限られた時間の中で多くの成果を出すためにも、仕事を効率的に進めるためにも、時間を意識して仕事に取り組むことが大切になります。

⑧ **エ（改善意識）**—継続的に仕事の進め方を見直したり、商品・サービスの品質などを高めていく意識を改善意識といいます。

問6 （第2章第4節）

①ア ②ウ

ア—お客さまの事前期待をその会社の商品・サービスの実績評価が下回ると、お客さまはその商品・サービスをもう使わないと思い離れていきます。

イ—お客さまの事前期待とその会社の商品・サービスの実績評価が等しい場合、競争相手がいなければお客さまはその商品・サービスの利用を続けていきます。

ウ—お客さまの事前期待をその会社の商品・サービスの実績評価が上回ると、その商品・サービスをまた利用したいと思いリピーターになります。

問7 (第2章第5節)

(1) キ（コスト意識）—仕事を行うためにはコストが発生します。たとえば、人を雇えば人件費がかかります。また、商品や人が移動したら、物流費や交通費がかかります。これらのコスト意識をもちながら仕事を行うことが大切です。

(2) カ（品質向上）—常に商品・サービスの品質を向上させようという姿勢が、お客さまの継続的な商品・サービスの利用に繋がります。

(3) ア（機能）—商品・サービスの価格に対して、どれだけ充実した機能を備えているかが商品・サービスの価値となります。

(4) エ（期日）—商品・サービスの品質、コスト、納期（期日）をバランスさせることが仕事の基本となります。

(5) サ（信頼）—期日通りに仕事を仕上げることは、お客さまの信頼の源となります。

(6) ウ（利益）—売上から商品・サービスを創り出すために要した費用を差し引いた結果が利益となります。

(7) イ（制約条件）—会社の経済活動には、人・モノ・カネ・情報などの資源が無制限に与えられるわけではありません。このような制約がある状況でいかに品質・コスト・納期でバランスをとりながら仕事を進められるかが大切になります。

(8) コ（マネジメント）—限られた制約条件の中で、最大の成果を上げるための判断や選択、行動を行うことを、マネジメントと呼びます。

問8 (第2章第4節、第5節、第6節)

(1) イ（カイゼン）—カイゼンは問題文中の説明のほか、その時点の仕事の問題や課題、工夫の余地を見つけてそれらを解決する活動を指します。

(2) カ（守秘義務）—お客さまと取引を行う際、さまざまな個人情報に接することが多くなります。また、お客さまの情報のみならず、自社の内部情報についても節度をもって扱い、不用意に会社の重要な情報や、社員の個人情報が外部に漏えいしないよう徹底することが求められます。これらの責任を会社の「守秘義務」といいます。

(3) オ（顧客満足）—お客さまの満足（CS=Customer Satisfaction）を高めるためには、常に商品やサービスの品質を向上させる意識をもち、お客さま

が求める以上の商品やサービスを提供していかなければなりません。お客さまの満足度は、お客さまの「事前期待」に対する「実績評価」で決まるといえます。

問9 （第2章第6節）

①イ ②ウ

　上司による部下への嫌がらせをパワーハラスメントと呼び、異性への性的嫌がらせをセクシャルハラスメントと呼びます。

ア―売上の確認は、会社が売上を上げるために必要な、上司の適切な業務であるといえるので、叱ったとしてもパワーハラスメントには当たりません。

イ―正座をしたからといって、直接的にも間接的にも売上の向上やコストの削減につながりません。本肢は個人の尊厳を傷つけるパワーハラスメントに当たります。

ウ―女性販売員にお酌を強要することは、性的な差別行為となりセクシャルハラスメントとなります。

3 話し方と聞き方のポイント

問1 次の◯◯◯◯◯にあてはまる組み合わせで適切なものを選択肢から選びなさい。

（1）ビジネス会話の目的は、 （1） をスムーズに進めることにある。このため、ビジネス会話では、 （2） のうまさより、話した結果が仕事を進めるうえでの （3） につながったかどうかが、ポイントになる。

（2）要件に入る前や、口数の少ない人との会話では、 （4） に合わせた会話をすることも重要である。

（3）多弁な人との会話では、 （5） をはかって本題に引き戻すように工夫する。

（1）～（5）の選択肢

ア. 人間関係　　イ. 仕事　　　　ウ. アポイントメント　　エ. 話

オ. 効果　　　　カ. 感謝　　　　キ. 相手　　　　　　　　ク. 雰囲気

ケ. 自分　　　　コ. タイミング　サ. 時間

問2 次の文章を読み、適切なものを選択肢から選びなさい

（1）仕事では、第一印象が大切なので、外見からひと目で来客を判断し態度や言葉づかいを変える。

（2）人を区別することはよくないので、社内の人と得意先・仕入先などにかかわらず、できる限り、同じ言葉遣いで対応する。

（3）社外の人を交えたときに、上司と話すときは尊敬語を使う。

（4）専門用語や略語を使うと会話がスムーズに運ぶので、効果的である。

【選択肢】

ア.（1）と（2）

イ.（2）と（3）

ウ.（1）と（4）

エ. 正解なし

問3 ビジネス会話について□□□□にあてはまる字句を選択肢から選びなさい。

　ビジネス会話の基本は、　**（1）**　といった流れで話すことである。要件に入る前には、　**（2）**　の導入話法が大切である。会話を終えるときの留意事項として、まず、　**（3）**　するようにする。次に、　**（4）**　をとる。特に、商談が継続する場合には、継続の意思を確認できるので、必ず行うよう心がける。最後に　**（5）**　を伝える。つまり、最後に好印象を残せるかが、継続的な信頼関係の維持に大切なのである。

（1）～（5）の選択肢

ア．起承転結　　　イ．結論→理由→裏づけ→結論　　ウ．合意・決定事項を確認
エ．感謝の気持ち　オ．次回の約束　カ．内容のメモ　　キ．訪問の目的
ク．５W２H　　　ケ．心をこめる　コ．雰囲気づくり　サ．時候のあいさつ

問4 次の□□□□にあてはまる字句を選択肢から選びなさい。

（1）依頼をするときは、□□□□□を用いると効果的である。

（2）□□□□□を使うと、相手の提案を断る場合などにやわらかい印象を相手に与えることができる。

（3）また、断る場合に、□□□□□をあらかじめ準備しておくことも、相手の心理に訴えかける。

（1）～（3）の選択肢

ア．尊敬語　　　イ．依頼形　　　ウ．クッション言葉　　エ．流行語
オ．理由　　　　カ．代案　　　　キ．メール　　　　　　ク．ノベルティ

問5 次の設問に答えなさい。

（1）「アクティブリスニング」について、<u>不適切なもの</u>を選択肢から選びなさい。

【選択肢】

ア．アクティブリスニングとは、相手の話を聴きながら積極的に自分の意見をはさみ、自分のセールスなどに有利な対話に持ち込む技法である。

イ．アクティブリスニングとは、相手が気持ちよく話せるよう、聴き手の熱意を適切に伝え、相手の言いたいことを察する聴き方のことである。

ウ．アクティブリスニングにおいて、相手の話を聴くときは、先入観をなくし、謙虚な気持ちで相手の言葉に耳を傾ける姿勢が大切である。

（2）話の聴き方について、適切なものを選択肢から選びなさい。

【選択肢】

ア．話の聴き方が上手になれば、仕事をしながら人の話を聴くことができるようになるので効率的である。

イ．話を聴くときは、相手が話した事実のみを正確に聴き取り受けとめることが大切で、相手の感情を考慮するようなことは、勘違いのもとになるので避けるべきである。

ウ．話を聴くときは、うなずいたりあいづちを打ったりして、相手の表情を読みながら聴くと、相手は話しやすさを感じる。

（3）「アクティブリスニング」の基本的な手順のうち、<u>不適切なもの</u>を選択肢から選びなさい。

【選択肢】

ア．批判的に聞く。

イ．最後まで話を聞く。

ウ．話の内容を要約する。

問6 **次の設問に答えなさい。**

（1）次の①〜③の例にあてはまる質問技術を選択肢から選びなさい。

①「あなたにとって大切なものはなんですか？」
②「…が好きですか、嫌いですか？」
③「それで、どうなりましたか？」

（2）次の①〜③の説明（質問技術の使い方）にあてはまるものを選択肢から選
びなさい。

①答えを暗示して、相手に話をするきっかけを与えるときに使う。あまり多く
使うと、相手の真意を読み取れなくなるおそれがある。
②詳しい状況を知りたいときに使う。
③相手から重要な話を引き出すために使う。意図的にあいまいな尋ね方をする。
答えはすぐに返ってこないこともあるので、じっくりと待つ。

（1）〜（2）の選択肢

ア．二者択一質問	イ．特定質問	ウ．５Ｗ２Ｈ質問
エ．あいまい質問	オ．誘導質問	カ．多義質問
キ．追跡質問	ク．不明確質問	ケ．集中質問

3 話し方と聞き方のポイント

解答・解説

（1）イ（仕事）（2）エ（話）（3）オ（効果）（4）キ（相手）
（5）コ（タイミング）（第3章第1編）

　ビジネス会話の目的は、仕事をスムーズに進めることです。人間関係がスムーズに進めば当然会話もスムーズに運びますが、目的を意識せずに会話を運ぶと、会話の結果が必ずしも仕事を進めるうえでの効果につながらないことがあるので注意しましょう。

　ビジネス会話では、話のうまさより、話した結果が仕事を進めるうえでの効果につながったかどうかが、ポイントになります。会話の目的を理解していれば、それほど話し方が上手でなくても、相手との正確な意思疎通が可能となります。

　また、相手に合わせて会話を進めることも大切です。相手のタイプにより注意点が異なります。多弁な人に対しては、タイミングをはかり本題に引き戻すようにすることが必要です。タイムマネジメント（時間をはかること）は大切ですが、表面に出さず自分の意識の中ではかるようにしましょう。

エ（第3章第1編）

（1） 仕事では、外見だけで判断されることがあるので、身だしなみを整えておく必要があります。ただし、相手を外見だけで判断することは好ましくありません。対応した人物の印象が会社全体の印象につながるので、どんな相手にも丁寧かつ誠実に対応しましょう。

（2） 社内の人だけの場合と、得意先・仕入先など社外の人を交えた場合とでは、言葉遣いを変える必要があります。

（3） 社外の人を交えたときは、上司に対して謙譲語を使います。

（4） 専門用語や社内のみで通用している略語を使うことを控えることがポイントです。

問3 （第3章第1節、第2節）

（1）**イ（結論→理由→裏づけ→結論）**—ビジネス会話の話し方は、効率的に行う観点からも、まず結論から話すのが基本です。

（2）**コ（雰囲気づくり）**—心をこめた挨拶、雰囲気づくりの導入話法、季節やその時々の話題などは、要件に入る前の心構えやアイスブレイクとして大切です。日頃からさまざまな話題にふれ、自分の考えをもつ努力をしましょう。なお、アイスブレイクとは、話し合いや研修、ワークショップなどの冒頭などで、場が和むよう雰囲気作りをすることです。

（3）**ウ（合意・決定事項を確認）**—会話を終えるときはお互いの合意・決定事項を確認します。

（4）**オ（次回の約束）**—商談が続く場合には、次回の約束を得ることが必要となり、商談継続の重要なポイントです。

（5）**エ（感謝の気持ち）**—ビジネス会話では終わり方（クロージング）が大切です。なお、会話が脱線したりして、内容が不明確になっている場合もあります。最後に結論を繰り返すことでお互いの行き違いを回避することができます。

問4 （第3章第3節）

（1）**イ（依頼形）**—依頼をするときは、依頼形を使います。依頼形の例として、「後日お送りいただけませんでしょうか」といった言葉などがあります。

（2）**ウ（クッション言葉）**—クッション言葉の例として、「ご提案はありがたいのですが」や「恐れ入りますが」などがあります。クッション言葉はビジネスシーンでよく活用されます。

（3）**カ（代案）**—代案をあらかじめ用意しておくことで、断りの印象をやわらかくするだけでなく、誠意を感じてもらえる、カウンターオファーはもともと貿易用語です。売り手と買い手の契約において、その契約内容などに納得ができない場合などに、一般的には売り手側から値段などの内容を修正して、再提示を行うことを意味しています。「代案」、「二次的な提案」としてビジネスで使われています。

　なお、ノベルティとは、一般的には「めずらしい事象や物」を指しますが、近年では「会社が自社や商品の宣伝を目的として、会社名などを入れて無料配布する記念品」を意味します。

問5（第3章第4編）

（1）ア

ア— アクティブリスニングとは、「聴く」ことを積極的に行うことです。「聴く」とは相手のいうことを目や心を使って理解しようとして聞くことです。

イ— アクティブリスニングでは、相手に気持ちよく話をしてもらい、聞き手の熱意を適切な手段で伝えることが、信頼感を得ることにもつながります。

ウ— 先入観をなくし、謙虚な気持ちで耳を傾けることで、相手の警戒心を解き、「話したら批判されるのではないか」といった不安を取り除くことができます。

（2）ウ

ア— 何かをしながら人の話を聴くことは、仕事に集中できないばかりか、話の内容も上の空になる失礼な聴き方です。

イ— 相手が話した内容だけでなく、そのときの表情やしぐさから感情を読み取ることで、相手の言いたいことをより深く理解することができます。

ウ— 話を聴くときは、相手の話に集中し、うなずいたりあいづちを打ち、相手の表情を読みながら聴くことが大切です。

（3）ア

ア— アクティブリスニングは批判的に聴くのではなく、素直に聴くのが正しいです。相手に気持ちよく話してもらうためには、相手の話を素直に聴き、共感を示すことが大切です。また、適切な質問をすることで、相手の話したいことへの理解が深まるだけでなく、「関心をもってもらえた」「より理解しようと努めてくれた」と相手の信頼を得ることにもつながります。

問6（第3章第4節）

（1） ①カ ②ア ③キ

　適切な質問技術を使うことで、相手の話をよりよく理解することができます。その場に合った質問の方法を習得しましょう。

カ（多義質問）—多義質問は相手から重要な話を引き出すために使います。意図的にあいまいな尋ね方をするので、さまざまな答え方があります。

ア（二者択一質問）—肯定か否定かの答えを求めるときに使います。質問として

　　答えやすいので、話しやすい雰囲気になります。

キ（追跡質問）—二者択一質問に続けて、その理由を尋ねるときは、追跡質問と
　　いう質問技術が有効です。

（2）　①オ　②ウ　③カ

オ（誘導質問）—誘導質問で聞き手が欲しい答えを強調すれば、話し手の本心と
　　は違った答えが返ってくるかもしれません。誘導質問はあまり多く使うと、
　　相手の真意を読み取れなくなるおそれがあります。

ウ（5W2H質問）—たとえば、「それは何時ごろでしたか？」などの例があります。

カ（多義質問）—たとえば、（1）①の「あなたにとって大切なものはなんですか？」
　　「もしも○○が起こったらどうしますか？」などの例があります。

4　接客と営業の進め方

問1 次の□□□□□にあてはまる字句を選択肢から選びなさい。

（1）□□□□□とは、国籍、年齢、性別、障がいの有無にかかわらず、あらゆる人の立場に立って顧客満足を高めるサービスを提供することである。

（2）□□□□□とは、お客さまが反対の意見を述べたときに、適切な切り返しをしてお客さまに納得していただく手法である。

（1）～（2）の選択肢

ア．反論　　　　　イ．カスタマーサービス　　　ウ．ユニバーサルサービス

エ．応酬話法　　　オ．アフターサービス　　　　カ．アクティブリスニング

問2 次の設問に答えなさい。

（1）お客さまの期待に応える行動として、<u>不適切なもの</u>を1つ選びなさい。

【選択肢】

ア．身だしなみを整え、気持ちよいあいさつでお客さまを迎える。

イ．商品を切らさないように在庫に注意する。

ウ．初めて来店されたお客さまには、商品の説明をするだけでなく、お客さまの要望を聞き出す会話を心がける。

エ．お客さまを、いつもお得な特売商品の売り場にご案内する。

（2）ユニバーサルサービスの取り組みとして、<u>不適切なもの</u>を1つ選びなさい。

【選択肢】

ア．自分で車椅子に乗って店内を移動することで、介助が必要な場所を探る。

イ．高齢者には、ゆっくりと丁寧な応対を心がける。

ウ．耳の不自由な人は補聴器をつけているかどうかで見分ける。

エ．目の不自由な人には、商品の色・形・大きさを丁寧に説明する。

（3）効果的な商談の進め方について、<u>不適切なもの</u>を1つ選びなさい。

【選択肢】

ア．事前に相手先のホームページで商品やサービスの内容を確認しておく。

イ．相手が興味を示しても、商談と関係のない雑談は行わない。

ウ．提案には、問題解決に必要な費用と期待される効果をわかりやすく書く。

エ．自社や商品を紹介する資料を予め用意しておく。

（4）コンサルティングセールスについて、<u>不適切なもの</u>を1つ選びなさい。

【選択肢】

ア．お客さまのニーズを引き出すために、話し上手になる。

イ．お客さまのニーズを実現できる自社製品やサービスの組み合わせを考える。

ウ．提案する際には、プレゼンテーション方法に気を使う。

エ．提案を購買に結びつけるためには、交渉能力が重要である。

（5）次の発言の中から、Yes-But 法を1つ選びなさい。

【選択肢】

ア．「高額ということですが、実際に他社の見積りはとりましたか？」

イ．「ご指摘のとおり、この製品は完成に時間がかかります。しかし、熟練した
　　技術者が十分な検査をして出荷しますので、安心してお使いいただけます」

ウ．「お客さまのおっしゃることは、つまり品質に不安があるということですね」

エ．「こちらが実際にこの製品を使用された会社の事例紹介記事です」

（6）お客さまとの信頼関係を構築する行動で、<u>不適切なもの</u>を1つ選びなさい。

【選択肢】

ア．商品の間違いや納品遅れなど納入ミスがないよう細心の注意を払う。

イ．納品は次の商談のはじまりなので、商品と同時に多くの見積書を持参する。

ウ．アフターサービスでお客さまを訪問した際は、新たなニーズを聴き出す。

エ．商品を納入したお客さまは、まめに訪問し、コミュニケーションを重ねる。

問3 次の□□□□□にあてはまる字句を選択肢から選びなさい。

（1）□□□□□は、愛顧の度合いが高い得意客のことである。

（2）□□□□□は、まだ取引がなく、これから新規顧客になる可能性のあるお客さまである。

（3）□□□□□は、二度目の取引があったお客さまである。

（1）～（3）の選択肢

ア．新規顧客　　　　　　イ．未来顧客　　　　　　ウ．招待客

エ．クレーマー　　　　　オ．カスタマーリレーション　カ．訪問客

キ．ロイヤルカスタマー　ク．リピーター　　　　　ケ．見込客

問4 次の設問に答えなさい。

（1）お客さまを獲得するための行動で、<u>不適切なもの</u>を1つ選びなさい。

【選択肢】

ア．来店客の行動を観察するより、正確に数値化された販売データだけを頼りにする。

イ．競合店を密かに訪問し、商品の品質や価格、サービスなどを調査する。

ウ．商品を購入されなかったお客さまにも、さりげなく理由を聞いてみる。

エ．新聞やテレビのニュースなどから社会動向にも注意を払う。

（2）お客さまを獲得するための行動で、<u>不適切なもの</u>を1つ選びなさい。

【選択肢】

ア．得意客に対して、友人紹介特典をつけたダイレクトメールを発送した。

イ．店の前でチラシを配布し、呼び込みをした。

ウ．近所のマンションにチラシをポスティングした。

エ．レジの横に追加注文につながるポスターと品物をおいた。

（3）リピーターや得意客を増やす行動で、<u>不適切なもの</u>を１つ選びなさい。

【選択肢】

ア．生涯顧客を特に大事にし、他の顧客よりも過剰な接客を心がける。

イ．いつも最高の品質やサービスを提供できるように心がける。

ウ．クレームには迅速に誠意ある対応を実施し、原因を分析し、再発を防止する。

エ．ダイレクトメールやメールマガジンなどで定期的に来店を促す。

（4）顧客満足向上につながるデータ収集方法で、<u>不適切なもの</u>を１つ選びなさい。

【選択肢】

ア．業界に関係する専門紙を継続的に購入し、業界の統計情報の変化を追う。

イ．家計調査など政府の統計情報に目を通し、顧客の生活の変化に目を向ける。

ウ．自社の POS データを分析して、見込客に有効な商品を探す。

エ．SNS の口コミから流行をとらえ、自社の新商品開発に役立てる。

（5）お客さまから集めた情報の活用について、<u>不適切なもの</u>を１つ選びなさい。

【選択肢】

ア．お客さまへのアンケートを実施し、商品やサービスの改善を続ける。

イ．いつ、誰と、どのような会話をしたか、営業日報として報告するとよい。

ウ．お客さまが購入した商品に慣れる前より、慣れてからの意見や感想を聞くほうがよい。

エ．お客さまから集めた情報は、社内で蓄積して会社全体で役立てる。

問5 次のケースを読んで設問に答えなさい。

　Aは、ホームセンターの日用品の売り場を担当している社員である。商品の陳列・発注・補充・値札付けまで担当し、普段は接客も担当している。入社して3年目になり、早め早めの段取りが得意で、業務遂行能力は同年代でもトップクラスで、本人も自信をもっている。

　今日は日曜日であり、しかも1年で最も安い年末大売出しの日である。日替わりの特売品に加え、タイムセールも予定されており、非常に多くのお客さまが来

第 1 編

4

41

店する予定である。

　さて、開店と同時に、多くのお客さまが来店し、特売品は飛ぶように売れて、Aは商品の補充に追われた。そこに、50代と思われる男性のお客さまから、「6畳の部屋で使いたいのだけれども特売のオイルヒーターで十分かな？」と話しかけられた。Aは、「家電売り場で聞いてください」と応対し、商品の補充を続けた。

　そのうち、隣の化粧品売り場でタイムセールの時間が近づいた。化粧品売り場の担当者は、タイムセールの準備で忙しい。そのような中、Aは、化粧水の売り場の前であたりを見回して何か言いたげな40代と思われる主婦を発見した。Aは、目をあわせないようにしながら、十分な余裕をもって、自分の売り場のタイムセールの準備を開始した。タイムセールが始まると、売り場は人であふれ、タイムセール品は飛ぶように売れた。そのとき、Aは日替わりの特売品が想定以上に売れて在庫が切れてしまったことを発見した。店長に相談して、すばやく倉庫から代わりとなる特売品を見つけて陳列したAは、在庫切れに混乱なく対処できたことで満足していた。その時、タイムセールの終了から大きく時間が過ぎていることに気がついた。同時にタイムセールを過ぎても、値段を戻し忘れた商品があることが判明した。

＜設問＞

　Aの行動についてまず正しいか誤りかを判断し、その理由やとるべき行動について最も適切と思われる選択肢を選びなさい。

（1）Aは、「家電売り場で聞いてください」と応対し、商品の補充を続けた。

【選択肢】

ア．正しい：家電製品の説明は日用品係の仕事ではないからである。

イ．正しい：商品補充はすべてに優先するからである。

ウ．誤り：お客さまを家電売り場まで連れて行き、オイルヒーターの説明をする。

エ．誤り：お客さまに家電売り場の場所を説明して、そちらで聞いてもらう。

（2）Aは、目を合わせないようにしながら、十分な余裕をもって、自分の売り場のタイムセールの準備を開始した。

【選択肢】

ア．正しい：化粧用品は専門性が高く、自分では応対できないからである。

イ．正しい：タイムセールの準備は、重要な仕事だからである。

ウ．誤り：お客さまに声をかける。自分で対応できない場合は、化粧品係か、別の適切な担当を紹介する。

エ．誤り：化粧品係にお客さまに声をかけるよう注意する。

＜設問＞

　Aがタイムセール終了の時間から大きく過ぎたことに気づいてからとるべき行動と考え方について最も適切なものを1つ選びなさい。

（3）タイムセールを過ぎても、値段を戻し忘れた商品はどのように処理すべきか。

【選択肢】

ア．時間が過ぎているので、レジで店長が謝罪し、通常の価格で販売する。

イ．タイムセールの価格で販売する。

ウ．お客さまが納得するように、タイムセール価格と通常価格の間の価格で販売する。

（4）Aは今後、考え方や行動をどのように変えるとよいか。

【選択肢】

ア．補充の効率を高める。

イ．早め早めに段取りを組むのをやめる。

ウ．お客さま第一に考える。

第1編

4

4 接客と営業の進め方

解答・解説

（第4章第1節、第4章第2節）

（1）ウ（ユニバーサルサービス） ユニバーサルサービスの提供では、特に高齢者や障がい者に対する配慮が必要です。

（2）エ（応酬話法） 応酬話法は、お客さまが反対意見を述べたときに使用するネゴシエーションスキルの1つです。質問法、Yes-But法、引例法などがあります。

（1）エ（第4章第1節）

　お客さまの期待に応えるためには、①最低限のレベル（マナーの厳守）②一般的に期待するレベル（本来業務の追求）③お客さまが喜ぶレベル（事前期待を超えるサービス）の3段階を満たすことです。

ア—「身だしなみ」「あいさつ」「言葉づかい」はお客さまを不快にさせない"マナーの厳守"に相当する行動です。

イ—お客さまに必要なときに適切な商品を提供できるように、商品を切らさないようにすることは、"本来業務の追求"に相当する行動です。

ウ—お客さまの要望を聞きだす会話を心がけることは、お客さまの事前期待を超えるサービスに結びつく行動です。

エ—お客さまの求めている商品が特売商品の売り場にあるとは限りません。お客さまのニーズを決めつけて、一方的に接客を行うことは、お客さまの期待に応える行動として不適切です。

（2）ウ（第4章第1節）

ア—目かくしをして歩行する、耳栓をして会話する、車椅子に乗って移動するなど、自らが体験することで、障がい者にとってどのようなサービスが有効か理解を深めることができます。

イ― 高齢者には、高齢者のペースに合わせることが重要です。

ウ― 耳の不自由な方でも補聴器をつけていない場合もあります。ハンディキャップは外見から判断できないこともあるので常にお客さまの様子に注意することが必要です。また、相手によっては筆談で伝えることを考えます。

エ― 目の不自由な人には、商品の特徴が伝わるように説明することが重要です。

（3）イ（第4章第2節）

　効果的な商談の進め方は、①事前準備・自己紹介、②相手の好感を得る、③ニーズの把握、④問題点の分析、⑤必要性の立証、⑥提案・実証、⑦受注・契約締結です。

ア― 事前に相手先のことを調べておくことは、事前準備の基本的な行動です。

イ― 相手から悩みや要望を話してもらうには、"②相手の好感を得る"必要があります。そのためには、こちらの伝えたいことを一方的に話すだけでなく、相手の興味のあることについて会話をすることも重要です。会話をすることで親しくなったり、商談のヒントを得られることもあります。

ウ― 提案に費用や効果を具体的に書くことは、"⑥提案・実証"のポイントです。

エ― 自社や商品に興味を持ってもらうために、適切な資料は必要です。これはイで説明した適切な会話とともに、"②相手の好感を得る"ために必要なもう1つのポイントです。しっかりした会社（営業担当者）という印象をもってもらう効果もあります。

（4）ア（第4章第2節）

　選択肢は、コンサルティングセールスのステップ順に並んでいます。

ア― お客さまのニーズを引き出すためには、"聴き上手"に徹します。"話し上手"は、提案などで役に立つスキルですが、本当のニーズを聞き損ねるだけでなく、こちらのニーズを押し付けてしまう危険もあります。

イ― お客さまのニーズを自社の商品やサービスで実現することで、最終的に売上につながります。

ウ― 提案内容が先方に伝わるようにプレゼンテーション能力を磨きましょう。

エ― 折衝によりお客さまに提案内容に納得してもらうことが重要です。応酬話法など交渉能力を磨きましょう。

（5）イ（第4章第2節）

ア― 質問法です。お客さまの自分と異なる意見・言葉に対して、その理由を説明する質問を投げ返します。たとえば、お客さまが反対される理由を探ったり、

お客さまが他の視点で考えてもらうために用います。

イ─Yes-But法です。相手の言った意見を受け入れてから、しかしと続けます。

ウ─「つまり…」と言い換えることは、相手の意図を確認するときに有効な手段です。

エ─引例法です。実例を紹介することで、説得力を高めます。

（6）イ（第4章第2節）

ア─商品の納品時やサービスの実行時で、お客さまの評価が決まります。受注しただけで安心せず、納入ミスがないように注意します。万が一、問題が発生した場合は、迅速に誠心誠意対応します。

イ─"商談の仕上げは次の商談のはじまり"とは、"商品の納入時にお客さまの評価が決まるので、そこで評価を得られれば次の受注につながる"という意味です。納入時に次の商談をはじめなさいという意味ではありません。

ウ─お客さまを訪問するときは、お客さまのニーズを聴き出すチャンスです。特にアフターサービスは、実際に使用した話を聴けるので貴重です。

エ─コミュニケーションを重ねることで、信頼関係を築きやすくなります。

問3（第4章第3節）

（1）キ　（ロイヤルカスタマー）─愛顧の度合いが高い得意客のことをロイヤルカスタマーと呼びます。ロイヤルカスタマー（得意客）を増やすことが、安定したセールス獲得に結びつきます。

（2）ケ　（見込客）─新規顧客を獲得する際には、見込客に対して広告宣伝活動や営業活動を行い、自社の商品やサービスの強みを訴求します。

（3）ク　（リピーター）─新規顧客に対して、お客さまが満足する商品やサービスを提供することが、リピーター獲得につながります。

問4

（1）ア（第4章第3節）

　お客さまを獲得するためのポイントは、①お客さまの行動を知る、②競合他社の情報を集める、③隠れたニーズを探る、④社会環境の変化に対応する、です。

ア─"①お客さまの行動を知る"には、データだけに頼らず、日ごろの接客や営業の中でお客さまの行動を観察することも大切です。

イ—"②競合他社の情報を集める"に相当する行動です。自社と競合他社の商品やサービスを比較して、それぞれの強みと弱みを把握することが大切です。

ウ—"③隠れたニーズを探る"に相当する行動です。購入されなかった理由を聞くことで、自社の商品が対応できていないニーズを探ることができます。

エ—"④社会環境の変化に対応する"に相当する行動です。日ごろから、情報収集を心がけて、変化を見逃さないようにすることが大切です。

（2）エ（第4章第3節）

新規顧客獲得の秘訣は、見込客に対して商品やサービスを訴求することです。①見込客に直接働きかける、②利用者からの口コミ・紹介を利用する、の2つの方法があります。

ア—"②利用者からの口コミ・紹介を利用する"に相当する行動です。得意客は、知人や友人に口コミを伝えてくれる重要なお客さまです。得意客を増やすことが、新規顧客獲得にもつながります。

イ—"①見込客に直接働きかける"に相当する行動です。通行人を店内に引き込む活動です。

ウ—"①見込客に直接働きかける"に相当する行動です。ポスティングや新聞折込などは、近隣住民に来店を促す効果があります。最近では、ホームページやSNS（ソーシャルネットワーキングサービス）で宣伝することもあります。

エ—購入客により多くのものを購入してもらい、売上を上げる手法です。しかし、レジ周辺は購入客が集まるところなので、見込客への訴求には向きません。

（3）ア（第4章第3節）

ア—一部のお客さまに対してひいきが過ぎると、他のお客さまの満足を得られません。結果として、お客さまを失うことにつながります。

イ—お客さまに商品やサービスに対して満足してただくことが最も大切です。自分たちにできる最高のサービスを提供するという意識で行動しましょう。

ウ—クレームはサービス改善のチャンスです。また迅速な対応は信頼獲得のチャンスでもあります。

エ—ダイレクトメールは、お客さまに忘れられない（思い出してもらう）、来店のきっかけを与えるという効果があります。

（4）ウ（第4章第4節）

ア―専門紙には、自社だけでは得られない情報が掲載されています。継続的に
チェックすることで業界情報などの変化がわかります。

イ―政府の統計情報は、全国や地域といった広い範囲での顧客の生活や活動の
変化を捉えることができます。

ウ―自社のPOSデータは、購入客のデータなので、購入していないお客さまの
分析はできません。自社のデータだけに頼らず、社外のデータを活用したり、
お客さまを観察することも必要です。

エ―口コミからは、数量化できない流行やトレンドを把握できます。

（5）ウ（第4章第4節）

ア―お客さまから情報を集めて改善を続けることで、変化するニーズにも対応
でき、お客さまの期待に応え続けることができます。

イ―いつ、誰と、どのような会話をしたか、お客さまが購入に至った動機、至らなかっ
た理由などの営業活動を報告して社内で共有し、営業活動の参考にします。

ウ―お客さまが商品を購入した瞬間、使用した瞬間に意見や感想を聴くと、本
音や購入の動機が聞きやすくなります。

エ―お客さまから集めた情報は、社内で共有し、関係する各部門それぞれで改
善に役立てます。

問5

（1）エ

自分の仕事ではないという態度に見え、応対自体に問題があります。

ア―自分の担当ではないからといって、お客さまに対し自分の仕事ではないと
いうような態度は見せるべきではありません。

イ―商品の補充が最も優先順位が高いとはいえません。状況によって仕事の優
先順位は変わっていきます。

ウ―非常に親切ですが、このように忙しいときに、安易に持ち場を離れるべき
ではありません。それにより商品の補充が遅れるなど日用品を購入したい
お客さまに迷惑がかかる可能性もあります。

エ―「恐れ入りますが、家電売り場は2Fの奥にございますので、そちらで担当
に聞いていただけますか？」のようなひと言を添えることで、お客さまは
どこで聞けばよいかわかるようになります。

(2) ウ

困っている様子のお客さまには、声をかけるなど対応することが必要です。

ア― 自分で応対できそうもないからといって、お客さまを放置するのは適切で
はありません。

イ― タイムセールには十分に余裕があるので、自分の業務よりお客さまを優先
すべきです。

ウ― まずお客さまに声をおかけすることが大切です。困っている内容によって
はすぐに対応できることもあります。自分できちんと対応できない場合は、
適切な担当に引き継ぎます。

エ― 化粧品係に注意を促しても、すぐには対応できず、声をかけるタイミング
を逸する可能性があります。

(3) イ

ア― お客さまに提示した価格を変更することは、お客さまが納得されず、信用
を失います。

イ― タイムセール価格でそのまま販売することが、信用を落とさない行動です。
もちろん、速やかに価格は戻します。

ウ― お客さまに提示した価格を変更することは、仮に通常価格より安くても、
お客さまからの信用を失います。

(4) ウ

ア― 業務遂行能力が高い A にとっては、補充の効率は最も大きな課題ではあり
ません。

イ― 早めに段取りを組むのはよい習慣なので、変える必要はありません。

ウ― 自分の業務をお客さまより優先させていることが問題です。お客さまを第
一に考えるよう改善が必要です。

第1編

4

5　不満を信頼に変えるクレーム対応

問1 次の□□□にあてはまる字句を選択肢から選びなさい。

① お客さまの不満は　(1)　と　(2)　の差から生まれ、この差が大きいとクレームになります。

② 　(3)　クレームを見過ごすと、　(4)　という情報が将来顧客になりうる人にまで伝わります。

(1) ～ (4) の選択肢

ア. 事前評価　　イ. 顕在　　ウ. 実績評価　　エ. 不満

オ. 事前期待　　カ. 潜在　　キ. 実績期待　　ク. 安心

ケ. 事前情報　　コ. 主張　　サ. 事後情報　　シ. 安全

③ クレームを受けた人は　(5)　を　(6)　しているという意識で対応する必要があります。

④ クレームを　(7)　と受け止め、小さなクレームも放置や軽視せず、　(8)　な対応が求められます。

(5) ～ (8) の選択肢

ア. 柔軟　　イ. 姿勢　　ウ. 真摯　　エ. 強引　　オ. 会社

カ. 幹部　　キ. 社員　　ク. 代表　　ケ. 販売　　コ. 資材

サ. ニーズの裏返し　　シ. 指導

問2 商品の不備や納期遅れなどが発生したとき、お客さまは早く何とかしてほしいと考えるものである。そのときお客さまに対策をどのように伝えるべきか、最も適切と思うポイントを2つ選びなさい。

【選択肢】

ア. いつから　　イ. いつまでに　　ウ. どこで

エ. 誰が　　オ. なぜ　　カ. どのくらい

問3 **クレームについて、最も適切なものを1つ選びなさい。**

ア．クレームは商品の開発に役立つため、できるだけ多いほうがよい。

イ．クレームは販売員とは関係なく、商品に対して発生するものである。

ウ．クレームはお客さまの誤解やわがままから生じるものである。

エ．クレーム処理により、信頼を得ることがある。

問4 **クレームの対応として最も適切なものを1つ選びなさい。**

ア．急ぎの仕事があったが、クレームが発生したので、すぐ報告書に処理結果を
記載し、上司に報告した。

イ．初めて経験するクレームだが、すべて経験だという先輩の言葉を思い出し、
自分一人で解決してみようと努力した。

ウ．クレームについてはよくわからなかったが、一生懸命説明したところ気持ち
が通じて解決できた。

エ．クレームの内容が自分では判断できなかったので、上司に対応を確認した。

問5 **クレームの再発防止として、<u>不適切なもの</u>を1つ選びなさい。**

ア．クレームが発生したら、必ず上司に報告して記録に残し、重要書類のため、
紛失しないように目の届かない場所に大切に保管する。

イ．クレームが発生し、お客さまに後日の対応を約束したので、期日を厳守して
回答し、解決策を了承してもらった。

ウ．調査に時間が必要なクレームもできるだけ早く回答できるよう、日ごろから
手順の確認をしておく。

エ．原因を分析し解決しておかなければ、同じトラブルが発生すると考える。

5 不満を信頼に変えるクレーム対応

 問1 （第5章第1節、第5章第2節）

① （1）オ （2）ウ

　お客さまのクレームは手に入れるまでや使ってみるまでの期待感と、実際に手にしたときや使ってみた結果による評価のギャップが表面に出たものです。

② （3）カ （4）エ

　クレームで表面に出るのは氷山の一角であり、お客さまの多くが直接は声に出しません。潜在クレームとは目に見える形でなく、隠れているクレームのことです。潜在クレームのなかにある不満に気づかないと多くの顧客を失うことになります。

③ （5）オ （6）ク

　お客さまがクレームを伝えるとき、それを受ける人は店舗では目の前の従業員、電話ではそれを受けた担当者です。その瞬間はどんなに大きな会社でもクレームを受けた担当者しかいません。そのときの応対が会社のイメージを決めてしまいます。

④ （7）サ （8）ウ

　真摯とはまじめでひたむきな様子をいいます。商品を市場に出すときはクレームの発生を予想していませんが、クレームが起きることがあります。ここから多くのことを学び、改善することでよりよい商品に仕上がります。クレームは大切な市場からの意見です。心から誠実な対応が求められます。

 問2 イ、エ（第5章第1節）

　クレームを言ってくるお客さまは、会社はこの問題を何とかしてくれると期待しています。現実的な問題には、原因を「いつまでに、誰が、どのように」解決するか、明確に伝え、約束は必ず守ることが大切です。

問3 エ（第5章第1節～3節）

ア―クレームはできるだけ多いのではなく、ないことがよいのですが、発生したときは迅速に対応します。

イ―クレームは商品自体だけでなく、販売窓口の応対や目的の差異によっても発生します。

ウ―クレームはお客さまの誤解やわがままから生じるものとは限りません。クレーム内容に十分に耳を傾ける必要があります。

エ―誠実にクレームに向き合うことで、お客さまから信頼を得ることがあります。

問4 エ（第5章第3節）

ア―報告書は迅速に提出する必要がありますが、処理結果以外に内容、発生理由、対処の内容とその結果、反省事項も記載したほうががよいでしょう。

イ―経験することは大切ですが、自分一人で対応してお客さまに満足してもらえないときはさらに重大な結果となります。上司や先輩の指示に従い、徐々に対応力を向上させることが必要です。

ウ―解決できたのは自分自身の思い込みで、お客さまが不満の感情を抱いたままあきらめたのかも知れません。そうであればこのお客さまは二度と来店しないでしょう。クレームの内容をしっかり理解することが必要です。

エ―自分一人で判断することが難しい場合は、必ず上司に対応を確認することが大切です。

第1編

5

問5 ア（第5章第3節）

ア―報告書は大切な情報のため、保管が必要ですが、目の届かない場所への保管は情報の遮断となってしまい、職場での共有ができません。必要なときはすぐに検索可能な状態にしておくことが重要です。

イ―お客さまとの約束は必ず守ることが信頼につながります。

ウ―早い回答はサービスの1つであるとともに、お客さまにとっても気持ちのよいことです。

エ―同じトラブルの発生は大きな悪いうわさとなります。また、原因を解決することは新しい商品を生み出す力となります。

6　会議への出席とプレゼンテーション

 問1 会議前の準備の手順の記述である。一般的な会議の場合、適切な順番に並べたものを選択肢から選びなさい。

① 会議の開催案内を出す。

② 会議の出席者を決め、開催日時を設定する。

③ 会議の資料を人数分準備し、必要なら事前に配布またはメールで送付する。

④ 会議の目的、議題を決める。

【選択肢】

ア．①→④→③→②　　　　　イ．④→①→②→③

ウ．②→④→①→③　　　　　エ．④→②→①→③

 問2 次の設問に答えなさい。

（1）会議について、<u>不適切なもの</u>を 1 つ選びなさい。

【選択肢】

ア．目的が不明確な会議、書面やメールで代替できる会議は、行わないほうが望ましい。

イ．会議は同じ問題を話し合うことにより、自分と異なった視点や意見があることを知ることができて、視野を広げられる。

ウ．会議に参加する前に会議の目的と議題を確認しておくが、会議でさまざまな意見が出るので、事前に自分の意見をまとめなくてよい。

エ．会議は仕事を進めるうえで能率を高めたり、問題があれば取り除くために、討議、決定、合意するために行う。

（2）会議中の行動について、<u>不適切なもの</u>を 1 つ選びなさい。

【選択肢】

ア．会議の参加者に自分の主張を通すため、他人の意見が自分と違うと感じれば、感情を前面に出して反論したほうがよい。

イ．会議の内容や周辺の事情を一層理解するためには、自ら申し出て議事録を作成するとよい。

ウ．開始前に着席する、前もって用件をすませ離席・中座しない、自分の発言時間を守るなど、会議の進行を妨げないようにする。

エ．他の人の発言を傾聴するとともに、自分も積極的に発言するように心がける。

（3）会議の司会者について、<u>不適切なもの</u>を1つ選びなさい。

【選択肢】

ア．司会者は書記を任命して、会議の内容や結論を議事録に残し、参加者や関係者に配布する責任があります。

イ．会議の結論は、司会者やリーダーなどの一部の参加者の独断ではなく、参加者全体の意見を議論した結果となるように、会議を進行させる必要がある。

ウ．司会者も参加者の一人のため、会議中は自らの意見を積極的に述べる。

エ．司会者は、会議の終了時に結論や決定事項を参加者に再確認し、書記などの担当者が作成した会議の記録を確認する。

第1編

6

（4）会議でのプレゼンテーションについて、<u>不適切なもの</u>を1つ選びなさい。

【選択肢】

ア．会議で提案する内容自体が優れていても、プレゼンテーションに失敗すれば、期待した成果は得られない。

イ．自分の主張が明確であり、かつその主張が相手の興味・要求に応えていることが、プレゼンテーションの成功につながる。

ウ．会議でプレゼンテーションするときは、提案内容が相手の興味・要求に応えていることが明確であることが重要であるため、内容作りに専念し、身だしなみや身振りは気にしなくてもよい。

エ．プレゼンテーションの内容構成は、①本論への導入のための部分（序論）、②理解してほしい内容の説明部分（本論）、③本論をまとめて締めくくる部分（結論）の順にすると、効果的に相手に伝わる。

6 会議への出席とプレゼンテーション

解答・解説

エ（④→②→①→③）（第6章第1節）

　一般的に会議前の準備の手順は、まず会議の目的、議題を決めます。次に出席者を決め、出席者の都合に合わせて開催日時と場所を設定します。続いて会議の出席者に開催案内を出します。案内には、会議の目的（Why）、議題（What）、場所（Where）、開催日時（When）、出席者（Who）、進め方やまとめ方（How）を記載します。以上を会議の司会者が行うことが一般的ですが、司会者から頼まれた場合には、できる限り引き受けましょう。また会議に必要な資料を人数分手配準備し、必要に応じて事前に配布します。以上が基本的な手順になりますが、議題によっては、鍵となる少人数のメンバーだけで事前に打ち合わせたり、準備する資料の作成状況をみて開催日時を設定するなど、手順の変更を考えます。

（1）ウ （第6章第1節）

ア─ 会議は複数の人の貴重な時間を使うことになります。不必要な会議は開催しないで、時間の無駄使いをやめましょう。

イ─ 自分一人で考えると、発想が偏ったり小さくなりがちです。会議で他人の異なった視点や意見を受けとめて、自分の視野を広げましょう。

ウ─ 会議に参加する前に会議の目的と議題を確認し、自分の意見をまとめておきます。会議ではさまざまな意見が出ますが、まとめておいた意見を見直しまとめ直す力をつけ、貴重な意見を発信できるよう心がけましょう。

エ─ 仕事は複数の人と協力して行う場合がほとんどです。仕事を能率的に進めたり、問題が発生して、取り除くにも、協力する複数の人との意思疎通が必要になります。こうした意思疎通のために、会議で討議、決定、合意します。

（2）ア（第6章第1節）

ア― 会議に出席する人たちと自分とは立場や考え方が異なり、意見は食い違う
ことが多いです。自分と違う意見をもつ相手に対して、感情的に反論しな
いで、冷静に自分の意見を述べて、議論を交わすようにします。

イ― 特に新入社員や新しい職場に異動した直後は、仕事の内容がわからないも
のです。議事録を作成する間に多くのことを調べることでわかってきます。

ウ― 会議は複数の人が参加するため、短時間で進める必要があります。自分が
足並みを揃えないことで会議の進行を妨げてはなりません。

エ― 会議は出席者の意見を交わす場所ですから、相互に発言します。発言する
ときは、5W2Hを念頭において簡潔に短時間で話します。

（3）ウ（第6章第2節）

ア― 記述のとおりです。会議中の内容や結論を議事録に残すことで関係者に周
知することができます。

イ― 会議の討論は、司会者やその仕事のリーダーの意見に左右されがちです。
会議は複数の人のさまざまな意見を取り上げて議論する場所ですから、司
会者は参加者全体に気を配り、会議を進行して結論を導きます。

ウ― 司会者には参加者全体の意見を議論した結論を導き出す役割があります。
ですから、司会者が直接自らの意見をいうことは控え、参加者の意見を引
き出し参加者が納得できる結論にたどり着くように討論を促します。

エ― 司会者は会議後に議事録を関係者に配布し、会議で決まった結論をもとに、
仕事の達成に向かって各担当者が行動するように促します。

第1編

6

（4）ウ（第6章第3節）

ア― プレゼンテーションでは、相手に何を伝えたいのか（自分の主張）、それは
相手にとってメリットがあるのか（相手の関心事）を明確にすることが大
切です。事前に上司や先輩に相談するなど、十分に準備しておきましょう。

イ― プレゼンテーションの内容のポイントは、相手にとってのメリットを明確
にして、自分がそれを主張できているかどうかです。

ウ― 会議でのプレゼンテーションでも基本的なビジネスマナーが必要です。清
潔で好感のもてる身だしなみ、尊敬語・謙譲語・丁寧語を使い分けた言葉
づかいなどのビジネスマナーを備えましょう。

エ― 内容構成は、「背景となる全体から伝えたい部分へ絞り込む」、「結論が先、
理由は後」という流れで、序論から本論、結論とすると伝わりやすいです。

7 チームワークと人のネットワーク

問1 次の＿＿＿＿＿に最もあてはまる字句を選択肢から選びなさい。

　チームワークとは、多様な　(1)　と　(2)　を持った他人同士が、互いに認め合うことで、　(3)　の力だけでは実現できない成果を　(4)　で成し遂げることができる、ということです。

(1) ～ (4) の選択肢

ア．正義感　　イ．価値観　　ウ．満足感　エ．達成感　　　オ．個人

カ．他人　　　キ．会議　　　ク．協会　　ケ．チーム　　　コ．個性

問2 チームワークに関する記述について、<u>不適切なもの</u>を1つ選びなさい。

ア．自分だけ目を引くスタンドプレーは全体の効率を下げるだけでなく、トラブルにもつながる。

イ．自分に与えられた仕事だけして他に無関心だと、チームワークは保たれない。

ウ．　気の合った人とチームをつくることが、よいチームをつくる秘訣である。

エ．ルールは個人の行動を制限するためでなく、チームワークをスムーズに発揮させるためにあり、ルール違反はチームの力を分散させる原因になる。

問3 次の＿＿＿＿＿にあてはまる字句を選択肢から選びなさい。

　チームワークの効果を上げるためには、リーダーが良好な　(1)　を発揮し、チームの構成員が目標に向かって行動できるようにすることが不可欠です。また、チームの構成員は、　(2)　を発揮し、それぞれがチーム活動に　(3)　に参加し、役割を十分果たす必要があります。

（1）〜（3）の選択肢

ア．チームワーク　　　イ．リーダーシップ　　　ウ．協力的

エ．メンバーシップ　　オ．チャンピオンシップ　カ．ネットワーク

キ．積極的　　　　　　ク．コミュニケーション　ケ．個人的

 問4 リーダーの役割について、<u>不適切なもの</u>を1つ選びなさい。

ア．所属するグループに与えられた権限や役割の範囲で目標を決める。

イ．チームの構成員が思い思いの行動をしないように行動基準を定め、全員が同じ方向を向いて行動するようにする。

ウ．仕事を成し遂げたときチーム全員で充実感を味わえるように、目標達成の動機づけをしない。

エ．目標を達成できなかったときは反省して理由を考え、努力を評価する。

 問5 新人や後輩へのアドバイスについて、最も適切なものを1つ選びなさい。

ア．新人や後輩と向き合うときは、相手から声をかけてくるまで待つ。

イ．上司からの指示やアドバイスは上司の気持ちが伝わるように、わかりにくい言葉でも、そのままの言葉で伝える。

ウ．「○年後のあるべき姿」を目標として、自分の行動計画を作成してもらう。

エ．後輩を指導するときは、自分自身が十分理解していなくても問題はない。

 問6 情報化社会において、人脈を広げ、信頼関係を維持するためのポイントとして<u>不適切なもの</u>をすべて選びなさい。

ア．情報は先に相手からもらうようにする。

イ．積極的に好意の押し売りをする。

ウ．互いの信頼関係を維持するため、見返りを求める。

エ．すみやかな返答を心がける。

オ．他人の悪口やうわさ話は時と場所を選ぶ。

カ．相手のプライバシーや会社の秘密を守る。

キ．情報を得るため、どのような相手でもできるだけ深い付き合いをする。

第1編

7

チームワークと人のネットワーク

解答・解説

問1 （第7章第1節）

（1）**コ（個性）** （2）**イ（価値観）**（（1）（2）は順不同）

（3）**オ（個人）** （4）**ケ（チーム）**

　競争の激しい現代においては、チームワークにより、個人のもつさまざまな力を結集させ、集団としての大きな力を発揮することが大切です。

問2 **ウ**（第7章第1節）

ア— スタンドプレーは報告・連絡・相談を軽視した行動でもあり、仕事全体の効率を下げたり、トラブルの発生原因にもつながりやすくなります。

イ— 互いへの関心を高め、自由に意見交換をすることで、チームワークが保たれます。

ウ— よいチームとはメンバーが結束し、全員の力で目標に向かって走り、目標を達成できるチームです。そのためには、色々な人の知識や能力を活用する必要があります。気の合った人同士のチームは仕事のやりやすさはありますが、その反面、いつも同じようなやり方だけになってしまうこともありえます。また、排除の力が働くため、外部からの参加者に抵抗感があり、受け入れが難しいという欠点があります。

エ— ルールはよいチームワークを得るために必要なものであり、日常生活のマナーや会社の就業規則などもルールと言えます。

問3 （第7章第2節）

（1）**イ（リーダーシップ）** （2）**エ（メンバーシップ）** （3）**キ（積極的）**

　チームワークの効果を上げるためにはリーダーの役割が非常に重要です。リーダーはチームの構成員が目標に向かって行動できるような環境をつくることが大切です。その活動を形成する役割がリーダーシップです。

チームの構成員はリーダーのもと、チーム活動に積極的に参加し、構成員としての役割を果たすことが大切です。チームの一員としての活動形態がメンバーシップです。

問4 ウ（第7章第2節）

ア―記述のとおりです。リーダーはメンバーの能力を見極めて、少し高めの目標を設定するとよいでしょう。

イ―一つの方向に向かって行動できるようにすることがリーダーの役割です。

ウ―リーダーの役割の一つは、目標達成のための動機づけをすることです。動機づけの有無により、次の仕事への活力となるか、ストレスとして障害となるか決まります。

エ―仕事の結果を検証し反省することは、とても大切です。反省することが次の仕事の成果に結びつきます。

問5 ウ（第7章第3節）

ア―アドバイスするにあたって、相手の考え方や行動を知ることが大切です。意識して声をかけ、気軽に相談できる雰囲気を作り出しましょう。

イ―新人の立場に立って、上司からの指示やアドバイスをわかりやすく説明することも先輩となった者の務めです。

ウ―新人や後輩に将来のあるべき姿を考えてもらい、目標とすることで、納得したうえで、行動計画を設定でき、今後の仕事に積極的に取り組むことができます。

エ―指導するために自分を振り返り、成長することができます。難しいことでも簡単な言葉や事例を使った説明ができるように理解を深め、伝え方、話し方を向上させることも大切です。

問6 ア、イ、ウ、オ、キ（第7章第4節）

ア―これから信頼関係を築くためには、先方から信頼されることが大切です。そのためには、情報は先に与えることが必要です。

イ―好意の押し売りをしてはいけません。信頼関係を築く前段階においては相手に煩わしく思われたり、リスクを予感させることは好ましくありません。

ウ— 見返りを求めてはなりません。情報を与えたとき、その情報に相当するモノを要求することは、信頼されるためには好ましくありません。

オ— 他人の悪口やうわさ話は絶対に慎むべきです。悪口やうわさ話はいずれ本人に伝わります。人脈を広げ、信頼関係を築いて、維持しようとするには、ふさわしい行動ではありません。

キ— 情報を得るために深い付き合いをすることは好ましくありません。信頼関係と付き合いの深さとは必ずしも等しいとは限りません。

第2編

演習問題②
仕事の実践とビジネスツール

1 仕事の進め方

問1 次の　　　　　にあてはまる字句を選択肢から選びなさい。
ただし、重複は不可とする。

　コンピュータが普及した現在では、仕事のツールにパソコンは欠かせない。そして、　（1）　や　（2）　、　（3）　に関係なく取引が行われるようになると、社会の動きもますます速くなってくる。

　社会が健全な発展を永続させるためには、少子高齢化・地球温暖化などの　（4）　や経済環境・国際環境などの変化に気づき、すばやく対応することがいっそう重要になる。

（1）～（4）の選択肢

ア．時代　　イ．時間　　ウ．技術　　エ．規則　　オ．社会環境

カ．変化　　キ．場所　　ク．仕事　　ケ．財産　　コ．会社環境

サ．距離　　シ．内部環境

問2 情報ネットワーク社会における仕事の特徴について、適切なものを1つ選びなさい。

ア．インターネットを介して収集された世界中のさまざまな情報が、コンピュータに蓄積され社内の資産として活用される。

イ．単純な業務のほとんどは、コンピュータを使った情報ネットワーク上で処理される一方で、企画、検討作業、対人折衝など、人間が判断する仕事は、ますます不必要になってくる。

ウ．インターネットを介した取引が増えると、ホームページが営業活動の一部となり、電話や来社、訪問での対応など店舗窓口を利用した取引が増える。

エ．インターネットの普及で欲しい情報が瞬時に入手でき、社内情報も簡単にコピーできるため、情報の管理が重要ではなくなる。

問3 営業日誌の情報共有について、<u>不適切なもの</u>を 1 つ選びなさい。

ア．担当者の案件を関係者の一部の人だけが閲覧できる。

イ．報告内容から、作業全体の進捗状況が把握できる。

ウ．得意先や地域の状況を共有できる。

エ．成功事例や失敗事例の収集により、ノウハウを共有できる。

問4 社内データベースの特徴について、<u>短所となるもの</u>を 1 つ選びなさい。

ア．分類が明確になり、必要な情報へのアクセスが可能である。

イ．業務に直接関連した情報の入手が可能である。

ウ．活用する技量に個人差が出る可能性がある。

エ．最新のデータや情報の入手が可能である。

問5 情報漏えいについて、<u>不適切なもの</u>を 1 つ選びなさい。

ア．会社には外部への公表に適さないさまざまな情報があるため、取扱いには十分な管理と守秘の意識が必要である。

イ．会社には独自の情報があるが、日ごろ接している情報は定型業務のものであるため、そのような仕事にまで情報漏えいは及ばない。

ウ．情報社会では情報は即座にコピーが可能であり、いま取り扱っている情報が漏えいの危機にあるか、常に意識する必要がある。

エ．漏えいの原因は取扱いミスや紛失などの不注意と故意の持ち出しであり、日ごろ当たり前と思っている行動についても、自ら意識する必要がある。

問6 情報セキュリティ意識について、<u>適切なもの</u>を 1 つ選びなさい。

ア．ウィルス対策ソフトは必ずインストールし、セキュリティパッチはむやみに更新しないようにする。

イ．パスワード付スクリーンセーバーを設定し、長時間席を離れるときは、パソコンにロックを掛ける。

ウ．社用で使用する携帯電話は、万一紛失したとき連絡してもらえるように、リモートロックや暗証番号によるロックは行わない。

エ．明日の朝一番での報告書の提出が上司の命令であれば、あらためて許可を得なくても、会社の資料を家に持ち帰ってよい。

問7 マネジメントサイクルについて、 □□□□□ にあてはまる字句を選択肢から選びなさい。

□（1）□ …全体の計画と部分の計画を念頭に、責任を持って実行する。

□（2）□ …与えられた仕事について、完成までの時間や納期、やり方を検討し、必要な費用全般や完成後の効果、利益などを算出し計画する。

□（3）□ …実行した結果を評価・反省し、改善策を立てる。さらに効率的な方法を見つけ出し、対策を立てておくことも大切である。

□（4）□ …一つの計画が終わるごとに報告を行い、計画と実行した結果の差異を評価し、数値的に判断できるようにする。

（1）～（4）の選択肢

ア．Action	イ．Active	ウ．Do	エ．Does
オ．Chance	カ．Check	キ．On	ク．Ok
ケ．Plan	コ．Play	サ．Sense	シ．See

問8 次の □□□□□ にあてはまる字句を選択肢から選びなさい。

□（1）□ は過去から現在における会社の歩んできた状況を分析し、現在から将来に向けて進むべき方向を示すものである。 □（1）□ が設定されると各部門が行うべき □（2）□ が定まる。 □（1）□ に比べ、 □（2）□ はより具体的数値に落とし込む。 □（2）□ に向かって事業を推進するために、 □（3）□ を設定する。

（1）～（3）の選択肢

ア．全体目標	イ．社会目標	ウ．大目標	エ．部分目標
オ．部門目標	カ．中目標	キ．詳細目標	ク．個人目標
ケ．小目標			

問9 次の◯◯◯◯◯にあてはまる字句を選択肢から選びなさい。

　仕事の優先順位は　(1)　および　(2)　などから見出すことができる。目標を達成するための根本となる業務や、代替の利かない業務は　(1)　が高くなる。素早く実施しなければならないこと、安全やクレーム、製品の欠陥・不良につながることなど、時間的な制約がある業務は　(2)　が高くなる。

(1)～(2)の選択肢

ア．緊急度　　　イ．難易度　　　ウ．満足度

エ．重要度　　　オ．経験度　　　カ．成長度

問10 次の◯◯◯◯◯にあてはまる字句を選択肢から選びなさい。

　スケジュール化にあたり、わかりやすく表現したり、問題点を把握するには、図表が有効である。

　(1)　とは、時間を横軸に、作業要素を縦軸にとり、各要素にかかる時間の長さと各要素の時間的つながりを図示したものである。計画策定の段階では、(2)　を細線で示し、実施の段階では　(3)　を細線の下に太線で記入する。細線と太線を比較して、進捗状況のチェックを行い、日程を管理する。

　(4)　とは、必要な作業の前後関係と流れを矢印などで関連付け、作業工程と作業日数を図式化したものである。複雑な工程管理に適し、全体の作業完成日を予想できる。

(1)～(4)の選択肢

ア．ガント・チャート　　　イ．パレート図　　　ウ．流れ線図　　　エ．重量

オ．カムアップシステム　　カ．実績　　　　　　キ．散布図　　　　ク．数量

ケ．PERT図　　　　　　　　コ．将来　　　　　　サ．過去　　　　　シ．予定

1 仕事の進め方

解答・解説

問1 （第1章第1節）

（1）イ（時間）（2）サ（距離）（3）キ（場所）（（1）（2）（3）は順不同）
（4）オ（社会環境）

　コンピュータが普及した現在では、世界中にインターネット網が張り巡らされており、インターネットの接続可能な場所であれば、時間や距離に関係なく、瞬時に情報のやりとりが可能です。また、世界中の動きも瞬時に知ることができます。そのため、社会現象としての少子高齢化や地球環境の変化としての地球温暖化など、社会環境や経済環境・国際環境の変化に気づき、すばやく対応することが求められています。

問2 ア（第1章第1節）

ア— 会社にとって必要な情報はインターネットを介して世界中から入手できます。蓄積された情報を社内の資産としていかに活用していくかが、重要な課題となっています。

イ— 単純な業務のほとんどがコンピュータで処理されます。また、時間のかかる膨大な資料などもコンピュータを使って整理されます。情報処理のスピードが速まる一方で、企画、検討作業や対人折衝など、人間の判断を必要とする仕事はますます重要となってきます。

ウ— インターネットの活用により、ホームページからアクセスされることが営業活動の一部になり、自社の商品やサービスの紹介、Eメールによる問い合わせが行われます。電話や窓口対応に代わり、インターネットでの取引が増えてきます。

エ— インターネットの普及で、欲しい情報が瞬時に手に入るようになり、貴重な情報や資料も簡単にコピーしたり持ち出すことができるようになりました。そのため、情報の管理は非常に複雑で重要な仕事となります。

ア（第1章第2節）

ア— 情報の共有はさまざまな利用価値があります。営業日誌の情報は営業活動のノウハウの共有など、部門のレベルアップに有用です。そのため、担当者の案件は関係者全員が閲覧できるようにします。

イ— 作業の進捗状況がわかるような報告書の形態をつくることが大切です。

ウ— 営業日誌により、業界や地域など、関連するさまざまな情報の共有ができます。

エ— 経験の異なる営業担当者が、互いの事例を知ることは、ノウハウの蓄積につながります。

 ウ（第1章第2節）

ア— データベースは、会社ごとに社内の規則に沿って分類を行うため、必要な情報にアクセスしやすくなっています。

イ— データベースでは、日ごろ取り扱う情報を容易に手に入れることができます。

ウ— データベースは、誰でも同等に利用できるにもかかわらず、技量などにより活用に個人差が生じ、それが情報量の差となって現れることがあります。この点は短所となりえます。

エ— 最新のデータや情報が入手できるため、利用方法を知ることが大切です。

問5 **イ（第1章第3節）**

ア— 自分が重要度が低いと判断する情報でも取扱いには細心の注意が必要です。

イ— 会社はそれぞれ独自の情報をもっており、会社の存続にかかわるものとして、商品、開発、技術、顧客情報などが考えられます。日ごろから接していると重要性に気がつかないこともありますが、定型業務でも情報の漏えいを意識する必要があります。

ウ— 情報を安易にコピーすることができるからこそ、漏えいのリスクも高まります。常に漏えいの意識をもつことが大切です。

エ— 一度、情報が漏えいしてしまうと、取り返しはつきません。情報は、注意深く、慎重に取り扱うという意識をもっておくことが大切です。

イ （第1章第3節）

ア 不正ソフトウェア対策として、全社のパソコンにウィルス対策ソフトをインストールし、ソフトウェアにセキュリティの弱点（セキュリティホール）が見つかったときに配布される修正プログラム（セキュリティパッチ）が常に自動更新されるように設定します。

イ 長時間席を離れることで、情報漏えいやパソコンの管理上のリスクが高まります。席を立つ際は、必ずパソコンにロックを掛けましょう。

ウ 社用の携帯電話の通話内容は社外秘情報のため、万一紛失したときに備えてリモートロックや暗証番号によるロックを施し、むやみに他人が使用できないようにします。

エ 会社の資料は外部への持ち出しを禁止している会社が多くあります。持ち出した資料の紛失が会社にとって重大な結果をもたらすこともあります。もち出す必要がある場合は、必ず上司に許可を取ります。

 （第1章第4節）

（1）**ウ （Do）**—実行することです。計画に基づいて、着実に行動します。

（2）**ケ （Plan）**—計画を立てることです。与えられた仕事の全体を把握し、完成までの状況を確認し、計画をします。

（3）**ア （Action）**—計画と実行の評価をもとに、活動を見直し、さらなる改善策を立て、次の計画に反映させます。

（4）**カ （Check）**—評価・検討することです。計画に対しての実行状況の差異を評価し、数値的な判断ができるようにします。

Plan → Do → Check → Action の順に進め、再び Plan に戻ってまわり続けるようにします。これを PDCA サイクルと呼びます。

 （第1章第5節）

（1）**ア （全体目標）**—全体目標は組織全体の今後の方向を指し示します。

（2）**オ （部門目標）**—部門目標は全体目標に到達させるための各部門の目標です。具体的な数値目標を用いることが多くなります。

（3）**ク （個人目標）**—個人目標は部門目標に向かって事業を推進するための個人レベルの目標です。個人目標を成し遂げることは部門目標や全体目標が

達成されることにつながります。

 （第1章第6節）

（1）エ（重要度）（2）ア（緊急度）

　仕事の優先順位には「重要度」と「緊急度」があります。「緊急度」は時間的余裕のないときに優先順位が高くなります。「重要度」は目標達成のための根本業務や会社の将来にかかわるものです。通常の仕事では多くの場合、「重要度」に比べ「緊急度」が優先されますが、「緊急度」を優先し続けると、重要な仕事は手が付けられないままとなり、気づいたときは取返しのつかない状態となることがあります。「重要度」の優先順位には気を配る必要があります。

 （第 1 章第 7 節）

（1）ア（ガント・チャート）—ヘンリー・ガントが考案した工程や納期の管理などに適した図表です。予定と実績を横線に描き、その差異から工程や納期の進捗がわかります。目視で判断でき、現状や課題の抽出がすぐできるという利点がありますが、期間短縮の検討が行いにくく、複雑な工程が相互に関係する場合には不向きという欠点があります。

（2）シ（予定）—横軸を時間、縦軸を作業要素とし、細線を用いて工程順やユニットごとに予定日程を書き入れます。書き入れることで工程計画の全体バランスを確認できます。

（3）カ（実績）—同じ図表の細線（予定線）の下に太線で実績を記入します。予定との差異により、以降の工程を調整することが可能となります。

（4）ケ（PERT 図）—順番のある複数の作業が行われる仕事を効率よく実行するためのスケジューリング手法で、矢印などで作業を関連付けます。2つの製品を組み立てて完成する品物の場合では、一方の製品を工程ごとに分析して作業にかかる日数（時間）を積算します。もう一方の製品も作業にかかる日数を積算することで、2つの製品を組み立てるのに必要な日数がわかります。このように開始から完成まで各工程の日数を積算し、図式化することで、複雑な工程の作業を管理する手法です。

2　ビジネス文書の基本

問1　次の□□□□□にあてはまる字句を選択肢から選びなさい。

（1）議事録作成にあたっては会議名称、開催日時などの必要事項、議題をはじめに書く。つぎに　①　と　②　の内容を書く。その際はできるだけ　③　書くことである。また議事の詳細を間違いなくまとめるうえで　④　を使うことも有効である。議事録配布のタイミングは会議終了後　⑤　ぐらいが理想である。

①〜⑤の選択肢

ア．プレゼンテーション　　　イ．討議　　　　　ウ．デジタルカメラ

エ．要旨をまとめて　　　　　オ．1〜2日　　　カ．注意事項

キ．ボイスレコーダー　　　　ク．4〜5日　　　ケ．細部にわたって

コ．決定事項　　　　　　　　サ．所見

（2）企画書の意義としては　①　だけではなく、何のためにという明確な　②　やどのようにという　③　があって、　④　ができるものでなければならない。
　　また企画立案のプロセスでは　⑤　の変化を把握して常に問題意識をもっているということが大事である。企画の提案者が、情報を収集しながら　⑥　を発掘していくことが、企画立案のスタートとなる。

①〜⑥の選択肢

ア．方向性　　　　　　　イ．ニーズ　　　　ウ．費用の支出　　エ．実際の行動

オ．プレゼンテーション　カ．環境　　　　　キ．方法　　　　　ク．事例

ケ．書式　　　　　　　　コ．斬新な発想　　サ．業績

問2　次の設問に答えなさい。

（1）報告書の種類の組み合わせとして、<u>不適切なもの</u>を1つ選びなさい。

【選択肢】

ア．そのつど提出する報告書 … 出張報告書、研修報告書

イ．調査報告書 ………………… 信用調査書、クレーム報告書

ウ．定期的な報告書 …………… 日報、週報

（2）議事録を作成するうえでの留意点として、最も適切なものを1つ選びなさい。

【選択肢】

ア．結論にいたった根拠と主観的な意見を書くようにする。

イ．会議で決定できなかった事項は書かないようにする。

ウ．決定事項に対する各出席者の行動計画を書くようにする。

（3）ビジネス文書を作成するうえでのポイントとして、不適切なものを1つ選びなさい。

【選択肢】

ア．報告書は要点を簡潔にまとめ、視覚効果にはこだわらない。

イ．企画書は相手のニーズを意識して、それを満たすメリットを書く。

ウ．議事録には会議の出席者、場所、開催日時を必ず書くようにする。

（4）企画書を作成するうえでの留意点として、不適切なものを1つ選びなさい。

【選択肢】

ア．相手のニーズを満たすアイデアが複数あればすべてを盛り込む。

イ．相手に十分な費用対効果が得られない企画であれば価値はない。

ウ．相手の立場により、効果的な説明方法を工夫する必要がある。

（5）わかりやすい報告書を作成するポイントとして、不適切なものを1つ選びなさい。

【選択肢】

ア．長い文章は避け、箇条書きを有効につかって簡潔に書く。

イ．誇張した表現を避けて、事実と意見を明確に区別して書く。

ウ．まず自分の所感を書き、次にそれに至った背景や経過を書く。

ビジネス文書の基本

解答・解説

 （第2章第1節、第3節）

（1）①コ（決定事項）　②イ（討議）　③エ（要旨をまとめて）
　　④キ（ボイスレコーダー）　⑤オ（1～2日）

　議事録は決定事項に関する内容が重要になります。決定事項の結論に至るまでの討議の内容をわかりやすく簡潔に要旨をまとめて書きます。また、議事録の内容に漏れや誤りがないように、ボイスレコーダーを活用することも有効です。議事録は上司や参加者が結果を確認し合い、共有するための書類です。時機を逃さず、会議終了後1～2日ぐらいで素早く、かつ正確に作成して関係者に配付します。

（2）①コ（斬新な発想）　②ア（方向性）　③キ（方法）　④エ（実際の行動）
　　⑤カ（環境）　⑥イ（ニーズ）

　企画書を作成するうえで重要なことは、実際に行動ができるかという点です。斬新な発想ばかりが先行して、行動に移せない企画では意味がありません。企画立案のプロセスでは、必要な情報を多く収集することが必要です。そのためには、問題意識をもちながら環境の変化を常に意識するということがあります。情報を収集することで、相手のニーズを発掘していきます。

（1）イ（第2章第2節）

ア—出張報告書と研修報告書は出張や研修の内容や出来事を報告するために、タイムリーに提出します。

イ—「クレーム報告書」が誤りです。クレーム報告書は「調査報告書」ではなく、「事故・トラブル」についての事故報告書となります。

ウ—日報、週報、月報は日常業務や活動を定期的に報告するものです。

（2）ウ（第2章第1節）

ア—主観的な意見を書くという箇所が誤りです。客観的な意見を書きます。

イ—会議で決定できなかった事項、保留事項も議事録には書きます。

ウ—決定事項に関する各出席者の役割と分担、次回までの行動目標を書くことは議事録作成の大事なポイントです。

（3）ア（第2章第1節、第2節、第3節）

ア—報告書は結論から書き、要点を簡潔にまとめることがポイントです。なおかつグラフや図を使い、太字・色文字やアンダーラインなどで文章を強調するなど、視覚に訴えることがわかりやすい報告書作成のポイントです。

イ—企画書を書く際に有効な方法として、まずはアイデアを多く列挙してから、相手のニーズに合うアイデアを選択して、実行可能なレベルまで具体化するというやり方もあります。

ウ—議事録には決定事項に至った理由や根拠なども明記しますが、特に決定事項に対する各出席者の役割分担、行動目標は大事です。

（4）ア（第2章第3節）

ア—企画書作成のポイントには、1つのアイデアには1つの企画書と考えて作成するということがあります。複数のアイデアを詰め込み過ぎると企画のテーマがぼやけて説得力に欠ける内容となります。

イ—費用対効果は企画を実行するかどうかの判断に重要な要素です。企画書には必要な経費および実行の期間を書きましょう。

ウ—企画の説得力を増すには決定権者など、相手によって、効果的な表現や説明を工夫するとよいでしょう。

（5）ウ（第2章第2節）

ア—長文は避けてワンセンテンスを短くすることがポイントです。そのためには箇条書きを有効に活用することが大事になります。

イ—事実と意見を区別して書くことが報告書には求められます。

ウ—報告書の作成にあたって、まず結論を書くことが最重要です。所感・所見については報告書の最後に別項目として書くことが基本です。

3 統計・データの読み方、まとめ方

問1 次の表は、日本の研究開発に関する統計資料である。これを見て（1）～（2）の問題に答えなさい。

	企業数	研究を行っている企業数	全企業に対する割合（%）	研究関係従業員数	従業員1万人あたりの研究者数	社内使用研究費支出額（単位百万円）
全産業	489,981	20,231	4.1	641,790	817	14,224,449
1～299人	481,032	16,885	3.5	85,175	488	989,749
300～999	7,310	2,330	31.9	89,080	637	1,342,326
1,000～2,999	1,139	667	58.5	102,214	788	2,209,803
3,000～9,999	411	285	69.4	179,561	1,022	4,786,736
10,000人以上	89	64	72.1	185,761	1,152	4,895,834

（出典：総務省令和4年度科学技術研究調査）

（1）資料を見て、<u>誤っているもの</u>を1つ選びなさい。

【選択肢】

ア．研究を行っている企業の数では従業員299人以下の企業が最も多い。

イ．研究を行っている企業数の全企業に対する割合は、従業員10,000人以上の企業が最も多い。

ウ．従業員10,000人以上の企業の社内使用研究費支出額は、従業員299人以下の企業の10倍を超える。

エ．研究関係従業員数のうち5割以上が、従業員3,000人以上の企業に属して研究開発を行っている。

（2）資料を見て、<u>誤っているもの</u>を1つ選びなさい。

【選択肢】

ア．従業員10,000人あたりの研究者数、社内使用研究費支出額ともに従業員数が大きい企業ほど多い。

イ．従業員299人以下の企業は、研究を行っている企業数の全企業に対する割合

が最も低い。

ウ．従業員 300 ～ 999 人の企業の社内使用研究費支出額は全産業の額の 1 割以上
である。

エ．従業員 299 人以下の研究を行っている企業数は、従業員 10,000 人以上の研究
を行っている企業数の 300 倍を超えていない。

問2　統計・データの利用について、誤っているものを選択肢から1つ選びなさい。

【選択肢】

ア．統計やデータの分析結果を利用することで、客観的に情報を整理できるよう
になる。

イ．統計・データを活用すると、定量的に共通理解を深めることができるので、
説得力が増す。

ウ．統計・データを活用する際、集計されたデータは既に客観性のあるものなの
で、目的意識をもって分析する必要はない。

エ．数値で裏付けられた統計・データを利用することは、相手を説得するときの
強力な材料となる。

問3　統計・データの読み方、まとめ方について、誤っているものを選択肢から1つ選びなさい。

【選択肢】

ア．複雑なデータを読み込む際、過去の経験などにもとづいて仮説を立て、その
仮説に沿ってデータを分析するのが有効である。

イ．新事業に関係するデータを収集することになったので、会社で決められたデー
タの作成基準を変更した。

ウ．データ分析を行う際は目的を念頭に置き、目の前のデータそのものが何を語
るのかを冷静に見る。

エ．集計されたデータから特徴や傾向をつかむためには、「変化を見る」「比べて
みる」「分けてみる」などの視点が重要である。

3 統計・データの読み方、まとめ方

解答・解説

問1

（1）ウ

ア— 研究を行っている企業数は従業員1〜299人の企業が最も多く、8割以上を占めています。

イ— 研究を行っている企業数の全企業に対する割合は、従業員10,000人以上の企業が最も多く、72.1%です。

ウ— 従業員10,000人以上の企業の社内使用研究費支出額は、従業員299人以下の企業の4.95倍（4,895,834 ÷ 989,749 ≒ 4.95倍）で、10倍を超えていません。したがって、この選択肢は誤りです。

エ— 研究関係従業員のうち56.9%（（185,761 ＋ 179,561）÷ 641,790 ≒ 56.9%）が、従業員3,000人以上の企業に属して研究開発を行っています。

（2）ウ

ア— 従業員10,000人あたりの研究者数、社内使用研究費支出額ともに従業員数が多い企業ほど多くなっています。

イ— 従業員299人以下の企業は、研究を行っている企業数の全企業に対する割合は3.5%で、最も低くなっています。

ウ— 従業員300〜999人の企業の社内使用研究費支出額は全産業の額の9.4%（1,342,326 ÷ 14,224,449 ≒ 9.4%）で1割に達しません。

エ— 従業員10,000人以上の研究を行っている企業数は64です。それに対して従業員299人以下の研究を行っている企業数は16,885となりますので、約263倍（16,885 ÷ 64 ≒ 263）で300倍を超えていません。

問2　ウ（第3章第1節）

ア— 統計やデータの分析結果を利用することで、定量的な理解を通して、客観的に状況を見ることができるようになります。

イ— 統計・データはある事象を数値で表したものです。定量的な判断ができるので、共通認識をもちやすく、説得力を増すことができます。

ウ— 正確な統計・データだからといって、それを目的意識をもって分析しなければ「わかりやすさ」や「伝えるポイント」が不明瞭になり、データ活用への展開は難しくなります。

エ— 単に文章だけで作成した資料は正確さに欠け、わかりにくいこともあるので、数値で裏付けられた統計・データを活用するとよいでしょう。

問3 **イ（第3章第2節、第3節）**

ア— 過去の経験などにもとづいて仮説を立て、その仮説に沿ってデータを分析することで、的確な評価を加えることができます。

イ— 決められた形式や作成基準などを変更すると、変化などが読み取りにくくなるおそれがあります。データは集積することで価値を増します。

ウ— データ分析を行う際は、有益な結論をすばやく導き出せるように、目的を頭に置きながら、目の前のデータそのものが何を語るのかを冷静に見る必要があります。

エ— データ分析を行うときには「変化を見る」、「比べてみる」、「分けてみる」（あるいはまとめてみる）という視点が大切です。以下に、ある店舗の顧客満足度を調査するときの分析の視点の例を示しますので、参考にしてください。

図1：分析の視点
ある店舗での顧客満足度調査の結果を判断するには？

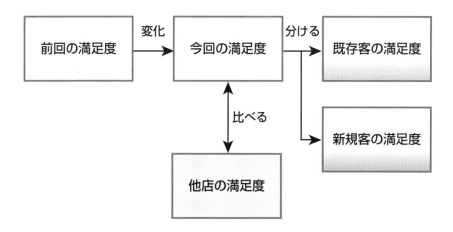

4 情報収集とメディアの活用

問1 次の□□□□にあてはまる字句を選択肢から選びなさい。

（1）□□□□は、コストをかけずに複数の書籍を閲覧できる。インターネットで書籍の在庫の確認、予約や取り寄せができる。

（2）□□□□に積極的に参加し、メディアから得られない情報を集める。

（3）□□□□は、さまざまな種類から自分の仕事や興味あるテーマに関するものを選べ、時間をかけて詳しい情報が調べられる。

（4）面談先の会社のホームページや□□□□に目を通し、企業動向や技術情報を事前に集めておく。

（1）～（4）の選択肢

ア．新聞　　　　イ．テレビ　　　　ウ．セミナー・講演会　　エ．広告

オ．タウン誌　　カ．書籍・雑誌　　キ．インターネット　　　ク．図書館

ケ．広報誌　　　コ．ラジオ　　　　サ．人脈情報　　　　　　シ．ダイレクトメール

問2 次の設問に答えなさい。

（1）インターネットによる情報収集で、<u>不適切なもの</u>を1つ選びなさい。

【選択肢】

ア．官公庁のホームページにある統計情報から、社会環境を分析できる。

イ．企業のホームページから、取引先や競合他社の情報を得ることができる。

ウ．インターネット上の情報の取捨選択のために、日付を確認する。

エ．SNSの口コミは新聞より早いのでニュースを確認するのに適している。

（2）自社の Web サイトの運営について、<u>不適切なもの</u>を1つ選びなさい。

【選択肢】

ア．来店したお客さまの写真を、本人に許可をとって自社 Web サイトの宣伝に
　　使わせてもらった。

イ．自社 Web サイトに、最寄りの駅から自社までの道案内を掲載した。

ウ．個人ブログの意見をそのままコピーして、自社サイトに掲載した。

エ．スマートフォンからも見やすい Web サイトを作成した。

（3）新聞の読み方について、<u>不適切なもの</u>を1つ選びなさい。

【選択肢】

ア．新聞は事実を忠実に報道するため、どの新聞を読んでも内容に大差ない。

イ．第1面の右上の記事は、見出しだけでなく、全文を読むことが望ましい。

ウ．業界の専門的な情報を得るには、一般紙より専門紙が適している。

エ．新聞は、他のメディアより一覧性が高いが、速報性に劣る。

（4）新聞記事の読み方について、<u>不適切なもの</u>を1つ選びなさい。

【選択肢】

ア．役立ちそうな記事は、切り抜いて整理・保存しておくとよい。

イ．各紙の社説を比較すると、各新聞社の考え方の違いがわかる。

ウ．興味のある分野でよいから毎日読むように習慣化することが大事である。

エ．効率的に読むために、政治面や国際面などは読み飛ばす。

第2編

4

高速バスに変動価格の波

京王電鉄バスなど、AI活用

需給に応じて価格を変えるダイナミックプライシングの導入が高速バスで広がりそうだ。人工知能（AI）が最適価格を推奨し、収益を最大化する。新型コロナウイルス禍からの需要回復の遅さに苦しむバス事業者は、収益改善の切り札として変動価格の仕組みに期待を寄せている。

高速バスが苦境にあえいでいる。国土交通省によると、国内航空の4月の輸送人員は2019年同月比で92%、東海道新幹線は18年同月比で86%まで戻った。しかし高速バスは19年同月比でも63%にとどまっている。

高速バスマーケティング研究所（横浜市）の成定竜一代表はその一因を「高速バスは単一価格での設定が多い。国は12年に運賃を変動できる料金設定を認めたが、バス会社は過去の慣習にとらわれ導入が遅れている」と指摘している。一部の事業者は既にこの価格戦略を導入していたが、コロナ禍で業績回復を急ぐ高速バス各社は改めてダイナミックプライシングに注目している。

コロナから需要回復鈍く
将来は座席別運賃も

130社が利用する「発車オーライネット」を運用する工房ウンド（埼玉県川口市）は三井物産子会社のダイナミックプラス（東京・新宿）とダイナミックプライシングサービスを開発。23年6月から同サービスを開始。既に15社以上が導入を検討している。

同サービスはAIを使って需要変動を予測。例えば需要が減って従来の固定運賃では十分な席数が売れないとAIが判断すると、運賃の引き下げを推奨。販売席数を増やして収益を最大化する。

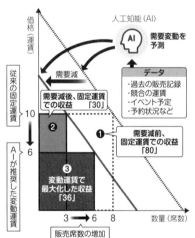

高速バスが導入する変動価格のイメージ

価格（運賃）

人工知能（AI）　需要変動を予測

需要減

データ
・過去の販売記録
・競合の運賃
・イベント予定
・予約状況など

従来の固定運賃　10

② 需要減後、固定運賃での収益「30」

① 需要減前、固定運賃での収益「80」

AIが推奨した変動運賃　6

③ 変動運賃で最大化した収益「36」

3 → 6　8　　数量（席数）

販売席数の増加

競合の価格などを学習し最適な変動運賃を提案する。ダイナミックプラスの平田英人社長は米大手長距離バスのグレイハウンドが変動運賃を導入して収益改善した例を挙げ「AI予測で1台あたり1割以上の収益増が期待できる」と説明する。約50社が利用する高速バス予約システム「SRS」を運営する京王電鉄バス（東京都府中市）もダイナミックプライシングを実現する変動価格サービスも開発する。

京王電鉄バス運輸営業部の田中実課長補佐は「サービスの効果に確証が持てず、導入に二の足を踏む事業者も少なくなかった」と明かす。導入企業が増えれば多くの情報が集まり、より細かな変動価格を実現できる。ハルモニアの松村大貴最高経営責任者（CEO）は「同じ便で座席別に運賃を変える変動価格」も貴重最高経営責任者（CEO）は「同じ便で座席別に運賃を変える変動価格の門戸を開く。

京都府タクシー協会・京都府ハイヤー協会会長で都タクシー（京都・港）社長の筒井基好社長は「観光地の京都は繁閑の差が大きい。需要が分散できれば働きやすい環境につながり、人材確保にも寄与する」と期待を寄せる。ただ、タクシー業界へのダイナミックプライシング導入はタクシー配車アプリ運営会社の協力が不可欠だった。21年の国土交通省の実証実験では米ウーバーの日本法人ウーバージャパン（東京・港）とGO（東京・港）が参加。ウーバージャパンはリアルタイムに価格変動を調整する運用を試行した。

鉄道でも、JR東日本が23年3月から通常の定期券より約1割安になるオフピーク定期券を販売するなど、変動運賃をサービス向上の手立てとして活用している。

公共交通でのダイナミックプライシング導入は消費者へのインパクトが大きい。普及が進めば高速バスやタクシー、鉄道などの事業者が自助努力で業績を立て直す足がかりにもなるだろう。

3月にスタートアップのハルモニア（東京・千代田）とAIを刷新した。実はSRSは20年にダイナミックプライシングサービスを導入している。西日本鉄道や名鉄バス（名古屋市）など20社が導入してきた。AIを強化したのは導入実績を増やすためだ。

このサービスは他の公共交通にも広がる。国交省は6月中にもタクシー業界へダイナミックプライシング導入の門戸を開く。変動幅は通常運賃の5割増から5割引までに。対象は乗車前に価格が分かる事前確定運賃に限られる。

AIは販売記録や運行日のイベント、鉄道など変動価格を運営する京王電鉄バスのサービスも開発したいと将来的な展望を語った。

（%）高速バスの輸送人員の回復は鈍く

120
100
80
60
40
20

国内航空

高速バス

2021年　22　23

（注）19年同月比、高速バスは空港リムジンバスも含む
（出所）国土交通省

（※）記事のレイアウトは変更されています。

（1）記事に記述されている輸送人員の記述に関して、不適切なものを次の選択肢から選べ。

【選択肢】

ア．2021年4月と2023年4月の国内航空と高速バスのそれぞれの回復率の伸び率の差は2.5倍以上ある。

イ．高速バスの輸送人員は、2021年から2023年にかけて回復傾向にある。

ウ．2021年前半の高速バスと国内航空の輸送人員の回復率に大きな差はない。

（2）ダイナミックプライシングサービスの記述について、適切なものを次の選択肢から選べ。

【選択肢】

ア．京王電鉄バスの運営するSRSは新規にAIを導入したサービスを展開する。

イ．高速バスは12年に、タクシーは21年に変動価格制度を認められた。

ウ．発車オーライネットは、AIが需要を予測し1台あたり1割以上の収益増が期待できる。

（3）高速バス業界とタクシー業界のダイナミックプライシングに関する記述について、下記の□□□□□に入れるべき語句の組み合わせとして、適切なものを選択肢から選べ。

　□ a □の設定が多いことが国内航空などに比べて回復が遅れている一因とされている高速バス業界では、□ b □の導入が回復を後押しすると期待されている。また、タクシー業界でも、国交省が□ c □の協力を得て実証実験を行うなど、普及に向けた取り組みが行われている。

【選択肢】

	a	b	c
ア．	低価格	変動価格	タクシー配車アプリ運営会社
イ．	単一価格	座席別運賃	高速バス会社
ウ．	単一価格	変動価格	タクシー配車アプリ運営会社

（4）変動価格の動向に関する記述について、適切なものを次の選択肢から選べ。

ア．変動価格導入は公共交通機関の業績回復の助けになると期待されている。

イ．変動価格導入は高速バス業界の働きやすい環境につながっている。

ウ．SRSは3月のAIの刷新により、同じ便で座席別に運賃を変える変動価格サービスを展開している。

情報収集とメディアの活用

解答・解説

 （第4章第3節）

（1）ク （図書館）─図書館は、コストをかけずに多くの書籍を閲覧できます。古い書籍も保管されているので、現在では販売されていない書籍も閲覧できます。インターネットで書籍の検索や予約ができたり、他の図書館から最寄りの図書館に取り寄せができたり、活用しやすくなっています。

（2）ウ （セミナー・講演会）─セミナー・講演会では、専門家の話を直接聞くことができます。事例や裏話などメディアから得られない情報を得ることができるので、積極的に参加するようにしましょう。

（3）カ （書籍・雑誌）─書籍・雑誌は、数多く出版されているので、必要に応じて自分の仕事や興味あるテーマに関するものを選べ、時間をかけて詳しい情報が調べられます。

（4）ケ （広報誌）─広報誌は会社が発行した冊子で、その会社が力を入れている商品やサービス、会社の経営理念や社会貢献活動などが紹介されています。

（1）エ（第4章第1節）

ア─官公庁のホームページには、信頼性の高い統計情報が公表されています。さらに白書などの形で官公庁による現状分析や今後の予測なども掲載されているので、社会環境の分析に役立ちます。

イ─企業のホームページには、各企業の経営方針や製品・商品の内容などの情報が掲載されています。取引先の情報を確認して商談に生かしたり、競合他社の情報を確認して戦略の策定に役立てましょう。

ウ─インターネット上には、最新の情報に混ざって、古い情報も存在しています。誤った情報をつかまないために、更新日を確認しましょう。

エ─個人のホームページやSNS、ブログ、ウィキペディアなど個人が書き込んだ情報は、誤っている可能性があります。仕事に使用するには他の情報源

と比較して確認するなどの注意が必要です。

（2）ウ（第4章第1節）

ア— 人物の写真には、肖像権があります。無断で写真を撮影されたり、自分が写っている写真を無断で利用されることを防ぐ権利で、有名人だけでなく、誰にでも認められている権利です。自社のホームページに人物の写真を掲載するときには本人の承諾が必要です。

イ— 自社の Web サイトの運営では、お客さまの視点でどのような情報を掲載するかを考えます。アクセス情報は、自社を来訪するお客さまに役立ちます。

ウ— 個人ブログの文章にも著作権があります。本肢の行動は不適切です。

エ— スマートフォンの画面はパソコンより小さく、Web サイトのレイアウトによっては見づらい場合があり、スマートフォン用に Web サイトを用意するケースが増えています。スマートフォンの利用者は増え続けており、お客さまの利便性向上につながります。

（3）ア（第4章第2節）

ア— 新聞各社は、取材先、記事の選び方、会社としての考え方が異なるため、同じ事柄を同じ内容で伝えるとは限りません。情報の偏りを避けるために、複数の新聞を読み比べることが必要です。

イ— 第1面の右上の記事は、その日の最重要ニュースですから、できる限り全文を読むように心がけましょう。

ウ— 専門紙は、特定の分野や業界の情報を詳しく扱っているので、一般紙よりも専門的な情報を得ることができます。

エ— 新聞の特徴の一つは、一覧性が高いことです。すなわち、大きな紙面に見出し付きで記事が詰まっているので、短時間で、どのようなニュースがあるのか確認することができます。一方で、1日に朝夕の2回しか発行されないので、インターネットやテレビ・ラジオのように事件などが発生したらすぐに速報を流すということができないため、速報性は他のメディアに劣ります。

（4）エ（第4章第2節）

ア— 役立ちそうな記事を切り抜いて整理・保存しておくと、必要な情報を使いたいとき、すぐに取り出すことができます。これは新聞の記録保存性がよいといえます。

イ— 社説は、各新聞社の考えを表明する記事です。社説を比較することにより、各新聞社の見解の違いを理解することができます。

ウ— 自分の興味があることについて絞って読むのは、新聞を読む習慣を継続するよい方法です。毎日目を通すことにより、新聞の読み方に慣れ、また興味のある分野について知識を深めることができます。

エ— 政治面や国際面は、社会状況の変化につながることも多く、長期的には仕事に大きく影響します。幅広く情報を求めることで、広い視野を獲得できます。

問3 （第4章第2節）

（1）ア

ア（誤）— 本文1段目3行目以降に2023年4月の回復率は国内航空が92%、高速バスが63%と記載があります。またグラフから2021年4月の回復率は国内航空と高速バスともに約40%と読み取れます。計算すると、国内航空が92% ÷ 40% × 100 ≒ 230%、高速バスが63% ÷ 40% × 100 ≒ 158%となり、その差は2.5倍もないため、不適切です。

イ（正）— グラフ「高速バスの輸送人員の回復は鈍い」に2021年から2023年にかけて回復傾向にあることが示されています。

ウ（正）— グラフ「高速バスの輸送人員の回復は鈍い」の2021年前半の高速バスと国内航空の回復率は同水準で推移していることから、高速バスと国内航空のこの期間の回復率には大きな差はないことが読み取れます。

（2）ウ

ア（誤）— SRSについて、本文4段目3行目に「AIを刷新した」とあり、すでにAIを導入したサービスを展開済みのため、不適切です。

イ（誤）— 高速バスについては、本文1段14行目に「国は12年に運賃を変動できる料金設定を認めたが」とあり、正しいことがわかります。しかし、本文5段目7行目に「国交省は6月中にもタクシー業界へダイナミックプライシング導入の門戸を開く」とあり、タクシー業界については23年が正しいため、不適切です。

ウ（正）— 本文3段目8行目に「1台あたり1割以上の収益増が期待できる」とあり、適切です。

（3）ウ

a（単一価格）―本文1段目10行目に「高速バスマーケティング研究所
（横浜市）の成定竜一代表はその一因を『高速バスは単一価格での設定が多
い。』」とあり、高速バスの輸送人員の回復が遅れているのは「単一価格」が
多いことが一因であると分析していることから「単一価格」が適切です。「低
価格」については記述がないため不適切です。

b（変動価格）―本文1段目後ろから10行目に「業績回復を急ぐ高速バス各社
は改めてダイナミックプライシングに注目している。」とあり、本文3段目
3行目に変動運賃を導入した米大手長距離バスの例をあげ「AI予測で一台
あたり1割以上の収益増が期待できる」とあることから、「変動価格」が適
切です。「座席別運賃」に関しては本文4段目後ろから4行目に記述があり
ますが、現在高速バス会社に期待される状況は記述されていないため、不適
切です。

c（タクシー配車アプリ運営会社）―本文5段目後ろから11行目に「タクシー
業界へのダイナミックプライシング導入はタクシー配車アプリ運営会社の協
力が不可欠だ。21年の国交省の実証実験では米ウーバーの日本法人ウーバー
ジャパン（東京・港）とGO（東京・港）が参加。」とあり「タクシー配車ア
プリ運営会社」が適切です。「高速バス会社」は国交省の実証実験に協力し
ている記述はないため、不適切です。

（4）ア

ア（正）―本文6段目後ろから8行目に「公共交通でのダイナミックプライシン
グ導入は消費者へのインパクトが大きい。普及が進めば高速バスやタクシー、
鉄道などの事業者が自助努力で業績を立て直す足がかりにもなるだろう」と
あり、適切です。

イ（誤）―本文5段目後ろから18行目にダイナミックプライシング導入が「需
要が分散できれば働きやすい環境につながり」とありますが、これはタクシー
業界についての記述であり、高速バス業界の記述ではないことから、不適切
です。

ウ（誤）―本文4段目後ろから2行目に「『同じ便で座席別に運賃を変える変動
のサービスも開発したい』と将来的な展望を語る」とあり、SRSはまだサー
ビスを展開していないことから、不適切です。

第2編

4

5 会社数字の読み方

問1 次の◻◻◻◻にあてはまる字句を選択肢から選びなさい。

（1）◻◻◻◻◻とは、売上から原材料費などの原価を差し引いた利益をいう。

（2）◻◻◻◻◻とは、従業員の給与、事務所の家賃、水道光熱費などの費用をいう。

（3）◻◻◻◻◻とは、仕入先や銀行などに支払う義務のある会社の借金のことをいう。

（1）〜（3）の選択肢

ア．経常利益	イ．負債	ウ．資本金
エ．資産	オ．営業利益	カ．売上原価
キ．特別利益	ク．売上総利益	ケ．販売費及び一般管理費

問2 次の表は都内で宅配ピザチェーンを展開するピザキングの売上ならびに利益関連資料である。資料をみて（1）〜（3）の設問に答えなさい。

〈資料1〉各店舗3年間の売上推移　　（1年52週として集計）【単位：万円】

	2021年			2022年			2023年		
	イートイン	デリバリー	合計	イートイン	デリバリー	合計	イートイン	デリバリー	合計
M店	700	2,400	3,100	1,000	2,600	3,600	1,000	2,700	3,700
O店	500	2,500	3,000	400	2,300	2,700	300	2,200	2,500
Q店	1,000	2,000	3,000	1,200	2,300	3,500	1,600	2,300	3,900
S店	600	2,500	3,100	1,000	2,700	3,700	900	2,800	3,700

M店…オフィス街店、O店…商店街店、Q店…国道沿線店、S店…住宅街店

〈資料2〉各店舗3年間の利益推移　　（1年52週として集計）【単位：万円】

	2021年		2022年		2023年	
	売上総利益	営業利益	売上総利益	営業利益	売上総利益	営業利益
M店	2,100	160	2,400	450	2,150	200
O店	2,100	150	1,900	0	1,700	▲150
Q店	2,100	300	2,200	400	2,600	600
S店	2,200	100	2,600	400	2,600	150

M店…オフィス街店、O店…商店街店、Q店…国道沿線店、S店…住宅街店

（1）〈**資料1**〉から読み取れることで、2023年の各店舗の売上について適切な
　　 ものを1つ選びなさい。

【選択肢】

ア．Q店はデリバリー売上の増加により、合計が他店を上回っている。

イ．O店は、イートイン、デリバリー共に売上が減り続けている。

ウ．S店は、合計売上の対前年比が4店舗中2番目に高い。

エ．M店はデリバリー売上が下がったことで、合計がQ店に追い抜かれた。

（2）〈**資料2**〉から読み取れることで、2023年の各店舗の売上総利益、営業利
　　 益について適切なものを1つ選びなさい。

【選択肢】

ア．Q店の売上総利益、営業利益ともに前年を下回っている。

イ．M店は売上総利益、営業利益ともに順調に伸ばしている。

ウ．S店の売上総利益は前年横ばいだが、営業利益は前年を下回っている。

エ．O店の売上総利益は全店舗の中で最も低いが、営業利益はS店を上回ってい
　　 る。

（3）〈**資料1**〉と〈**資料2**〉を見て、適切なものを1つ選びなさい。

【選択肢】

ア．O店の営業利益が2023年に赤字に転落した理由として、販売管理費が増加
　　 したことが考えられる。

イ．S店の2023年の売上は前年から横ばいだが、営業利益が下回っている理由
　　 として、材料費高騰、商品ロスの増加などが考えられる。

ウ．Q店の2023年の売上総利益がS店と同じであるにもかかわらず、営業利益
　　 がS店を上回っている理由として、店舗家賃が安いことなどが考えられる。

エ．M店の2023年の売上は前年を上回っているが、売上総利益が下がっている
　　 理由として、人件費、宣伝販促費の増加などが考えられる。

第2編

5

5 会社数字の読み方

解答・解説

 問1 （第5章第1節、第2節）

（1）ク（売上総利益）——売上総利益とは、売上から原価を差し引いた利益をいいます。また原価は、商品の仕入代金、製造費用など売上に直接かかった費用をいいます。

（2）ケ（販売費及び一般管理費）——販売費及び一般管理費とは、会社が事業活動を行ううえで発生する経費のことです。具体的には、従業員の給与や店舗の賃借料、水道光熱費などの費用があります。

（3）イ（負債）——負債とは、会社の借金のことで、買掛金、支払手形など1年以内に返済する負債からなる流動負債と、1年を超えて返済する固定負債に分類されます。

 問2

（1）イ

2023年のO店の売上は、イートイン、デリバリーともに前年を下回っています。〈資料1〉から読み取れる2023年の各店舗の特徴は以下のとおりです。

・M店：デリバリー売上は前年から100万円上がっています。合計がQ店に追い抜かれた理由は、Q店の合計の伸び率に劣ったことです。

・O店：イートイン売上、デリバリー売上ともに前年を下回っており、合計も前年を下回っています。

・Q店：デリバリー売上は前年と同じですが、イートイン売上を伸ばしたことで、2023年は合計が前年より伸びて全店を上回りました。

・S店：イートイン売上は前年を下回りましたが、デリバリー売上が前年を上回ったため、2023年の合計は前年と同じでした。

合計の対前年比は、本年合計÷前年合計で求めます。S店の合計の対前年比は、3,700÷3,700＝1です。大きい順に、Q店、M店、S店、O店となります。

（2）ウ

S店の2023年の売上総利益は前年と横ばいですが、営業利益は前年を下回っています。

〈資料2〉から読み取れる2023年の各店舗の特徴は以下のとおりです。

- M店：2022年は売上総利益、営業利益ともに前年を上回りましたが、2023年はともに下回っています。
- O店：2023年の売上総利益、営業利益ともに前年を下回っています。また、営業利益が2023年に赤字転落しています。
- Q店：売上総利益、営業利益ともに前年を上回っています。
- S店：2023年の売上総利益は前年と横ばいですが、営業利益は前年を下回っています。

（3）ウ

Q店の営業利益がS店を上回っている理由として、Q店の店舗家賃がS店より安いことなどが考えられます。

〈資料1〉と〈資料2〉から推察される各店舗の状況は以下のとおりです。

- M店：売上が前年を上回っているにもかかわらず、売上総利益が下回っている理由として、売上原価の増加があげられます。具体的には、人件費、宣伝販促費の増加ではなく、材料費高騰、商品ロスの増加などが考えられます。
- O店：販売管理費は、売上総利益と営業利益の差額にあたります。2022年の販売管理費を計算すると1,900万円になる一方で、2023年の販売管理費は1,850万円と前年を下回っており、経費削減を行ったにもかかわらず、売上減少により赤字転落したことが考えられます。
- Q店：2023年の売上総利益がS店と同じであるにもかかわらず、営業利益がS店を上回っている理由として、販売管理費がS店と比べて低いことが考えられます。具体的には、国道沿線店のため、店舗家賃が住宅街店のS店より安い、店内ならびにデリバリー用のアルバイト、パートを効率的に配置しているためS店より人件費が抑制されているなどが考えられます。
- S店：売上が前年から横ばいであるにもかかわらず、営業利益が前年を下回っている理由として、売上原価または販売管理費の増加があげられます。ここでは、売上総利益も前年から横ばいであるため、販売管理費の増加が原因となります。具体的には、材料費高騰、商品ロスの増加ではなく、人件費、水道光熱費などの増加が考えられます。

第2編

5

6 ビジネスと法律・税金知識

問1 次の▢▢▢▢▢にあてはまる字句を選択肢から選びなさい。

（1）▢▢▢▢▢とは、訪問販売など特定の取引を対象に、消費者トラブル防止のルールを定めた法律である。

（2）▢▢▢▢▢とは、製品の欠陥が原因で損害が発生した場合、その製品のメーカーが負う責任を定めた法律である。

（3）▢▢▢▢▢とは、会社の設立、組織および運営について定めた法律である。

（1）～（3）の選択肢

ア．金融商品取引法　　　　イ．製造物責任法　　　　ウ．民法

エ．消費者契約法　　　　　オ．特定商取引法　　　　カ．商法

キ．会社法　　　　　　　　ク．労働組合法　　　　　ケ．労働基準法

問2 次の設問に答えなさい。

（1）税金について、<u>不適切なもの</u>を1つ選びなさい。

【選択肢】

ア．所得税とは、個人の所得に応じてその一部を納める税である。

イ．酒税とは、消費している事実にもとづいてかかる税である。

ウ．不動産取得税は、取得した土地や家屋の価格に応じて課される税である。

エ．固定資産税とは、財産や権利の投資に際してかかる税である。

（2）法律知識について、<u>不適切なもの</u>を1つ選びなさい。

【選択肢】

ア．契約は申込みと承諾の意思表示が合致することにより成立する。

イ．一般法は、ある特定の範囲に限定される特別法より優先される。

ウ．会社は、本店所在地において登記をすることで設立される。

エ．株主総会は、株式会社の最高意思決定機関である。

問3 次の□□□□□にあてはまる字句を選択肢から選びなさい。

（1）□□□□□とは、労使関係の運営を円滑にするため、労働組合と会社で取り交わされるルールである。

（2）□□□□□とは、入社時に使用者と雇用される者との間で交わされる契約である。

（3）□□□□□とは、会社の使用者が、職場で働く従業員の労働条件や規律について定めたものである。

（1）～（3）の選択肢

ア．育児・介護休業法　　イ．男女雇用機会均等法　　ウ．労使協定

エ．労働基準法　　　　　オ．労働契約　　　　　　　カ．労働関係調整法

キ．労働安全衛生法　　　ク．就業規則　　　　　　　ケ．労働協約

問4 次の組み合わせで、誤っているものを1つ選びなさい。

（1）労働法

【選択肢】

ア．男女雇用機会均等法 … 雇用、労働条件などにおいて男女の均等な機会および待遇の確保を目的とする法律

イ．パートタイム・有期雇用労働法 … パートタイマー、アルバイト、有期雇用労働者などの労働条件や待遇について、正社員との公正な待遇確保を目的とする法律

ウ．育児・介護休業法 …… 労働者が子育てや介護をしながら働き続けられるように、仕事と家庭生活の両立を目指し制定された法律

エ．労働基準法 …………… 労働条件について使用者が守るべき最大限の基準を定めた法律。この基準の範囲内で使用者は労働条件を決めてよい

問5 次の設問に答えなさい。

（1）労働制度について、<u>不適切なもの</u>を1つ選びなさい。

【選択肢】

ア．裁量労働制とは新聞記者など業務遂行の方法を大幅に労働者の裁量に委ねる必要がある業務に適用される。

イ．成果主義とは、勤続年数の長さよりも仕事の達成能力や成果を中心に報酬を決定する考え方である。

ウ．労働時間は、休憩時間を含み1日8時間、週40時間までと労働基準法で定められている。

エ．6か月継続勤務し、全労働日の8割以上出勤した労働者に対して、使用者は最低10日間の有給休暇を与えなければならない。

（2）社会保障制度について、<u>不適切なもの</u>を1つ選びなさい。

【選択肢】

ア．日本の社会保障制度は、社会保険、公的扶助、社会福祉、公衆衛生、その他に分類される。

イ．40歳以上の国民は介護保険料を負担し、介護保険に加入することが義務付けられている。

ウ．労災保険は、業務中または通勤途中に事故や災害にあった場合に一定の給付が行われる。

エ．国民年金は、18歳から加入が義務づけられている。

問6 次の語句・用語についての説明にあてはまるものを選択肢から選びなさい。

（1）自営業者、被用者保険に加入していないパート・アルバイトなどが加入する公的医療保険

（2）一般企業の従業員や公務員が加入する公的年金制度

（3）業務上の事故でけがや死亡した際に保険給付される制度

（1）～（3）の選択肢

ア．国民年金 　　　　　 イ．健康保険 　　　　　 ウ．雇用保険

エ．企業年金 　　　　　 オ．労災保険 　　　　　 カ．確定拠出年金

キ．確定給付年金 　　　 ク．厚生年金 　　　　　 ケ．国民健康保険

 問7 次の語句・用語についての説明にあてはまるものを選択肢から選びなさい。

（1）災害や盗難などで損害を受けた場合に給与所得から差し引く控除

（2）病院に通院、入院して一定金額以上の医療費を支払ったときに給与所得から差し引く控除

（3）配偶者の収入が一定以下のときに給与所得から差し引く控除

（1）～（3）の選択肢

ア．地震保険料控除 　　 イ．勤労学生控除 　　 ウ．生命保険料控除

エ．医療費控除 　　　　 オ．扶養控除 　　　　 カ．配偶者控除

キ．基礎控除 　　　　　 ク．雑損控除 　　　　 ケ．障害者控除

第2編

6

 問8 次の組み合わせで、<u>誤っているもの</u>を１つ選びなさい。

信用取引

【選択肢】

ア．約束手形… 振出人が受取人に対し、一定の期日に一定の金額を支払うことを約束する証券

イ．為替手形… 手形の振出人が直接支払うのではなく、売掛債権をもつ取引先に支払いを委託する証券

ウ．小切手…… 振出人が記載した振出日に現金を支払う義務が発生する証券

エ．売掛金…… 提供した商品やサービスの代金を受領する権利

ビジネスと法律・税金知識

解答・解説

問1 （第6章第1節、第2節）

（1）オ（特定商取引法）—消費者契約法は、事業者と消費者の契約すべてを対象としているのに対し、特定商取引法は、訪問販売、電話勧誘販売など消費者トラブルを起こしやすい特定の取引類型を対象に、取引の公正とトラブル防止のために定められた法律です。業者が守るべきルールとクーリングオフなどの消費者を守るルールが定められています。

（2）イ（製造物責任法）—製造物責任法では、製品に欠陥が存在することを証明できれば、メーカーの損害賠償責任を追及できます。なお、製造物とは、製造・加工された動産のことをいい、土地などの不動産やサービス、未加工の農林水産物等は含まれません。

（3）キ（会社法）—会社法とは、会社の設立、組織、運営および管理について定めた法律です。会社の法律は、商法、有限会社法など複数の法律で規定されていましたが、これらの法律を会社法で1つにまとめ単体の法律になりました。

問2

（1）エ（第6章第6節）

ア—所得税とは、個人が得た所得（会社員の場合は給与収入）に対して課される国税のことで、年間の所得額に応じて、超過累進課税がかけられます。

イ—酒税とは、酒類（アルコール分1度以上の飲料）により定められた税率で計算する国税のことで、消費している事実にもとづいて課されます。

ウ—不動産取得税とは、土地や家屋などの不動産を取得した者が、取得した不動産の価格によって定められた税金を納める地方税です。このとき適用される価格は、実際の購入価格ではなく、固定資産評価基準により評価された価格で算出されます。

エ—固定資産税とは、毎年1月1日時点で保有する固定資産に対して課税され

る地方税のことで、財産をもっている事実にもとづいて課される税金です。

（2）イ（第6章第1節、第6章第2節）

ア―契約は、売主の「売ります」という申込みの意思表示と買い主の「買います」という承諾の意思表示が合致すれば成立します。

イ―ある事柄において特別法が存在する場合は、一般法よりも特別法が優先されます。特別法が、ある特定の範囲にのみ適用される法律のことをいうのに対して、一般法はより広い範囲に適用される法律のことをいいます。

ウ―会社を設立するためには、本店所在地にある登記所（法務局）へ登記事項を申請する必要があります。

エ―株主総会は、会社の実質的所有者である株主で構成され、株式会社の重要事項を決議する最高意思決定機関です。

問3（第6章第3節）

（1）ケ（労働協約）―労働協約とは労働組合と使用者の間で労働条件や待遇などの事項を定めた協定をいいます。書面で作成し、両当事者の署名または記名押印があれば、その名称を問わず労働協約となります。使用者と「従業員の過半数を代表するもの」が労働条件などについて定めた協定は労使協定であり、労働組合がなくても適用されます。その代表が「三六協定」です。

（2）オ（労働契約）―労働契約とは、労働者が労働力を提供することに対して、使用者が賃金を支払うことを約束する契約をいいます。使用者には労働者を指揮命令する権利があり、労働者はこれに対して誠実に従い、働く義務があります。

（3）ク（就業規則）―就業規則とは会社の労働者が就業上守るべき規律や賃金、労働時間などを定めた規則のことをいいます。常時10人以上の労働者を使用する使用者は、就業規則を作成し、所轄の労働基準監督署長に届け出なければなりません。

問4（第6章第3節）

（1）エ

ア（男女雇用機会均等法）―男女雇用機会均等法は、雇用の分野において、男女の均等な機会および待遇の確保を目的に制定された法律です。

イ （**パートタイム・有期雇用労働法**）─パートタイム労働法は、パートタイマー、アルバイト、有期雇用労働者など、いわゆる「非正規雇用」といわれる労働者の労働条件や待遇について、正社員との公正な待遇確保を目的に制定された法律です。

ウ （**育児・介護休業法**）─育児介護休業法は、労働者が子育てや介護をしながら働き続けられるよう、仕事と家庭の両立を目的に制定された法律です。

エ （**労働基準法**）─労働基準法で定める労働条件の基準は最低限のものであり、使用者はこの基準を理由にして労働者の労働条件を低下させてはならず、その向上を図るように努めなければなりません。

問5 （第6章第4節）

（**1**） **ウ**─労働基準法では、休憩時間を除き、原則として、1日8時間、1週間40時間を超えて労働をさせてはならないと定められています。この1日8時間、1週間40時間を法定労働時間といいます。

（**2**） **エ**─国民年金は、原則として、20歳から60歳になるまで加入が義務づけられています。

問6 （第6章第5節）

（**1**） **ケ**（**国民健康保険**）─日本ではすべての人に健康保険への加入が義務づけられています。国民健康保険は、勤労者が加入する被用者保険（健康保険など）などに該当する者を除きすべての国民がその加入を義務づけられています。また、国民健康保険は市町村などが運営しています。

（**2**） **ク**（**厚生年金**）─厚生年金は、一般企業に勤務する従業員が加入する公的年金制度で、国民年金を基礎年金として、それに上乗せした形で二重加入します。公務員などが加入していた共済年金は、被用者年金制度の一元化に伴い、2015年10月1日から厚生年金に統合されました。

（**3**） **オ**（**労災保険**）─労災保険は、業務上、通勤途上の事故や災害によるけがや病気、障害、死亡などに対して一定の給付を与える制度です。また、労災保険は国が運営しており、原則として労働者を使用する会社はすべて適用事業所になります。

問7 （第6章第6節）

（1）ク（雑損控除）―給与所得とは、勤務先から受け取る給与から、給与所得控除額を差し引いたものをいいます。そのなかで雑損控除とは、自宅が火災、風水害などにあう、家財などが盗難されるなどして被害を受けたときの控除をいいます。

（2）エ（医療費控除）―医療費控除とは、病気やけがなどで本人または本人と生計を同一にする配偶者やその他の親族のために多額の医療費を支払ったときの控除をいいます。

（3）カ（配偶者控除）―配偶者控除は、一定の条件で、配偶者のパート収入に適用される控除です。平成30年所得から、給与所得者の合計所得金額が1,000万円以下の場合、配偶者のパート収入が103万円以下の場合に配偶者控除が、103万円超201万6千円未満である場合は配偶者特別控除が適用されます。

問8 ウ（第6章第7節）

ア―約束手形とは、振出人（債務者）が手形の受取人（債権者）に対して、一定の期日に手形金の支払いを約束する証券です。

イ―為替手形と約束手形の違いは、手形の振出人が手形の受取人に直接手形金を支払うのではなく、支払いを委託された第三者が、手形の受取人に対して一定の期日に手形金を支払うところです。

ウ―約束手形は主として信用取引に用いられますが、小切手は主に現金取引の代替手段として用いられます。小切手の振出日は、必ずしも現実に振り出された日を記載する必要はありません。また、振出人が小切手を振り出すと、記載された振出日に関係なく、ただちに小切手の所持人に対して現金の支払いまたは当座預金への入金を行う義務が発生する証券です。

エ―売掛金とは、商品やサービスを先に提供して、あとで代金を受け取る権利で、1年以内に現金での回収が見込まれる債権のことです。

第2編

6

7 産業と経済の基礎知識

問1 次の▢▢▢▢▢にあてはまる字句を選択肢から選びなさい。

（1）▢▢▢▢▢とは、企業の合併・買収のことで、2つ以上の会社が1つになったり、ある会社が他の会社を買ったりすることである。

（2）▢▢▢▢▢とは、主に人と人とのつながりを促進・サポートする、コミュニティ型の Web サイトのことである。

（1）～（2）の選択肢

ア．WTO　　　　　イ．M&A　　　　　ウ．SNS

エ．GDP　　　　　オ．NPO　　　　　カ．TPP

（3）▢▢▢▢▢とは、経済全体の総需要が総供給を下回ることにより需給ギャップが広がり、物価が下落することである。

（4）▢▢▢▢▢とは、1980年代後半に日本で、円高抑制のためにとったドル買いや低金利政策、産業界の活況などが重なって起こった、株価の高騰や大都市を中心とした土地価格の急騰などをともなう経済現象のことである。

（5）▢▢▢▢▢とは、日本銀行を含む金融機関全体から経済全体に供給される通貨の量がどのくらいなのかを見るための指標のことである。

（3）～（5）の選択肢

ア．マネタリーベース　　イ．マネーストック　　　ウ．デフレーション

エ．インフレーション　　オ．プライマリーバランス　カ．グローバル経済

キ．バブル経済　　　　　ク．いざなぎ景気　　　　ケ．スタグフレーション

問2 次の設問に答えなさい。

（1）戦後の日本経済の歩みの説明として誤っているものを1つ選びなさい。

【選択肢】

ア．1950年に朝鮮戦争が勃発すると、アメリカ軍からの大量の物資の発注が特需として発生し、それをきっかけに日本経済は好況に転じた。

イ．1960年代には、鉄鋼、造船、自動車、石油化学などの重厚長大産業が発展した。

ウ．1970年代には、2度の石油危機で日本経済は苦境に陥り、産業界は省エネ、省資源、省力化に努力したものの、日本製品の国際競争力は大きく低下した。

エ．1980年に、日本の自動車生産台数は米国を抜き世界第1位となった。

（2）最近の日本経済の状況の説明として、誤っているものを1つ選びなさい。

【選択肢】

ア．日本企業は、先進国と新興国が激しい競争を繰り広げる、グローバルな市場での競争を余儀なくされている。

イ．ネットショップが普及し、デパートが閉店するなど小売店が苦戦している。

ウ．働く女性の活躍推進など日本経済の競争力強化の試みはまだなされていない。

エ．IT関連の新しい企業などが誕生する一方、日本を代表する企業の経営が危ぶまれるなど、企業の環境は目まぐるしく変化している。

 問3 次の組み合わせで、誤っているものを1つ選びなさい。

最近の日本経済の状況や戦略を表す言葉

【選択肢】

ア．製造業の国内回帰 …… 2014年ごろ進んだ円安以降に生まれた、海外に移転した工場を再び国内に戻す機運

イ．産業の空洞化 ………… 雇用環境の悪化の影響で若者が職を求めて海外に出てしまうため、国内の労働力が不足する現象

ウ．クールジャパン戦略 … 漫画に代表されるポップカルチャーや食文化、伝統芸能などの日本文化を産業化し、国際展開を図っていく戦略

7 産業と経済の基礎知識

解答・解説

 （第7章第1節、第2節）

（1）イ（M&A）—M&A とは、企業の合併・買収・統合のことで、2つ以上の会社が一つになったり、ある会社が他の会社を買ったりすることをいいます。新規事業や新市場への参入、企業グループの再編、事業統合、経営が不振な企業の救済などを目的として実施されます。

（2）ウ（SNS）—SNS とは、ソーシャルネットワーキングサービスの頭文字をとったもので、人と人とのつながりを促進・サポートする、コミュニティ型の Web サイトのことです。最近では、多くの企業がマーケティングにも活用しています。

（3）ウ（デフレーション）—デフレーション（デフレ）とは、経済全体の総需要が総供給を下回ることにより需給ギャップが広がり、物価が継続的に下落していく経済現象のことです。なお、物価の下落が継続し、ある国の経済規模の縮小の循環がとどまることなく進むことを「デフレスパイラル」と呼びます。

（4）キ（バブル経済）—バブル経済とは、不動産や株式が実体経済の成長以上のペースで高騰する経済状態のことです。日本では、1980年代後半に、円高抑制のためにとったドル買いや低金利政策、産業界の活況などが重なって発生しました。その後、過熱した経済を抑えるため、1990年代に公定歩合が引き上げられた結果、株価や土地価格が一気に急落する、バブル崩壊と言われる現象が起こっています。

（5）イ（マネーストック）—マネーストックとは、日本銀行を含む金融機関全体から経済全体に対して供給される通貨の量がどのくらいなのかを見るための指標のことです。経済活動に対して関係が深いといわれており、マネーストックが大きいほどインフレ（物価の上昇）が進行しやすいとされています。

問2 （第 7 章第 1 節）

（1）ウ

ア— 1950 年に勃発した朝鮮戦争では、アメリカ軍が物資調達のために日本に大量の資金を投下したため、日本経済は好況に転じました。

イ— 1960 年代の日本では、大戦直後の経済を支えた繊維などの軽工業から、鉄鋼・造船・自動車・石油化学といった重厚長大産業への転換が進みました。

ウ— 1970 年代に起こった 2 度の石油危機は、激しい物価の上昇とそれにともなう消費の減退をもたらし、日本経済は苦境に陥りました。しかし、産業界全体で省エネ、省資源、省力化を合言葉に経営努力を重ね、日本製品の国際競争力の強化に成功しました。

エ— 1980 年に、日本の自動車生産台数は初めて 1,000 万台を突破し、アメリカの生産台数を抜いて、世界第 1 位となりました。

（2）ウ

ア— 経済のグローバル化が進み、国内市場と海外市場の境目がなくなったため、日本の企業は、安い労働力を武器にした新興国との厳しい競争にさらされています。

イ— Amazon や楽天などのネットショップが普及し、品揃えや価格で対抗できず実店舗が苦戦している。実店舗で実物を確認し、ネットショップで安く購入する現象も起きている。新型コロナウイルス感染症の影響でさらにネットショップ利用が加速した。

ウ— 待機児童解消加速化プランによる働く女性の活躍を推進するプランや各種自由貿易協定交渉への参加、クールジャパン戦略の推進など、日本経済の競争力を高める試みが行われています。

エ— IT 関連の新しい企業が誕生している一方、歴史ある企業や大企業が経営難に陥り、会社更生法や私的整理、政府系ファンドの支援のもとでの再生の道を選んでいます。

問3 （第 7 章第 2 節）

イ

　産業の空洞化とは、国内企業が、長引く円高や、安価な労働力を武器に台頭する新興国の企業との競争に対応するため、生産拠点を海外に移転することにより、

国内産業が衰退していく現象のことです。生産拠点の海外移転は、国内の雇用を減らし失業者を増やすだけでなく、日本が持つ技術の海外流出にもつながります。一方、若者の間には、海外就職・赴任や留学を望まない内向き志向が増えていると言われており、国際的な人材の減少・若者の挑戦意欲の減退が、日本の将来に悪影響を及ぼすのではないかとの指摘もあります。

第3編

過去の試験問題

文部科学省後援　令和４年度前期

ビジネス能力検定 ジョブパス ２級

＜実施　令和４年 ７月３日(日)＞

> （説明時間　12：50 ～ 13：00）
> （試験時間　13：00 ～ 14：30）

・試験問題は試験監督者の指示があるまで開かないでください。
・解答用紙（マークシート）への必要事項の記入は、試験監督者の指示があるまで行わないでください。

・机の上には、受験票および筆記用具以外は置かないでください。電卓、辞書、参考書等の使用はできません。

・この試験問題は24ページあります。試験監督者の指示と同時にページ数を確認してください。乱丁等がある場合は、手をあげて試験監督者に合図してください。

・試験監督者の指示と同時に、解答用紙（マークシート）に、受験者氏名・受験番号（下11桁）を記入し、受験番号下欄の数字をぬりつぶしてください。正しく記入されていない場合は、採点されませんので十分注意してください。

・試験問題は、すべてマークシート方式です。正解と思われるものを１つ選び、解答欄の ◯ をHBの黒鉛筆でぬりつぶしてください。ボールペン等、鉛筆以外を使用した場合は採点されません。また、２つ以上ぬりつぶすと、不正解になります。

・試験問題についての質問には、一切答えられません。

・試験中の筆記用具の貸し借りは一切禁止します。

・試験を開始してから30分以内および試験終了５分前以降の退場はできません。30分経過後退場する場合は、もう一度、受験者氏名・受験番号・マークが記入されているか確認し、試験監督者の指示に従って退場してください。（再入場不可）試験問題は持ち帰ってください。

・合否の発表は令和４年８月下旬の予定です。合否の通知は団体経由で行い、合格者へは合格証を同封します。

・合否結果についての電話・手紙等でのお問い合わせには、一切応じられません。

一般財団法人　職業教育・キャリア教育財団

問1 次の各問に答えよ。

（1）為替の変動が企業に与える影響について、適切なものを選択肢から選べ。

【選択肢】

ア．円安が進むと、大豆や小麦などの原材料の輸入価格が下落するため、食品を取り扱う小売業の利益の増加につながりやすい。

イ．円高が進むと、自動車や電子部品などの輸出品の海外での販売価格が上昇するため、製品価格の競争力が下がり、輸出企業の業績悪化につながりやすい。

ウ．円高が進むと、日本で生産する場合と、海外で生産して日本に輸入する場合のコストの差が小さくなるため、海外から国内に工場を移す動きにつながりやすい。

（2）温室効果ガス削減に関する記述について、下記の　　　　　に入れるべき語句の組み合わせとして、適切なものを選択肢から選べ。

2016 年に温室効果ガスの排出削減などに関する国際的な枠組みである　　①　　が発効し、日本は 2050 年に二酸化炭素の排出量を実質的にゼロとする　　②　　を目指している。そのためには、　　③　　による発電の割合を減少させて二酸化炭素の排出量を削減するだけではなく、　　④　　など二酸化炭素の吸収量を増加させる活動も必要となる。

【選択肢】

	①	②	③	④
ア．	京都議定書	循環型社会	化石燃料	カーボンオフセット
イ．	京都議定書	脱炭素社会	バイオマス	カーボンオフセット
ウ．	パリ協定	循環型社会	バイオマス	植林
エ．	パリ協定	脱炭素社会	化石燃料	植林

（3）自動運転車に関する記述について、下記の　　　　　に入れるべき語句の組み合わせとして、適切なものを選択肢から選べ。

自動運転車は、あらゆるものをインターネットで接続して相互通信する　　①　　技術を利用し、人間の目の代わりに障害物を検出する　　②　　技術、人間の脳の代わりに状況を判断して適切な運転操作やルート選択を行う　　③　　技術など、さまざまな技術を駆使して開発が進められ、事故防止、物流の効率化、ドライバーの人手不足解消などの実現が期待されている。

【選択肢】

	①	②	③
ア．	ＩｏＴ	センサー	ＡＩ
イ．	ＭａａＳ	ＩｏＴ	センサー
ウ．	ＭａａＳ	センサー	ＡＩ
エ．	センサー	ＡＩ	ＩｏＴ

（４）ある飲食店がデリバリーサービスを始めることになり、下図のような販売促進策を計画した。下記の_____に入れるべき語句の組み合わせとして、適切なものを選択肢から選べ。

ある飲食店がデリバリーサービスを始めるときの販売促進策と目標

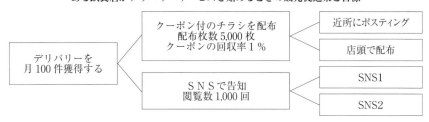

この販売促進策におけるＫＧＩは____①____であり、それを達成するためのＫＰＩは____②____である。

【選択肢】

	①	②
ア．	クーポン付チラシ配布枚数5,000枚と回収率1%	ＳＮＳの閲覧数 1,000 回
イ．	デリバリーの獲得件数月 100 件	クーポン付チラシ配布枚数 5,000 枚と回収率1% ＳＮＳの閲覧数 1,000 回
ウ．	クーポン付チラシ配布枚数5,000枚と回収率1% ＳＮＳの閲覧数 1,000 回	デリバリーの獲得件数月 100 件

（５）二国間、地域間の経済的な協定に関する記述について、下線部の語句のうち適切なものを選択肢から選べ。

　特定の国や地域間で関税などを撤廃して貿易の自由化を進める協定がＥＰＡであり、それに加えて投資、人の移動、知的財産保護や競争政策など、さまざまな分野で協力して幅広い経済関係の強化を進めるのがＦＴＡである。後者の代表的なものが、太平洋を取り巻く国々での連携を目指したＴＰＰである。

【選択肢】

ア．ＥＰＡ

イ．ＦＴＡ

ウ．ＴＰＰ

問2 次の各問に答えよ。

（1）キャリア形成に関する記述について、下線部の語句のうち適切なものを選択肢から選べ。

　会社の中でキャリアを築き上げていくために、業務に関する知識や実務能力などの<u>ヒューマンスキル</u>、コミュニケーション能力やリーダーシップ能力などの<u>コンセプチュアルスキル</u>といったスキルを身につけるとともに、法律や規則を順守する<u>コンプライアンス</u>意識や、当事者意識をもって仕事をする必要がある。

【選択肢】

ア．ヒューマンスキル

イ．コンセプチュアルスキル

ウ．コンプライアンス

（2）企業経営に関して、下記の　　　　　に入れるべき語句の組み合わせとして、適切なものを選択肢から選べ。

①	みんなが健康で元気な社会を実現する

②	自宅でも安全に気軽に利用できる運動器具を販売する

③	2025 年までに売上 30 億円を達成する

④	高齢者向けの運動器具の商品と営業を強化していく

【選択肢】

	①	②	③	④
ア．	経営方針	経営理念	経営戦略	経営目標
イ．	経営方針	経営戦略	経営目標	経営理念
ウ．	経営戦略	経営目標	経営方針	経営理念
エ．	経営理念	経営方針	経営目標	経営戦略

（3）お客さまとの関係づくりの取り組みについて、最も適切なものを選択肢から選べ。

【選択肢】

ア．得意客を増やすためには、次回購入時にポイント分を値引きするポイントカードの発行など、来店頻度が上がる動機につながる仕組みを導入するとよい。

イ．これまでの累積購入金額が多いお客さまには、購入履歴にない分野の新商品

に絞って情報を提供する。

ウ．初めて来店されたお客さまをリピーターにするためには、近隣へのチラシ配布、最寄り駅のポスター掲出など自社の商品やサービスを広く訴求する必要がある。

（4）小売店での接客態度へのクレームに対するお詫びの言葉として、適切なものを選択肢から選べ。

【選択肢】

ア．不愉快な思いをさせてしまい、大変申し訳ございませんでした。

イ．この度はご迷惑をおかけして、まことに遺憾に存じます。

ウ．私どもの不行き届きで、本当に心苦しい限りでございます。

（5）チームで仕事を進めるときの留意点に関する記述の正誤の組み合わせとして、適切なものを選択肢から選べ。

① チームの目標を各メンバーが理解することで、各自がその目標に向かって自律的に行動することができる。

② チームの目標を達成するために、一人ひとりのメンバーが自ら定めたルールに従って、自主的に行動する。

③ メンバー間の信頼は非常に大切であり、各自の好き嫌いの感情を尊重し、好感を持たれるように笑顔を忘れないようにする。

④ 自分の役割を果たすことが最優先であり、他の人の仕事に関心を寄せたり、他の人と意見交換するよりも、自分に与えられた仕事だけに集中すべきである。

【選択肢】

	①	②	③	④
ア．	正	誤	誤	正
イ．	誤	誤	正	正
ウ．	正	誤	誤	誤
エ．	正	正	正	誤

問3 **次のビジネス活動に関する問に答えよ。**

（1）情報セキュリティに関する記述の正誤の組み合わせとして、適切なものを選択肢から選べ。

① USBメモリーは簡単に情報の移動やコピーを行えるが、紛失や盗難の恐れがあるため、パスワードを設定する、使用範囲を限るなどの予防策が必要である。

② 新商品の開発に携わっている社員が、さらなる品質向上のために、自分の判断で家族や友人に商品の説明をして意見を求めることは必要なことである。

③ 社内ネットワークにある重要情報の持ち出しや削除行為を制限するために、専用の監視アプリケーションを導入した。

④ 会社から支給されたPCにウイルス対策ソフトがインストールされている場合で、PCの動作が遅い時には一時的に機能を停止させて業務効率を向上させるとよい。

【選択肢】

	①	②	③	④
ア．	誤	誤	正	正
イ．	誤	正	誤	正
ウ．	正	正	誤	誤
エ．	正	誤	正	誤

（2）アイスクリーム店での販売促進活動に該当するPDCAサイクルの組み合わせとして、適切なものを選択肢から選べ。

① 新商品のポスター掲示、POP作成、店員の声掛けなどにより、店舗で新商品の販売を推進する。

② 1週間ごとに販売実績を集計し、既存商品と新商品の比率や全体の売上額を調査する。

③ 直近の販売実績から2つの味を選べる商品の売上が好調なので、味を3つまで組み合わせて選べる新商品を企画する。

④ お客さまへの声掛けの反応や販売促進の成功事例を従業員の間で共有して、新商品の販売増加を目指す。

【選択肢】

	①	②	③	④
ア．	Do	Check	Plan	Action
イ．	Check	Plan	Action	Do
ウ．	Action	Do	Check	Plan

（3）新聞記事の特徴と活用に関する記述の正誤の組み合わせとして、適切なものを選択肢から選べ。

① 新聞は一覧性が高く、日々の多くの情報がバランスよく記載されているため、毎日継続して読むとよい。

② 新聞社によって取材先や記事の選び方、論調に差異があるため、特定の一紙を読み続ける方が質の高い情報収集ができる。

③ 自分が所属する業界や取引先の情報はもちろん、当面の関心事だけでなく政治面や国際面にも目を通しておくと視野を広げるきっかけになる。

【選択肢】

	①	②	③
ア.	正	正	誤
イ.	誤	正	誤
ウ.	正	誤	正

（4）時間外労働の多い企業がこれを削減するための取り組みの順番として、適切なものを選択肢から選べ。

① 対策として、他部門からの応援や機械を導入して業務の自動化を進めた。

② 原因を分析するために、時間外労働が発生した理由を調べると、人手不足により必要な人数が確保できていないことがわかった。

③ 問題を認識するために、部門と個人の時間外労働の実態を集計したところ、慢性的に多い部門と個人による差が大きい部門が見られた。

④ 評価するために、対策前後の時間外労働の変化を集計し、効果のあった対策は定着させるとともに更なる改善策を検討した。

【選択肢】

ア. ③→②→①→④

イ. ③→④→②→①

ウ. ②→①→④→③

エ. ②→③→④→①

（5）社内研修の企画書の書き方について、空欄①～③に入れるべき語句の組み
合わせとして、適切なものを選択肢から選べ。

令和4年7月14日

人事部長
松田　昇　様

人事部　竹下　進

労務管理研修開催の企画書

全営業所の労務管理担当向けの社内研修を企画しました。ご承認くださいますよう
よろしくお願いいたします。

記

1．目的　　　　　　当社は一部社員にテレワークを導入しています。これに伴い、
　　　　　　　　各営業所から社員の勤務時間や休憩時間、時間外労働の扱いにつ
　　　　　　　　いて質問を受けるケースが増えています。そこで、人事部から全
　　　　　　　　営業所の担当者に研修を行い、当社全体で適正な労務管理を実施
　　　　　　　　できる体制構築を目指します。
2．開催日時　　：令和4年7月29日（金）　13：00～15：00（質疑応答を含む）
3．会場　　　　：Ｗｅｂ会議システムを使用したオンライン会議
4．対象者　　　：　　　　①
5．講師　　　　：人事部　山田課長
6．研修内容　　：労働基準法の基礎知識（２０分）
　　　　　　　　就業規則　　　　　　（２０分）
　　　　　　　　　　　　②　　　　　（６０分）
7．費用　　　　：　　　　③
8．添付書類　　：対象者一覧

以上

【選択肢】

	①	②	③
ア．	全営業所長	労務管理担当の心得	講師費用
イ．	テレワークを実施している全社員	全営業所から労務管理方法の報告	会議室使用料、参加者の交通費
ウ．	全営業所の労務管理担当	テレワーク社員の労務管理	なし

問4 次の各事項に関する設問に答えよ。

（1）企業の貸借対照表の空欄①～③に入れるべき数値の組み合わせとして、適切なものを選択肢から選べ。

単位：百万円

資産の部		負債の部	
流動資産	50	流動負債	50
固定資産	50	固定負債	①
		負債の部	
		資本金など	20
資産合計	②	負債及び純資産合計	③

【選択肢】

	①	②	③
ア．	50	100	50
イ．	100	50	100
ウ．	30	100	100

（2）ある商店の月毎の売上と仕入れ、月末現金残高の一覧表の空欄①に入れるべき数値として、適切なものを選択肢から選べ。

単位：万円

	5月	6月	7月	8月
売上	800	750	850	800
仕入れ	600	600	700	750
月末現金残高	400	550	800	①

※売上は現金決済でその場で受け取る。
※仕入れは翌月の月末にまとめて現金で決済する。
※上記以外の現金のやり取りはないものとする。

【選択肢】

ア．750

イ．850

ウ．900

（3）年金制度に関する記述の正誤の組み合わせとして、適切なものを選択肢から選べ。

① 公的年金の一つである国民年金は、すべての国民が満20歳になったら加入する義務がある。

② 公的年金の一つである厚生年金は、国民一人ひとりが加入するか否かを選択することができる。

③ 公的年金の支給開始年齢は、原則満70歳である。

④ 公的年金の他にも、企業が従業員のために独自に積み立てる企業年金や、個人が保険会社と契約する個人年金などがある。

【選択肢】

	①	②	③	④
ア．	正	誤	誤	正
イ．	誤	誤	正	正
ウ．	正	正	誤	誤
エ．	誤	正	正	誤

（4）税金に関する表の空欄①～③に入れるべき語句の組み合わせとして、適切なものを選択肢から選べ。

	国税	地方税
利益を得たことに対する税	① 法人税など	住民税 事業税など
財産を持っていることに対する税	相続税 贈与税など	② 自動車税など
モノやサービスの購入に対する税	③ 酒税など	地方 ③ など

【選択肢】

	①	②	③
ア．	消費税	所得税	固定資産税
イ．	所得税	固定資産税	消費税
ウ．	固定資産税	消費税	所得税

（5）就業規則に関する記述について、適切なものを選択肢から選べ。

【選択肢】

ア．就業規則は労働条件や規律などを定めたもので、すべての従業員の合意を得て制定される。

イ．就業規則は従業員の人数に関係なく、すべての会社で作成しなければならない。

ウ．就業規則を変更した場合は、所轄の市役所に届け出ることが義務付けられている。

エ．就業規則には始業・終業の時刻など、必ず記載しなければならない絶対的記載事項が定められている。

デジタル診察　新興に知恵

（日本経済新聞　2021.11.10）

医師の診察をデジタル技術で支援するスタートアップが相次いでいる。人工知能（AI）を活用した医療サービスを手掛けるプレシジョン（東京・文京）は、患者の症状を基にAIがカルテを「下書き」するシステムを開発した。国内の医療体制は労働条件が恵まれた都市部に医師が集中する一方、地方は不足が深刻化している。新興勢は独自の技術やサービスで各地の現場を下支えする。

プレシジョン、AIがカルテ「下書き」

プレシジョンは電子カルテ大手の富士通Japan（東京・港）と共同で、AIシステムを組み込んだ電子カルテを開発した。10日から国立病院機構名古屋医療センター（名古屋市）で試験運用を始める。改善点を洗い出し、2021年度中の正式投入を目指す。

精度を担保するのは、専門医が監修した診察情報のデータベースだ。感染症や糖尿病など各分野に精通した医師ら約2000人が約3000種の病気と、約700種の症状に対する情報を盛り込んだ。

AIはこのデータベースと患者の症状を照らし合わせ、専門医が選ぶと推定される診断内容や治療法を表示する。

プレシジョンの佐藤寿彦社長は「医師が不慣れな病気であっても、AIが適切な治療方針を導き出し、現場を後押しできれば」と力を込める。

厚生労働省の推計による と、36年に全国で約5300～3万5000人の医師が不足する想定で必要な医師数に対する配属数の比率を計算する。東京都は必要数のほぼ1.4倍の医師を抱える一方、充足率が最も低い福島県では必要人数の約3割しか満たさないとみられる。

医師不足の現場 独自技術で支え

遠隔地から助言

医師不足の苦境をスタートアップが独自技術で打破しようとしている。ハート・オーガナイゼーション（大阪府）は9月、手術中にほぼリアルタイムで遠隔地の専門医の助言を受けられる動画システムの提供を始めた。新型コロナウイルス禍で利用者が急増した。

足する可能性がある。最悪の想定で必要なデータを変換し、ファイルを送る作業に数分以上がかかっていた。ハート社は医療機器としても認可された独自の動画技術でほぼリアルタイムの送受信を可能にした。

システムはすでに北海道名寄市の総合病院や消防署に導入された。福岡県大牟田市の大牟田天領病院は熊本市の熊本大学病院と連携し、循環器の手術で活用する。「年内に導入実績は7件、海外でも診察支援スタートアップは活躍の場を広げている。スマートフォン向けに医療相談アプリを提供する英バビロンヘルスはユニコーン（企業価値10億円以上の未上場企業）だ。チャット形式で症状を書き込む月、受診が必要かどうかをAIが判断する。

医療動画は個人情報保護のため、厚労省が求めるデータ規格矢野経済研究所によると、国50件まで増やしたい」（ハート社の菅原俊宏代表）という。

5年で市場1.6倍

内の医療ICT（情報通信技術）市場は23年度に1980億円と、16年度の1.6倍に拡大する見通しだ。けん引するのはソフトウエアのサービスだが、ハードウエアに着目したスタートアップも登場し始めている。

AMI（熊本県水俣市）は東京都健康長寿医療センター（東京・板橋）な13の医療機関と連携し、診断補助機能を付けた聴診器を開発中だ。心音を聞き取ると同時に心筋が発する電気信号を測定。聴診器で心臓の弁膜症などのリスクを自動判別する機能の実現を目指す。

医師が聴診に不慣れだったり、疲れていたりすると、心臓の異常音を聞き漏らすリスクがあるため、それを聴診器でサポートする考えだ。医療機器としての認可に向けた申請を準備中で、25年をメドに発売する。

AMIの小川晋平社長は「将来的には人間の耳で聞き取れない病気の兆候を検出できるようにしたい」と意気込む。

地方での医師不足に対して厚労省は地域枠・地元枠を設定するなどの施策を進める中で、良質な医療サービスを維持するには、制度改革と合わせてスタートアップの技術の活用が欠かせない。

2036年時点で医師不足が顕著な主な地域

都道府県	医師不足率（%）	不足人数（人）
福島	70.9	3500
岩手	41.2	1361
青森	36.4	1225
群馬	34.5	1837
栃木	33.3	1700
新潟	32.6	1969
茨城	31.6	2376
埼玉	27.8	5040

（注）厚生労働省の推計のうち最も医師数が不足する想定で、必要数に対する比率を試算

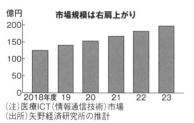

市場規模は右肩上がり

（注）医療ICT（情報通信技術）市場
（出所）矢野経済研究所の推計

（※）記事のレイアウトは変更されています。

（1）プレシジョンの取り組みに関する記述について、適切なものを選択肢から
　　　選べ。

【選択肢】

ア．電子カルテシステムは、感染症や糖尿病などの各分野に精通した医師が監修
　　　した病気と症状のデータベースにより精度を担保している。

イ．患者の症状を基にＡＩがカルテを下書きするシステムを開発し、試験運用を
　　　すでに終了して2021年度中の正式投入を目指す。

ウ．ＡＩは診察情報の電子カルテのデータベースと、患者の症状や診断内容、治
　　　療方法を照らし合わせて適切な専門医を選ぶ。

（2）国内各地の医師不足に関する記述の　　　　　　　に入れるべき語句の組み合
　　　わせとして、適切なものを選択肢から選べ。

　　厚生労働省が推計した2036年時点で、必要な医師数に対して、表中で最も医
師の不足人数が多い県は埼玉県であり、2番目に不足人数の多い県の　①
以上と試算されている。その一方で、東京都は医師を過剰に抱えており、東京都
の充足率を最も低い福島県と比べると約　②　　ポイント上回っている。表中
で医師の不足人数の多さが5番目の　③　　県は、7番目の岩手県と医師の充
足率について比較すると　④　　ポイント高い試算となっている。

【選択肢】

	①	②	③	④
ア．	1.4倍	70	群馬	8.6
イ．	2.1倍	110	新潟	8.6
ウ．	1.4倍	110	群馬	6.7
エ．	2.1倍	70	新潟	6.7

（3）診察支援スタートアップの独自技術とサービスに関する記述について、
　　　適切なものを選択肢から選べ。

【選択肢】

ア．ハート・オーガナイゼーションの医療動画システムは、北海道と福岡県の病
　　　院にすでに導入されるなど、年内には現状の導入実績の7倍以上の件数に増
　　　える見通しである。

イ．ハート・オーガナイゼーションの医療動画システムは、個人情報保護のため
　　　厚生労働省が求めるデータ規格に変換する必要があるが、ほぼリアルタイム
　　　にデータの送受信ができるので、遠隔地の専門医の助言を受けることができ
　　　る。

ウ．英バビロンヘルスは、医師に代わってＡＩが診察するスマートフォン向けアプリを提供し、新型コロナウイルス禍の影響でサービス利用者が急増している。

エ．ＡＭＩは、医療機関と連携して医師の聴診の不慣れなどを補うための診断補助機能を付けた聴診器の販売を開始しており、将来的には人間の耳でも聞き取れない病気の兆候を検出できるよう取り組んでいる。

（4）国内の医療ICT（情報通信技術）市場規模の推移と市場の状況に関する記述の正誤の組み合わせとして、適切なものを選択肢から選べ。

① 2023 年度の医療 ICT 市場規模は、2018 年度と比較して 70 億円以上拡大する見通しである。

②医療 ICT 市場規模は右肩上がりで成長しており、現在この拡大をけん引するのは、ハードウエアのサービスである。

③医療 ICT 市場規模は、2019 年度から 2023 年度まで毎年拡大する見通しである。

【選択肢】

	①	②	③
ア．	正	誤	誤
イ．	誤	正	誤
ウ．	正	誤	正

（5）国内の医師不足の状況やそれに対する課題などに関する記述について、適切なものを選択肢から選べ。

【選択肢】

ア．地方では医師不足の中でいかに良質な医療サービスを維持するかが課題で、その苦境を打破するためには、国内のスタートアップの独自技術や、海外の医療機関の利用の他、国の制度改革が求められている。

イ．医師の診察をデジタル技術で支援するスタートアップが、医師の不慣れな病気であっても、ＡＩを活用して適切な治療方針を導き出すなどの独自の技術やサービスの開発を進めている。

ウ．全国の医師不足は 2036 年には約 5,300 ～ 3 万 5,000 人となる可能性があり、その対策として厚生労働省は地方の病院の医師の採用に地域枠・地元枠を設定するなど、施策を進めているが道半ばである。

問6 次のケースを読んで各問に答えよ。

　田中美咲は、オフィスの内装設計を行う「オフィスプランズ」の営業部に勤務する入社３年目の社員で、川上課長のもと、新規顧客の開拓と後輩社員の斉藤の指導を行っている。

　当社は従業員20名で、主に中小規模のオフィスをターゲットとしている。これまでに数多くの案件を取り扱い、お客さまの予算に応じた様々なニーズにこたえてきており、同じお客さまから再度注文をいただくことも多い。中には、著名な工業デザイナーが手掛けた最先端のデザイン家具にマッチした斬新な設計で、オフィスデザインの賞を受賞した案件もある。

　先日出展した展示会で田中が名刺交換をしたＡ社の管理部長の山下さまから、本社オフィスをＸビル４階に移転することになったので、新オフィスのレイアウト設計、工事、デスクやキャビネットなどのオフィス家具の調達、引っ越しなど、移転プロジェクトを一括して依頼したいという問い合わせがあった。

　山下さまからは、Ａ社はオフィスプランズ以外にも同業の設計会社２社に相談しており、当社を含めた３社から１社を選んで発注するにあたり、提案書の作成を依頼された。田中はさっそく川上課長に報告したところ、川上は斉藤と設計部の高橋を呼び、４人で打ち合わせを行った。

川上「田中さん、報告ありがとうございます。当社の強みが生かせる提案書を全力で作成しましょう。この案件の取りまとめとＡ社との窓口は田中さんにお願いします。設計は高橋さんに、斉藤さんには田中さんのサポートをお願いします。」

田中「承知しました。受注に向けて、オフィスのレイアウト案と概算見積、移転スケジュールを取りまとめ、提案書を作成します。高橋さん、斉藤さん、よろしくお願いします。」

　数日後、田中は山下さまの要望を確認するため、川上課長と高橋とともにＡ社を訪問して現在のオフィスを確認し、山下さまと打ち合わせを行った。

1. **A社概要**
   ・文房具を販売する商社。
   ・本社オフィスには、商品企画部門と営業部門、管理部門の従業員50名が勤務。
2. **移転先**
   Xビルの4階に、現本社の全部門が移転。
3. **移転目的**
   オフィス賃料などのコストダウンと働きやすいオフィスの実現。
4. **設計要望**
   ・従業員は在宅勤務や自宅から直接顧客企業を訪問するなど、毎日出社する必要が
   ない方が多いので、従業員の執務スペースを削減したい。
   ・従業員同士のコミュニケーションを活発にする交流スペースや、業務に集中する
   ための個人ブースなどを設け、業務に応じて働く場所を選べるオフィスにしたい。
5. **予算**
   2,200万円（新オフィスのレイアウト設計、工事、オフィス家具の調達、引っ越し）。
6. **移転予定日**
   ・引っ越し：10月30日、31日の2日間。
   ・新オフィスの営業開始：11月1日。

　山下さまからは、新オフィスで必要な部屋の数とそれぞれの面積、デスクやキャビネットのサイズと数量などの要望もうかがった。田中は、これらの情報をもとにレイアウトの設計に必要な情報をとりまとめ、高橋にレイアウトの概要設計を依頼し、A社への提案書の作成に着手した。

（1）提案書でA社にアピールすべき当社の強みとして、最も適切なものを選択
　　　肢から選べ。

【選択肢】

ア．大手企業のオフィス移転や改装など大規模な案件も数多く手掛けており、安心して任せられる信頼性の高い企業であること。

イ．オフィスのデザインで数々の賞を受賞しており、魅力的なオフィス作りによってお客さま企業の売上げ増に大きく貢献していること。

ウ．さまざまな物件を手掛けてオフィス設計のノウハウを蓄積しており、お客さまの要望と予算に合わせたオフィスのレイアウトを提案できること。

エ．多くのオフィス家具メーカーと取引しており、安価でシンプルな家具からデザイン性の高い家具まで、様々なオフィスに合った家具を提案できること。

　A社への提案が終わって数日後、山下さまから当社に発注することに決定したとの連絡があった。翌日、田中は川上、高橋、斉藤とともにA社を訪問して山下さまと打ち合わせを行い、山下さまからの設計の一部変更と追加の要望をうかがった。

打ち合わせをもとに、田中は高橋と斉藤の協力を得て、移転プロジェクトの見積書の一部を修正した。

＜見積書＞

内訳	金額（万円）	備考
① 内装工事	700	間仕切り設置
② 電気工事	250	電源コンセント配線、照明増設
③ オフィス家具	a	オフィス家具の購入と配送・設置
④ 引っ越し費用	220	オフィス家具・書類等の移動・設置、廃棄物処理
⑤ 設計・管理費		①、②、③の合計の 10%
合計	2,200	

※ 　　　　　　　　　は設問の都合上非表示とする

（2）見積書の合計金額をＡ社の予算である 2,200 万円にするために、上記の　　a　　に入れるべき金額として適切なものを選択肢から選べ。

【選択肢】

ア．830

イ．845

ウ．850

その後、田中は山下さまから再見積の承諾をいただいたので、高橋にレイアウトの詳細設計と内装工事、電気工事の設計を、また斉藤にオフィス家具などの手配を依頼した。

さらに田中は、移転プロジェクトの詳細スケジュールを立案するため、高橋と相談して、期日までに移転を完了させるのに必要な各工程の所要日数を確認した。

高橋「田中さん、工事と現場作業の進め方ですが、内装工事完了後に電気工事を行い、電気工事完了後に新規オフィス家具の納入・設置を行います。その後、引っ越しで転用するオフィス家具を設置します。」

田中「高橋さん、ありがとうございました。それでは各工程の所要日数を教えてください。移転完了の期限から逆算して、各工程の完了期限を求め、各工程にどの程度余裕があるのかを、ＰＥＲＴ図を作成して確認します。」

田中は高橋から得た情報と、斉藤が確認したオフィス家具などの納期をもとに、以下のＰＥＲＴ図を作成した。

<PERT図>

<カレンダー>

8月								9月								10月						
日	月	火	水	木	金	土		日	月	火	水	木	金	土		日	月	火	水	木	金	土
1	2	3	4	5	6	7					1	2	3	4							1	2
8	9	10	11	12	13	14		5	6	7	8	9	10	11		3	4	5	6	7	8	9
15	16	17	18	19	20	21		12	13	14	15	16	17	18		10	11	12	13	14	15	16
22	23	24	25	26	27	28		19	20	21	22	23	24	25		17	18	19	20	21	22	23
29	30	31						26	27	28	29	30				24	25	26	27	28	29	30
																31						

（3）10月31日までに⑩の転用オフィス家具設置が完了するためには、レイアウト設計を遅くともいつまでに完了すべきか、適切なものを選択肢から選べ。ただし、各工程の所要日数はPERT図に記載の日数（土日祝日も含む）として、すべての作業は1日単位で行われるものとする。

【選択肢】

ア．9月16日

イ．9月28日

ウ．10月5日

　作業は順調に進んでいたが、田中は資材の発注先の担当者より、引っ越し用の段ボール箱の納入日が、田中が斉藤に指示した日の1週間後だという話を耳にした。斉藤に確認したところ、他のお客さま向けの発注と取り違えていたが、1週間程度の遅れは問題ないと思って田中に報告しなかったことがわかった。納入日が1週間遅れると移転の準備期間が短くなるため、田中が発注先と協議した結果、当初予定していた納期で納入できることになった。

（４）田中が斉藤に対して取るべき対応に関する記述の正誤の組み合わせとして、適切なものを選択肢から選べ。

① 同じ間違いを繰り返さないよう、注文書という重要な書類の内容確認が不十分だったことを山下さまの前で厳しく指摘する。

② このようなミスに気をつけるように注意し、今後は斉藤が作成する注文書は田中が内容を確認し、田中の承認を得てから提出することをルール化する。

③ 段ボール箱の納期遅れの状況は斉藤が一番よく理解しているため、山下さまに説明させ、納期遅れを了承いただくよう指示する。

④ 他プロジェクトのお客さま向けの発注との取り違えや納期遅れが発生した場合は、すぐに田中に報告・相談するよう指導する。

【選択肢】

	①	②	③	④
ア．	正	正	誤	誤
イ．	正	誤	正	誤
ウ．	誤	正	誤	正
エ．	誤	誤	正	正

　その後は順調に作業が進み、A社の本社オフィス移転プロジェクトは無事完了した。

　　川上「田中さん、A社のプロジェクトが無事完了しましたね。お疲れさまでした。ところで、当社は、展示会の出展やオンラインセミナーを積極的に行い、参加者にアンケートを回答してもらうことで、見込み客の獲得につなげています。

　　　　これは、最近問い合わせの多いオフィスの移転について、お客さまのニーズを把握するためのアンケートの結果です。これらのお客さまのニーズを踏まえ、今後当社が注力すべき取り組みについて検討してください。」

　　田中「はい、承知しました。私もお客さまと接して、このアンケート結果と同じようなことを感じていました。早速、考えてみます。」

<アンケート結果（上位４項目）>

（重視する）		（重視しない）	
・移転費用と賃料・維持費の削減	72％	・一人当たりの十分な面積の確保	30％
・オフィスレイアウトの効率化	30％	・お客さまや取引先への行きやすさ	28％
・環境への配慮	25％	・内装デザイン	25％
・従業員の通勤のしやすさ	20％	・移転先の物件探しの手間	21％

※複数回答のため、合計は100％を超える

（5）アンケート結果を踏まえ、今後当社が注力すべき取り組みについて、最も
　　適切なものを選択肢から選べ。

【選択肢】

ア．中古オフィス家具の買い取り業者との提携、再利用可能な引っ越し用梱包資
　　材の使用など、コスト抑制と環境対策への取り組みを強化する。

イ．移転先の物件探しから、オフィスの設計、工事、引っ越しまで、オフィスの
　　移転を一括して請け負う、利益率の高いサービスを展開する。

ウ．自社のオフィスを最先端の内装デザインにリニューアルし、モデルルームと
　　してお客さまに見ていただくことで、斬新なデザイン力をアピールする。

問7 次の＜資料１＞、＜資料２＞、＜資料３＞は２つの店舗を持つホームセンターＺ社の店舗別の売上高・売上原価・販売費及び一般管理費、売上高対営業利益率の推移、店舗別売上高・売上原価の構成比推移、店舗別営業利益の増減要因をまとめたものである。これらの資料を見て各問に答えよ。

＜資料１＞店舗別売上高・売上原価・販売費及び一般管理費、売上高対営業利益率推移

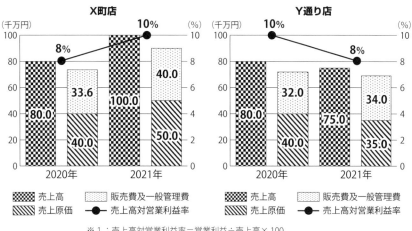

※１：売上高対営業利益率＝営業利益÷売上高×100
※２：営業利益＝売上高－（売上原価＋販売費及び一般管理費）
※３：売上原価＝仕入価格×販売数量

＜資料２＞店舗別売上高・売上原価の構成比推移

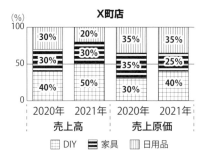

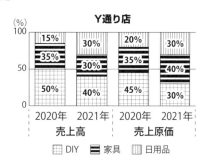

＜資料３＞店舗別営業利益の増減要因

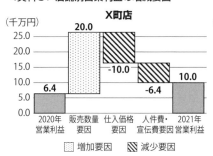

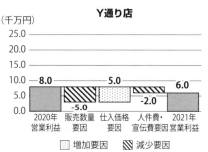

（1）〈資料1〉の説明として、適切なものを選択肢から選べ。

【選択肢】

ア．X町店の2021年の売上原価と販売費及び一般管理費は、2020年に対して
ともに増加しているが、売上高も大きく増加しているため、売上高対営業利
益率は改善している。

イ．Y通り店の2021年の売上高は2020年に対して減少しているものの、売上
原価と販売費及び一般管理費も減少したため、売上高対営業利益率は改善し
ている。

ウ．2021年のY通り店の売上高対営業利益率はX町店より低いものの、営業利
益額はX町店を上回っている。

（2）〈資料2〉の説明として、適切なものを選択肢から選べ。

【選択肢】

ア．X町店の2021年の売上高に占める比率が最も大きいのはＤＩＹであるが、
売上原価に占める比率が最も大きいのは日用品である。

イ．Y通り店の家具は、2021年の売上高に占める比率が2020年よりも低下して
いるものの、売上原価に占める比率は上昇している。

ウ．X町店、Y通り店ともに、2021年の売上高全体に占める比率が2020年に対
して低下しているのは、日用品である。

（3）〈資料1〉、〈資料2〉に関する記述について、　　　　　　　に入れるべき語
句の組み合わせとして、適切なものを選択肢から選べ。

　各店舗の売上総利益は、売上高から　　①　　を差し引くことで導き出すこ
とができる。X町店の2021年の売上総利益は、2020年に対して　　②　　し
ている。また、各店舗の商品別の売上原価は、売上原価に売上原価の　　③
を掛けることで導き出すことができる。Y通り店の家具の売上原価は、2020年、
2021年ともに、　　④　　となる。

【選択肢】

	①	②	③	④
ア．	販売費及び一般管理費	増加	販売数量	1億4千万円
イ．	売上原価	増加	構成比	1億4千万円
ウ．	売上原価	減少	構成比	2億4千万円
エ．	販売費及び一般管理費	減少	販売数量	2億4千万円

（４）2020 年から 2021 年にかけての各店舗の営業利益の増減要因を調査したところ、〈資料３〉のとおり販売数量要因、仕入価格要因、人件費・宣伝費要因の３つであることが分かった。〈資料３〉から読み取れる営業利益の増減に関する記述の正誤の組み合わせとして、適切なものを選択肢から選べ。

① Ｘ町店は、仕入価格の上昇により売上原価も上昇したが、販売数量要因による売上高の増加と人件費・宣伝費の削減がプラスに働き、2021 年の営業利益は増加している。

② Ｙ通り店は、仕入価格が下降しているものの、販売数量要因による売上高の減少で打ち消されており、人件費・宣伝費が増加した分だけ 2021 年の営業利益は減少した。

③ Ｘ町店はＹ通り店に比べて人件費・宣伝費の増加額は多かったものの、販売数量要因が大きく増加した分、Ｙ通り店を上回る営業利益を稼いでいる。

【選択肢】

	①	②	③
ア．	誤	正	正
イ．	誤	正	誤
ウ．	正	誤	誤

（５）〈資料１〉、〈資料２〉、〈資料３〉から読み取れるＺ社の現状分析と今後の取るべき方針に関する記述の正誤の組み合わせとして、適切なものを選択肢から選べ。

① 売上高の減少が減益要因になっているＹ通り店の営業利益額の回復を図るため、他の商品に比べて売上高に対して売上原価の割合が低いＤＩＹの品揃え、サービスなどを強化する。

② 売上高が落ちているにも関わらず、増加しているＹ通り店の人件費・宣伝費の内訳を検証し、削減を進めて売上高対営業利益率の向上を図る。

③ 主な増益要因が売上高の増加であるＸ町店で、売上が落ちている日用品の販売価格を下げて更なる販売の強化を図り、売上高対営業利益率の向上を図る。

④ 売上高の増加以上に売上原価が上昇しているＸ町店の家具について、仕入れ先との価格交渉の強化や新たな仕入れ先の開拓を行う。

【選択肢】

	①	②	③	④
ア．	誤	正	誤	正
イ．	正	正	誤	誤
ウ．	誤	誤	誤	正
エ．	正	誤	正	誤

文部科学省後援　令和４年度後期

ビジネス能力検定 ジョブパス 2級

＜実施　令和４年 12 月 4 日（日）＞

> （説明時間　12：50 ～ 13：00）
> （試験時間　13：00 ～ 14：30）

・試験問題は試験監督者の指示があるまで開かないでください。
・解答用紙（マークシート）への必要事項の記入は、試験監督者の指示があるまで行わないでください。

・机の上には、受験票および筆記用具以外は置かないでください。電卓、辞書、参考書等の使用はできません。

・この試験問題は24ページあります。試験監督者の指示と同時にページ数を確認してください。乱丁等がある場合は、手をあげて試験監督者に合図してください。

・試験監督者の指示と同時に、解答用紙（マークシート）に、受験者氏名・受験番号（下11桁）を記入し、受験番号下欄の数字をぬりつぶしてください。正しく記入されていない場合は、採点されませんので十分注意してください。

・試験問題は、すべてマークシート方式です。正解と思われるものを１つ選び、解答欄の ◯ をHBの黒鉛筆でぬりつぶしてください。ボールペン等、鉛筆以外を使用した場合は採点されません。また、２つ以上ぬりつぶすと、不正解になります。

・試験問題についての質問には、一切答えられません。

・試験中の筆記用具の貸し借りは一切禁止します。

・試験を開始してから30分以内および試験終了5分前以降の退場はできません。30分経過後退場する場合は、もう一度、受験者氏名・受験番号・マークが記入されているか確認し、試験監督者の指示に従って退場してください。（再入場不可）試験問題は持ち帰ってください。

・合否の発表は令和５年１月下旬の予定です。合否の通知は団体経由で行い、合格者へは合格証を同封します。

・合否結果についての電話・手紙等でのお問い合わせには、一切応じられません。

一般財団法人　職業教育・キャリア教育財団

（1）インターネット技術を活用した新たなサービスに関する記述について、適切なものを選択肢から選べ。

【選択肢】

ア．SaaSとは、インターネットを介してクラウドサーバーにある会計ソフトなどの提供を受けられるサービスのことで、アプリケーションを購入してインストールする場合に比べて、利用者の初期費用が少なくて済むという特徴がある。

イ．MaaSとは、鉄道会社が、自社で運営するバスや電車などの交通手段を1つのサービスとして提供することで、利用者の予約や支払が効率的に行える。

ウ．SaaS、MaaSともに、アプリケーションを購入してインストールする場合に比べて、利用者がサービスを利用できるようになるまで時間がかかるという課題がある。

（2）スマートシティに関する記述について、下記の _____ に入れるべき語句の組み合わせとして、適切なものを選択肢から選べ。

　スマートシティとは、ICTを活用して住宅・工場・交通システム・発電施設などを __①__ でつなぎ、さまざまな社会の課題の解決を目指すものである。太陽光や風力などの再生可能エネルギーを最大限活用したり、__②__ 技術などを活用してエネルギーの需要と供給の最適化を行ったりすることで __③__ を目指す、といった例がある。

【選択肢】

	①	②	③
ア．	電力網	ＲＰＡ	脱炭素社会
イ．	ネットワーク	ＲＰＡ	情報化社会
ウ．	電力網	ＥＭＳ	情報化社会
エ．	ネットワーク	ＥＭＳ	脱炭素社会

（3）フィンテックに関する記述について、下記の　　　　　　に入れるべき語句の
組み合わせとして、適切なものを選択肢から選べ。

　　フィンテックとは、取引情報を複数のコンピュータに分散して保存することで
改ざんやデータ消失を防ぐ仕組みである　①　などの技術の確立によって
広がった、　②　サービスの総称である。個人が様々なプロジェクトに出
資できる　③　や、ＱＲコードを使った　④　などもフィンテックの
一つの形態である。

【選択肢】

	①	②	③	④
ア．	ブロックチェーン	金融	クラウドファンディング	キャッシュレス決済
イ．	ブロックチェーン	セキュリティ	ソーシャルネットワーク	予約システム
ウ．	ビッグデータ	セキュリティ	ソーシャルネットワーク	キャッシュレス決済
エ．	ビッグデータ	金融	クラウドファンディング	予約システム

（4）企業のコア・コンピタンスの事例に関する記述の正誤の組み合わせとして、
適切なものを選択肢から選べ。

① 　バッテリーメーカーのA社は、自社が持つ高効率の蓄電技術を生かし、新た
に電気自動車向け蓄電池の生産を開始した。

② 　スーパーマーケットを運営するB社は、近隣の競合店の販売価格を調査して、
自社のキャンペーン商品をＳＮＳやチラシでＰＲしている。

③ 　独自のデジタル画像処理技術を生かしたソフトウェアで高いシェアを持つC
社は、月額の利用料を徴収するサブスクリプション方式でユーザーを長期的
に囲い込んでいる。

【選択肢】

	①	②	③
ア．	誤	誤	正
イ．	正	正	誤
ウ．	正	誤	正

（5）ＧＤＰＲに関する記述について、下線部の語句のうち適切なものを選択肢から選べ。

　ＧＤＰＲとは、国際連合が定めた企業情報の保護やその取り扱いについて詳細に定めた規制のことで、2018 年 5 月 25 日に施行され、欧州経済領域で取得した情報の処理方法と域外への移転の原則禁止などが定められている。規制に違反すると多額の制裁金が課せられるため、欧州経済領域に拠点を持つ多くの日本企業も対応を迫られている。

【選択肢】

ア．国際連合

イ．企業情報

ウ．日本企業

問2　次の各問に答えよ。

（1）最近の働く環境に関する記述について、下線部の語句のうち適切なものを選択肢から選べ。

　働く環境の変化に伴い、職場では労働形態が多様化し、従業員が日々の勤務時間を自由に設定できるフレックスタイム制を採用する企業が増えた。そのほか、営業職やシステム関連職などで、固定席を持たずに自分の好きな席で働く裁量労働制のオフィスや在宅勤務、テレワークも多くみられるようになった。

　雇用形態も多様化し、正規労働者の割合が増えていく中、仕事の成果による人事評価・賃金を取り入れる会社も増えている。

【選択肢】

ア．フレックスタイム

イ．裁量労働

ウ．正規労働者

（2）企業の社会貢献、社会的責任に関する記述の正誤の組み合わせとして、適切なものを選択肢から選べ。

① 株式会社は、利益を追求し会社として存続することを目指す法人であるため、社会的責任は合同会社や合資会社よりも重いとされている。

② 社会の人々が求める価値ある商品・サービスを開発・提供し、利益が見込め
なくても、お客さまが希望する価格で販売することが望ましい。

③ 企業として利益を追求し、その結果として国や地方公共団体に適切に納税す
ることは、重要な社会的責任である。

④ 地域の住民を積極的に従業員として雇用し、仕事や成長の機会を提供するこ
とは、社会貢献の1つである。

【選択肢】

	①	②	③	④
ア.	正	誤	正	誤
イ.	正	正	誤	誤
ウ.	誤	誤	正	正
エ.	誤	正	誤	正

（3）顧客のニーズに応えたサービス・商品を提供するための活動に関する記述
について、適切なものを選択肢から選べ。

【選択肢】

ア．品質・コスト・納期のうち顧客のニーズの観点から最も重要なのはコストで
ある。

イ．QCサークルとは、職場で働く人々が、継続的に製品・サービス・仕事など
の質の管理・改善を主体的に行う少人数のグループのことである。

ウ．「カイゼン」は、生産現場などで働く人々が作業効率や安全性を継続的に向
上させるアメリカで生まれた活動を日本語に訳したもので、知恵を出し合う
ことで現場の問題を解決しようとする活動のことである。

（4）アクティブリスニングの姿勢に関する記述について、適切なものを選択肢
から選べ。

【選択肢】

ア．後輩から仕事の悩みについて相談があった際に、うなずきながら、「大変だっ
たね」「辛かったね」など、相手の気持ちを言葉にして返しながら聴いた。

イ．締め切り間近の作業に追われている際に同僚から質問を受けたが、すぐに対
応すべきと考え、作業をしながら相手の話に耳を傾けた。

ウ．上司から仕事の指示を受けた際に理解できなかった点があったが、相手の話
を邪魔しないように質問を控え、終始聴くことに集中した。

（5）人脈づくりのコツに関する記述の正誤の組み合わせとして、適切なものを選択肢から選べ。

① 異業種交流会で知り合った人との交流が自分に有益かを判断するために、自分から情報を提供する前に、まずは相手がどのような情報を持っているかを聞いた。

② セミナーで知り合った人から後日Eメールで問い合わせを受けたが、回答するにはいくつか確認が必要なため、確認でき次第回答する旨を速やかに返信した。

③ 同業者の集まりで知り合った人に知人を紹介するにあたり、相手との関係を対等にするために、相手からも誰か有益な人を紹介してもらうことを条件とした。

④ 知人に紹介を依頼した人と面談が実現できたので、その知人に対して紹介へのお礼や状況報告をその日のうちに行った。

【選択肢】

	①	②	③	④
ア．	正	誤	誤	正
イ．	誤	誤	正	正
ウ．	正	正	誤	誤
エ．	誤	正	誤	正

 問3 次のビジネス活動に関する問に答えよ。

（1）環境の変化に対する企業の対応について、適切なものを選択肢から選べ。

【選択肢】

ア．新型コロナウイルス下の社会の要請や、従業員の居住地を選ばない働き方の希望に対応するため、自宅で勤務が可能なテレワーク制度を導入した。

イ．すべての従業員が働きやすい職場環境をつくるため、管理職のみに対してハラスメント対策の研修を提供した。

ウ．社会貢献の一環として、従業員のボランティア活動への参加を義務とするボランティア休暇制度を導入した。

エ．従業員の仕事と私生活を充実させるため、ワークライフバランスの観点から、インターバル制や年功主義の報酬制度を導入した。

（2）D社が新店舗開業の問題解決のために行った手法に関する記述の組み合わせとして、適切なものを選択肢から選べ。

① D社の既存店舗について、立地や品揃え、顧客サービスなどの観点から売上高を分析し、成功や失敗の根拠や理由とそれらの事象ごとのつながりを明確にした。

② 既存店舗の成功要因をもとに、立地と品揃え、顧客サービスの観点から、目標や具体的な行動までを階層化して分解・整理することにより、新店舗の計画を具体化した。

③ 新店舗の具体的な行動計画を立案するために、D社のさまざまな役職や役割の社員が集まり、自由に意見を述べ合い、多くのアイデアが出された。

【選択肢】

	①	②	③
ア．	ロジックツリー	MECE	ブレーンストーミング
イ．	ロジカルシンキング	ロジックツリー	ブレーンストーミング
ウ．	SWOT分析	ロジカルシンキング	アクティブ・ラーニング

（3）データ分析による将来の予測に関する記述の正誤の組み合わせとして、適切なものを選択肢から選べ。

① 卸売業のE社では、製品ごとの原価と生産数量の推移をグラフにまとめて顧客満足度の分析を行い、品揃えの見直しに活用している。

② 小売業のF社では、費用を固定費と変動費に分けて利益図表を作成し、損益分岐点を予測して収益の改善を行なっている。

③ レストランG社では、売上を曜日や天気、近隣のイベントの有無と共に分析し、そのデータを今後の売上予測と食材仕入れの判断に活用している。

④ 製造業H社では、品質検査の結果の情報をグラフにまとめることで、標準値からはずれた異常値の発見を容易にして、異常値に注目することによって、将来の品質検査データの予測を行っている。

【選択肢】

	①	②	③	④
ア．	誤	正	誤	正
イ．	正	誤	正	誤
ウ．	誤	正	正	誤

（4）インターネットを活用した情報収集について、下記の　　　　　に入れる
べき語句の組み合わせとして、適切なものを選択肢から選べ。

インターネットの活用により世界中から最新の情報を入手することができるが、
情報の正確性や信頼性と共に、　①　への配慮も必要である。具体的には、
自社のＷｅｂサイトに記事を掲載して情報発信をする際に、他社の統計資料や分
析データを引用する場合は、著作権者の許可を得て出典元を明記することにより
　②　の侵害を防ぐことができる。また、個人が特定できる画像を無断で
使用しないことにより　③　の侵害を防ぐ措置を講じることが必要である。

【選択肢】

	①	②	③
ア．	知的財産権	特許権	肖像権
イ．	所有権	著作権	商標権
ウ．	知的財産権	著作権	肖像権

（5）生活雑貨品を製造、販売するメーカーが日程管理のために作成したガント
チャートに関する記述の正誤の組み合わせとして、適切なものを選択肢か
ら選べ。

項目	作業完了	日程										
		1日 月	2日 火	3日 水	4日 木	5日 金	6日 土	7日 日	8日 月	9日 火	10日 水	11日 木	12日 金
部品1	✓												
部品2	✓												
部品3													
部品4													
組立													
検査													
出荷													

■■■■■：計画　■■■■■：実績　✓：作業完了
※ ガントチャートは5日（金）の終業時点の状況を示す

① 部品1と部品2の加工は、計画通りに進んだ。

② 部品3は原材料の納品待ちにより加工開始が遅れたため、計画通りの日数で
完了しても、組立工程以降のスケジュール変更が必要である。

③ 設備の故障により組立開始が1日遅れる予定であるが、組立と検査工程を短
縮できれば、予定通りに12日の出荷が可能である。

【選択肢】

	①	②	③
ア．	誤	誤	正
イ．	誤	正	誤
ウ．	正	誤	誤

問4 次の各事項に関する設問に答えよ。

（1）ある会社の損益計算書の空欄①〜④に入れるべき語句の組み合わせとして、適切なものを選択肢から選べ。

単位：百万円

売上高	500
売上原価	200
①	300
販売費及び一般管理費	200
②	×××
営業外収益	50
営業外費用	③
④	100
特別利益	20
特別損失	50
×××	70

【選択肢】

	①	②	③	④
ア．	売上総利益	営業利益	50	経常利益
イ．	営業利益	売上総利益	100	当期純利益
ウ．	営業利益	売上総利益	30	経常利益
エ．	売上総利益	営業利益	50	当期純利益

（2）個人情報保護法に関する記述の正誤の組み合わせとして、適切なものを選択肢から選べ。

① 顧客の氏名や電話番号、購買履歴など、特定の個人を識別できる情報に関する保護を規定する法律である。

② 個人情報を収集する際に、利用目的をできる限り特定する必要があるが、必ずしも相手に通知する義務はない。

③ 労働者を常時10人以上雇用している会社では、情報活用の規定を整備し、就業規則への明記が求められている。

④ 収集した個人情報を安全に管理する方法には、従業員に対する教育訓練や、データアクセスの識別や認証、不正ソフトウェアへの対策などがある。

	①	②	③	④
ア.	正	正	誤	正
イ.	誤	正	正	誤
ウ.	正	誤	誤	正

（3）男女雇用機会均等法に対する取り組みに関する記述について、適切なもの
を選択肢から選べ。

【選択肢】

ア．女性の雇用機会を確保するため、男性と女性で雇用条件を分けて採用活動を
行っている。

イ．ハラスメントの防止措置の一環として、ハラスメント防止ガイドラインを設
定し、社員へ研修を実施している。

ウ．女性従業員だけに育児休暇制度の説明会を行い、積極的な活用を推奨してい
る。

エ．女性が働きやすい職場をつくるため、男性とは異なる評価基準や人事制度を
もうけている。

（4）信用取引に関する記述の正誤の組み合わせとして、適切なものを選択肢か
ら選べ。

① 商品を販売し、支払いを翌月に受ける際には、販売金額が売掛金として帳簿
に計上される。

② 約束手形を振り出すと、記載された振出日に関係なく、振出人に直ちに現金
支払いの義務が生じる。

③ 商品やサービスの提供前の支払いや、提供後に一定の期日を置いた後の支払
いを総じて信用取引という。

④ 信用取引では、取引先が支払い不能になることによる被害を防ぐため、取引
先の資産、収入や借金などの債務状況を調べる信用調査が重要である。

【選択肢】

	①	②	③	④
ア.	正	正	正	誤
イ.	誤	誤	正	正
ウ.	正	誤	誤	正

（5）所得税の計算について、下記の￢￢￢￢￢￢￢に入れるべき語句の組み合わせ

として、適切なものを選択肢から選べ。

勤労者の所得税の計算は、給与所得控除を差し引いた後に、配偶者などに対する控除である　①　と、　②　や生命保険料に対する控除などの所得控除を差し引いて、課税所得金額が算出される。その税率は、課税所得金額に応じて税率が変わる　③　が用いられている。

【選択肢】

	①	②	③
ア.	人的控除	社会保険料	超過累進税率
イ.	医療費控除	勤労学生	超過累進税率
ウ.	人的控除	確定申告	軽減税率

（日本経済新聞　2022.3.2）

林業テック、生産性高める

スカイマティクス、ドローン計測

林業の生産性向上を後押しするスタートアップの取り組みが広がってきた。ドローンを活用した事業を手掛けるスカイマティクス（東京・中央）はドローンと人工知能（AI）を組み合わせ、森林の資源量や生育状況を計測するシステムの開発に乗り出した。林業の担い手不足が深刻化するなか、新興勢が技術で現場を支える。脱炭素への貢献に向けて森林活用を後押しする狙いもある。

スカイマティクスのシステムでは、ドローンの撮影画像を基にAIが樹木の本数や生え方を解析する。効率的に育てるために間伐すべき場所を見つけ出すほか、植林の進捗状況を確認する。

撮影に適した高度や画像認識の精度などを検証し、課題を改善したうえで2023年をメドに正式投入を目指す。このほど熊本県の森林組合などと連携し、実証実験を始めた。

自治体が森林整備などに使う「森林簿」を作る際の需要も見込む。現状は航空機を使った撮影や現地の歩行調査が必要で、数億円規模の費用がかかる。これを「数十分の一に低減したい」（渡辺善太郎社長）という。

従来は野菜の生育状況を把握するドローンシステムを手掛けてきた。蓄積した解析技術を森林分野に応用する。事業拡大に応用するため、農林中央金庫など4社を引受先とする第三者割当増資で13億円を調達した。

国土の7割を森林が占める日本だが、林業は衰退傾向が続く。

人手不足を打開　脱炭素もにらむ

運搬時間を短縮

林業従事者も減少している。少子高齢化に加え、労働環境の厳しさが一因だ。厚生労働省の調査では1000人あたりの労働災害発生人数は20年に25.5人と、全27業種で最も多かった。

農林水産省によると、19年の木材生産額は2700億円。国内でピークだった1971年（9894億円）に比べ約4分の1に落ち込んだ。

林業の生産性向上には大手も取り組んでいる。たとえば、コマツは伐採などに使う機械からのデータを集め、業務進捗などを管理するシステムを開発中だ。新興勢は手ごろで細かなサービスで林業従事者のニーズをすぐ取ろうとしている。

植林スタートアップの中川（和歌山県田辺市）はドローンメーカーと共同で資材運搬用ドローン「いたきそ」を開発した。植林に必要な苗木や獣害防護柵などを運ぶ。人力で1時間かかる距離であれば、所要時間を20分に短縮できる。植林は重さ約20キロの荷物を持って山中で作業するため、腰痛に悩む従事者も少なくない。いたきそで、1日あたりの植林量は1.2倍に増した。今後は中川から独立した社員が同業に対して、ドローンのレンタル事業を始める方針で、ノウハウを各地に広げる狙いだ。

関連税制で促進

森林来（東京・港）は木材専用の電子商取引（EC）サイト「eTREE（イーツリー）」を運営する。国内外80産地で売買された約1万点の木材情報を蓄積したデータベースを活用できる点が特徴だ。

生産者は平均的な市場価格を提示することで収益性を高められる。競りや価格が変化した従来の取引に比べ、先行きを見通しやすくなる利点もある。今後は設定価格ごとの売れ行きを予測する機能も開発する考えだ。

国内外で脱炭素への機運が高まるなか、森林整備への動きが活発化している。日本政府は30年度に温暖化ガスを13年度に比べ46%削減する目標を立てた。森林による二酸化炭素（CO_2）吸収量は目標の5%分にあたる3800万トンを想定する。

東日本大震災の復興特別税に代わり、24年度から「森林環境税」を住民税に上乗せする形で徴収する。私有林の面積や林業従事者数などに応じて市町村へ分配し、森林整備や木材利用の促進などに充てられるようにする。新興勢は「事業の追い風になる」（スカイマティクスの渡辺社長）との声も上がる。少子高齢化が進む国内で担い手の大幅な増加を期待するのは難しい。その中で山林の荒廃などを食い止めるために、従事者の生産性向上は待ったなしの課題だ。林業テックの重要性は高まっている。

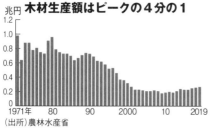

林業の労働環境は厳しい

0　10　20　人

林業
木材・木製品
鉱業
陸上貨物運送業
漁業
食料品
金属製品
全産業平均

（注）主な業種の1000人あたりの労働災害人数、2020年
（出所）厚生労働省

木材生産額はピークの4分の1

兆円　1.2　1.0　0.8　0.6　0.4　0.2

1971年　80　90　2000　10　2019
（出所）農林水産省

（※）記事のレイアウト、フォント、フォントサイズは変更されています。

（1）林業の動向に関する記述の正誤の組み合わせとして、適切なものを選択肢
　　から選べ。

① 2019年の木材生産額はその10年前の2009年より増加しているものの、1971
　年と比較して7割以上減少しており、林業は衰退傾向が続いている。

② 林業は、1000人あたりの労働災害人数が木材・木製品業種の半分以下と少な
　いものの、少子高齢化が主な要因となり、担い手不足である。

③ 現状は、森林簿の作成には航空機による撮影や現地歩行調査が必要であり、
　ドローンを活用した場合と比較して多額の費用がかかる。

④ 日本政府は、2030年度までに2013年度に排出された温暖化ガスの5％分に
　相当する3,800万トンを、森林による二酸化炭素の吸収によって削減する目
　標を立てた。

【選択肢】

	①	②	③	④
ア.	正	誤	誤	正
イ.	誤	正	誤	誤
ウ.	正	誤	正	誤
エ.	誤	正	正	正

（2）林業における課題への取り組みに関する記述について、最も適切なものを
　　選択肢から選べ。

【選択肢】

ア．林業の衰退に歯止めをかけることが必要であり、今後、林業に従事する人を
　大量に採用して人手不足を打開していくことである。

イ．林業に従事する人の安全性と生産性を向上させるため、資材の運搬や森林の
　管理にドローンなどを活用することである。

ウ．社会的な課題である脱炭素に対応して、積極的に樹木を伐採して太陽光パネ
　ルを設置し発電拠点を増やすことである。

（3）林業における新興勢の事業の取り組みに関する記述の正誤の組み合わせとして、適切なものを選択肢から選べ。

① スカイマティクスは航空機業界で培ったドローン飛行と人工知能の技術を林業に応用している。

② 中川は植林用苗木や獣害防護柵などの資材を運搬できるドローンを自社で開発し、そのドローンのレンタルを開始した。

③ 新興勢は林業の生産性向上に向けて手ごろで細かなサービスで林業従事者のニーズに応えようとしている。

【選択肢】

	①	②	③
ア.	誤	誤	正
イ.	誤	正	正
ウ.	正	正	誤

（4）林業における新興勢の技術について、□□□□□に入れるべき語句の組み合わせとして、適切なものを選択肢から選べ。

　スカイマティクスはドローンで撮影した森林の画像から　①　が間伐すべき場所を見つけたり、植林の進捗状況を確認できるようにした。コマツは森林の伐採現場で　②　からデータを集め、業務進捗などを管理するシステムを開発中だ。森未来は木材専用の　③　で、国内外80産地で売買された木材情報のデータベースを活用できるようにした。これにより、　④　は平均的な市場価格を得られ、先行きを見通しやすくなり、収益を高められるメリットがある。

【選択肢】

	①	②	③	④
ア.	林業従事者	作業者	ＥＣサイト	新興勢
イ.	人工知能	機械	ＥＣサイト	生産者
ウ.	林業従事者	機械	ＳＮＳ	生産者
エ.	人工知能	作業者	ＳＮＳ	新興勢

（5）今後の林業における森林環境税を活用した取り組みに関する記述の正誤の組み合わせとして、適切なものを選択肢から選べ。

① 木材の利用を促進するために、森林環境税を私有林の面積や林業従事者数に

応じて市町村に分配し、森林整備の促進などに充てられるようにする。

② 木材の消費を促進するために、東日本大震災の復興特別税の一部を森林環境税として徴収できるようにする。

③ 林業の活性化のために、森林環境税を林業の担い手の大幅な増加を図る少子高齢化対策に活用できるようにする。

【選択肢】

	①	②	③
ア.	正	正	誤
イ.	誤	正	正
ウ.	正	誤	誤

問6 次のケースを読んで各問に答えよ。

　波江拓郎はスポーツ用品・アウトドア用品を販売する「ナチュラルスポーツ」に入社して3年目の社員である。ナチュラルスポーツでは野球、サッカー、陸上などのスポーツ用品と、キャンプ、サイクリング、登山などのアウトドア用品を取り扱っている。商品は低中価格帯のスタンダードな品揃えが中心で、初心者から中級者をターゲットとしている。また、独自性を出すために他社が取り扱っていないような商品も揃えており、新規商品やあまり知られていないメーカーでも良い商品があれば仕入れている。このため、社内では発言や提案の自由度が高く、議論や相談が行われることが多い。店舗はショッピングモール内にあり、年に数回、特定のテーマを設定してイベントコーナーを設置し、販売促進を行っている。このイベントは利益追求よりも若手社員に、自分で計画を立て、実行し、振り返るという経験をさせる教育的側面が強い。

　波江は店舗勤務で、店長の鳥羽のもと来店客の案内や商品説明、レジ、商品陳列、在庫管理に加えて、後輩の福田の教育も担当している。

　11月に入ったある日、勤務中の波江は店長の鳥羽に呼ばれた。

鳥羽「12月のイベントの担当を波江さんにお願いしたいと思います。テーマを考えて企画書を作成し、福田さんと一緒に準備を進めてください。」

波江「はい。まずは過去の事例も参考にテーマを考えて、今週中に報告します。」

　波江が過去に行われたテーマを調べると、4月は新入生向けの部活動、7月は登山やキャンプ、12月はスキーなど季節に関連するものが多く見られた。そして、波江は自分と福田が次回のイベントの担当になったことを福田に伝えた。

福田「私は趣味でスノーボードをするのですが、スノーボードをテーマとするのはどうでしょうか。これからの時期にピッタリだと思います。」

波江「確かにそうですね。」

福田「初心者は道具一式をレンタルすることが多いので、今回は上級者向けに有名ブランドYやZの高機能商品を当店として初めて取り揃えてはどうでしょうか。私も欲しいと思っているところです。」

波江「なるほど。□□□□□□□□□□□□ a □□□□□□□□□□□□」

福田「そうですね。確かにその通りでした。」

（1） ┌─── a ───┐ に入れるべき波江のコメントとして、最も適切なものを選択肢
　　から選べ。

【選択肢】

ア．これから本格的に需要が増えてくる時期ですね。ただ、冬場の販売しか見込
　　めないテーマの設定は避けましょう。

イ．YやZはウインタースポーツ用品では知名度の高いブランドですね。ただ、
　　他社で取り扱っている商品はできるだけ販売しないという当店の方針に反し
　　てしまいますね。

ウ．私も初心者なのでスノーボードをするとしたら道具はレンタルにします。た
　　だ、上級者向けの高機能商品を中心とした内容では当店のターゲットと離れ
　　てしまいますね。

　　翌日、テーマ設定を考えていた波江は、通勤中に先月ショッピングモールの近
くにオープンしたスポーツジムを見かけた。店舗に到着した波江は福田にテーマ
のアイデアを説明した。

　波江「先月近所にジムがオープンしたので、フィットネスフェアとしてトレー
　　　　ニングウェアやランニングシューズの品揃えを充実させるというのはど
　　　　うでしょう。」

　福田「健康に気をつかう人が増えていますので、良いテーマだと思います。」

　　波江は考えたアイデアを鳥羽に報告した。

　波江「来月のイベントはフィットネスフェアにしたいと考えました。近くにジ
　　　　ムがオープンしましたし、健康に気をつかって運動する人も多いです。」

　鳥羽「面白いですね。確かにショッピングモールの近くでもランニングしてい
　　　　る人を見かけます。タイミングとしてもジムがオープンしたばかりで良
　　　　いかもしれません。」

　波江「はい。軽い運動であればウェアとシューズがあれば十分で、面倒な準備
　　　　も不要なので未経験者でも始めやすいと思います。」

　鳥羽「分かりました。それではフィットネスフェアというテーマで企画書を作
　　　　成してください。企画書は毎回使用している様式があるのでそれを使用
　　　　してください。準備のスケジュールと収支予想を記載する項目があるの
　　　　で、そちらも考えてください。」

　　波江はテーマが承認されたことを福田に伝え、企画書の作成に着手した。

（2）企画書に記載する収支計画の　b　に入れるべき数値として、適切な
　　ものを選択肢から選べ。

（企画書の収支計画）

		ウェア類	シューズ	その他
収入		300,000円	200,000円	100,000円
支出	対象品の原価率	70%	55%	60%
	備品／什器代			60,000円
	広告費			30,000円
	その他費用			25,000円
利益				b

【選択肢】

ア．105,000 円

イ．265,000 円

ウ．495,000 円

　　波江は企画書を提出し、鳥羽の承認を得た。

　　鳥羽「企画書はこれで良いので準備を進めてください。準備の進捗状況は定期
　　　　　的に報告をお願いします。」

　　波江「承知しました。」

　　波江は企画書に従って準備を進めるため、福田と打ち合わせを行い、スケジュー
　　ルと今後の進め方を共有した。

　　波江「企画書に記載したスケジュールを確認して準備を進めましょう。今日が
　　　　　11 月7日の月曜日なので、毎週月曜日に打ち合わせをして進捗を確認
　　　　　します。」

　　福田「分かりました。7月のイベントの際に先輩の加藤さんの準備を見ていた
　　　　　のでイメージはできています。」

（企画書のスケジュール）

項目	担当	11月																							12月	
		7 月	8 火	9 水	10 木	11 金	12 土	13 日	14 月	15 火	16 水	17 木	18 金	19 土	20 日	21 月	22 火	23 水	24 木	25 金	26 土	27 日	28 月	29 火	30 水	1 木	2 金
初回ミーティング	波江																										
定期ミーティング	波江								■							■							■				
商品の選定と発注	波江																										
商品の納入	波江																										
ホームページでの告知開始	波江																										
備品/什器の準備	福田																										
ポスターデザイン決定と発注	福田																										
チラシの作成	福田																										
ポスター掲示	福田																										
チラシの配布	福田																										
POP準備	福田																										
商品陳列/売場準備	波江																										
イベント実施	ー																										

　　波江と福田は日々の業務を行いつつ、それぞれが担当するイベントの準備を進めた。１週間後の 11 月 14 日、波江は福田と定期ミーティングを実施した。

波江「初回ミーティングから１週間が経過しましたが、準備はどうでしょうか。
　　　ポスター発注とチラシ作成は今日を期限に設定してあります。」

福田「申し訳ありません。ポスターのデザインが完成しておらず、発注がまだ
　　　終わっていません。」

波江「今日までに発注を済ませる予定だったので、昨日までにデザインを完成
　　　させたかったですね。その他はどうでしょうか。」

福田「チラシは作成してあり、備品と什器はすべて手配済みです。」

波江「分かりました。ありがとうございます。残りはポスターだけですね。」

福田「はい。案は何日か前にできていたのですが、悩んでしまいました。」

波江「明日中に発注すれば納品がポスター掲示の予定日に間に合うと思います。
　　　私は店長に進捗を報告しておきます。」

（３）波江が取るべき行動に関する記述の正誤の組み合わせとして、適切なもの
　　　を選択肢から選べ。

① 自分だけでは答えを出せない問題もあるので、自分なりに考えて分からない
　　場合は早めに周囲に相談するよう福田に指導する。

② ポスター準備の遅れは１日だけで、ポスター掲示の予定日には間に合うと思っ
　　たので、店長への進捗報告ではこの点は省略する。

③ 進捗確認は１週間ごとにしたものの福田は初めての経験であったため、波江
　　から頻繁に声をかけて進捗を確認すべきであった。

④ 福田の業務負荷を減らすために、今後福田が担当する予定のポスター掲示と
　　チラシ配布を波江が行うことにする。

【選択肢】

	①	②	③	④
ア.	正	正	誤	誤
イ.	誤	誤	正	正
ウ.	誤	正	誤	正
エ.	正	誤	正	誤

　　その後、波江と福田は準備を進め、予定通りに 12 月１日からイベントが始まった。今回のイベントは「フィットネスフェア」として、初心者が簡単な運動から始められるよう、各種ウェアやランニングシューズをはじめ、ジム通い用のスポー

ツバッグ、屋外運動用のウインドブレーカーや帽子、手袋、また自宅での簡易筋力トレーニング器具なども展示販売している。

　イベント開始から1週間が経過したある日、波江はフィットネスフェアのポスターを見ているお客さまを見かけた。

波江「何かお探しですか。」

お客さま「新年も近いことですし、ダイエットのために手軽にウォーキングでも始めてみようかと思いまして。」

波江「当店ではちょうどフィットネスフェアを開催中で、お客さまのように運動を始めてみようという方を応援しております。ウォーキングはやり方も様々で、近所を歩く方、ジムに通う方、通勤を徒歩に変える方などがいらっしゃいますね。」

お客さま「なるほど。少し寒いですが簡単そうなので近所を歩いてみることにします。」

波江「歩くコースを変えると気分も変わり、長く続けられると思います。」

お客さま「そうですね。まずは妻とおしゃべりをしながらのんびりと歩きたいです。」

波江「　　　　　　　　　　　　C　　　　　　　　　　　　」

（4）　　C　　に入れるべき波江のコメントとして、最も適切なものを選択肢から選べ。

【選択肢】

ア．快適な環境でハードな運動もできるジムに通われると良いですよ。バッグやシューズケースも取り揃えております。

イ．この時期は寒いので、風を通しにくいウインドブレーカーや帽子、手袋がおすすめです。体が温まってきたら外せるのも便利です。

ウ．一般的に、有酸素運動でダイエットをするには30分以上が良いとされています。音楽を聞くイヤホンがあると快適です。

　イベントは予定通りに12月で終了し、計画通りの売上を確保することができた。波江は今後のイベント運営について考えるために、イベント前の10〜11月とイベント期間の12月の、イベント対象にした商品のみの販売データを集計した。

項　目	10〜11月平均	12月
イベント対象商品の売上金額	450,000 円	630,000 円
イベント対象商品の販売数量	150 個	225 個
一人あたりのイベント対象商品平均購入数	1.0 個	1.0 個
購入比率	10.0%	12.0%

※　購入比率（％）＝イベント対象商品の購入者数÷来店客数× 100

（5）今後のイベント運営で波江が提案すべき内容に関する記述の正誤の組み合わせとして、適切なものを選択肢から選べ。

① 一人あたりのイベント対象商品平均購入数が増加していないので、セットで購入していただける関連商品を増やしたり、使用場面を再現した展示を増やすことで、商品の複数購入に繋げる。

② 購入比率が上昇していることから、来店客に対してイベントを十分に訴求できていると判断して、イベントの広告費を削減する。

③ イベントにより販売数量や売上は増加しているが、準備や実施に手間がかかるためイベント自体を廃止し、接客技術や商品知識を向上させるセミナーに参加する。

④ イベントのテーマは、競合店の動向や近隣の新規出店の情報、周辺の人口動態など外部環境を観察して、自社の特徴や強みを生かせるように設定する。

【選択肢】

	①	②	③	④
ア．	正	誤	誤	正
イ．	誤	誤	正	正
ウ．	正	正	誤	誤
エ．	誤	正	正	誤

問7 次の＜資料１＞、＜資料２＞、＜資料３＞は、自習やテレワーク用の会員制レンタルスペースを３店舗運営するＺ社の、2022年11月（１日〜30日）の店舗一覧表、店舗・会員種別のべ利用者数・利用時間、会員満足度アンケート結果を示した資料である。これらの資料を見て各問に答えよ。

＜資料１＞店舗一覧表（2022年11月現在）

店舗	１座席あたりの会員料金（円／時）	営業時間（休日なし）	座席数（席）	経費（万円／月）
A駅前店	300	7:00 〜 22:00	100	180
B駅前店	150	7:00 〜 22:00	40	150
C駅前店	400	7:00 〜 22:00	25	160

＜資料2＞店舗・会員種別のべ利用者数・利用時間（2022年11月）

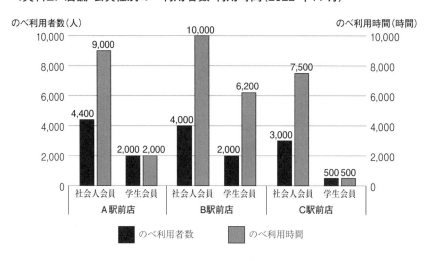

＜資料3＞会員満足度アンケート結果（2022年11月）

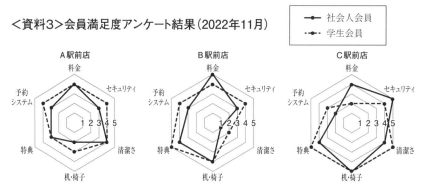

※ アンケート結果は5段階で数値化した（5：満足、4：どちらかというと満足、3：どちらでもない、2：どちらかというと不満足、1：不満足）
※ 予約システムは全店舗共通のシステムを利用している
※ 特典とは、ドリンクバーとWi-Fiの無料利用特典を指す

（1）＜資料1＞に関する記述について、下線部の語句のうち適切なものを選択肢から選べ。なお、経費はすべて固定費とする。

　A駅前店の1ヵ月間の利益目標を120万円としたときに必要な売上高は<u>400万円</u>で、これを達成するために必要な会員ののべ利用時間は<u>4,000時間</u>である。

　3店舗の中で、利益を確保するために最低限必要な売上高である損益分岐点に到達するまでののべ利用時間が最も少ないのは<u>C駅前店</u>である。

【選択肢】

ア．400万円

イ．4,000時間

ウ．C駅前店

（2）＜資料2＞から読み取れることとして、適切なものを選択肢から選べ。

【選択肢】

ア．社会人会員と学生会員を合わせたのべ利用時間が最も長いのはA駅前店で、最も短いのはC駅前店である。

イ．のべ利用者に占める学生会員の比率が最も低いのはC駅前店で、最も高いのはA駅前店である。

ウ．一人あたりののべ利用時間が最も長いのはB駅前店の学生会員で、最も短いのはA駅前店とC駅前店の学生会員である。

（3）＜資料1＞、＜資料2＞に関する記述について、下記の＿＿＿＿＿に入れるべき語句の組み合わせとして、適切なものを選択肢から選べ。

　各店舗の売上高は1時間あたりの料金に各店舗の　①　を乗じて求める。

　利益率は（売上高－経費）÷ 売上高　で求め、最も利益率の高い店舗はC駅前店で　②　である。

　稼働率は座席の利用度合いを示す指標で、のべ利用時間 ÷（のべ営業時間 × 座席数）で求め、最も稼働率の高い店舗はB駅前店で　③　ある。

	①	②	③
ア.	のべ利用時間	50%	90%
イ.	のべ利用時間	38%	33%
ウ.	のべ利用者数	50%	90%
エ.	のべ利用者数	38%	33%

（4）＜資料３＞から読み取れる会員の満足度に関する記述の正誤の組み合わせ
　　として、適切なものを選択肢から選べ。

① すべての項目で学生会員が社会人会員と同等以上に満足度が高いのは、A駅
　前店である。

② B駅前店は、セキュリティと清潔さの満足度が他の２店舗に比べて低い。

③ 学生会員は社会人会員に比べて予約システムと特典を同等か高く評価し、料
　金を同等か低く評価している。

【選択肢】

	①	②	③
ア.	正	正	誤
イ.	正	誤	正
ウ.	誤	正	正

（5）＜資料１＞、＜資料２＞、＜資料３＞からＺ社の今後の売上拡大への取り
　　組みとして、最も適切なものを選択肢から選べ。

【選択肢】

ア．他の２店舗と比べて低いA駅前店の稼働率を上げる。そのために、他の２店
　　舗と比べて満足度の低い机・椅子と特典について利用者の要望を調査して見
　　直しを図る。

イ．他の２店舗と比べて少ないB駅前店の利用者数を増加させる。そのために、
　　満足度の高い料金は据え置いて、室内の改装とセキュリティの強化を行う。

ウ．他の２店舗と比べて短いC駅前店の一人あたりの利用時間を増加させる。そ
　　のために、座席を５席撤去して、ドリンクバーの周囲を休憩スペースとして
　　ソファーを設置する。

エ．全３店舗で売上高比率の高い社会人会員の比率を一層高める。そのために、
　　全３店舗で学生会員に比べて社会人会員の満足度が低い清潔さを改善するた
　　め、清掃方法などを見直す。

文部科学省後援　令和5年度前期

ビジネス能力検定 ジョブパス 2級

＜実施　令和5年7月2日(日)＞

> （説明時間　12：50 ～ 13：00）
> （試験時間　13：00 ～ 14：30）

・試験問題は試験監督者の指示があるまで開かないでください。
・解答用紙（マークシート）への必要事項の記入は、試験監督者の指示があるまで行わないでください。

・机の上には、受験票および筆記用具以外は置かないでください。電卓、辞書、参考書等の使用はできません。

・この試験問題は26ページあります。試験監督者の指示と同時にページ数を確認してください。乱丁等がある場合は、手をあげて試験監督者に合図してください。

・試験監督者の指示と同時に、解答用紙（マークシート）に、受験者氏名・受験番号（下11桁）を記入し、受験番号下欄の数字をぬりつぶしてください。正しく記入されていない場合は、採点されませんので十分注意してください。

・試験問題は、すべてマークシート方式です。正解と思われるものを1つ選び、解答欄の〇をHBの黒鉛筆でぬりつぶしてください。ボールペン等、鉛筆以外を使用した場合は採点されません。また、2つ以上ぬりつぶすと、不正解になります。

・試験問題についての質問には、一切答えられません。

・試験中の筆記用具の貸し借りは一切禁止します。

・試験を開始してから30分以内および試験終了5分前以降の退場はできません。30分経過後退場する場合は、もう一度、受験者氏名・受験番号・マークが記入されているか確認し、試験監督者の指示に従って退場してください。（再入場不可）試験問題は持ち帰ってください。

・合否の発表は令和5年8月下旬の予定です。合否の通知は団体経由で行い、合格者へは合格証を同封します。

・合否結果についての電話・手紙等でのお問い合わせには、一切応じられません。

一般財団法人　職業教育・キャリア教育財団

問1 次の各問に答えよ。

（1）クラウドファンディングに関する記述について、最も適切なものを選択肢から選べ。

【選択肢】

ア．インターネットによる予約サービスなど、利用者がいつでもネットワーク経由で大規模なサーバー上のソフトウエアやデータを利用できるようにした方式のこと。

イ．スマートフォンを利用した決済や、人工知能がアドバイスしてくれる資産運用など、最新のITを活用した金融サービスのこと。

ウ．インターネットを通じて資金調達の目的や必要性を説明して、これに賛同する人から比較的安価に資金調達を行う手段のこと。

（2）外国人労働者に関する記述について、下線部の語句のうち適切なものを選択肢から選べ。

　外国人労働者の数は2021年10月末時点で約173万人であり、新型コロナウイルス感染症による入国制限などの影響を受けて、前年から大幅に減少している。国籍別ではベトナムの労働者が最も多く、産業別では製造業の人数が最も多くなっている。高度な専門知識が必要な産業分野に外国人労働者を受け入れるための技能資格である「特定技能」が、2019年4月に創設され、現時点では飲食料品製造業など12の業種が対象となっている。

【選択肢】

ア．大幅に減少

イ．製造業

ウ．高度な専門知識が必要な産業分野

エ．技能資格

（3）SDGsに関する記述について、最も適切なものを選択肢から選べ。

【選択肢】

ア．2015年の国連サミットで採択された2030年までの国際目標のことで、誰一人取り残さない持続可能な社会を実現するために、企業にも具体的な取り組みが求められている。

イ．企業の社会的責任のことで、企業は消費者や地域社会、従業員などのさまざまな利害関係者に与える影響を考慮して、情報開示や雇用の創出などの責任

を果たすことが求められている。

ウ．企業が持続的に成長していくために重視すべきである、環境、社会、企業統治の英語の頭文字の略のことで、企業は従業員や仕入先の人権尊重、環境保護、法令順守などに配慮して活動することが求められている。

（4）企業間で取引される商品価格の指標である企業物価指数に関する記述の正誤の組み合わせとして、適切なものを選択肢から選べ。

① 人件費や原材料の輸入価格が上昇しても商品価格に転嫁する企業が増加しなければ、企業物価指数は上昇しない。

② 企業物価指数は企業間の取引価格の指標なので、消費者が購入する商品・サービスの価格の指標である消費者物価指数には影響しない。

③ 円安による石油やガス、電力などのエネルギー価格の高騰は、企業物価指数を上昇させる要因になる。

【選択肢】

	①	②	③
ア．	正	誤	正
イ．	誤	誤	正
ウ．	正	正	誤

（5）再生可能エネルギーに関する記述について、下記の [　　　] に入れるべき語句の組み合わせとして、適切なものを選択肢から選べ。

太陽光、風力、水力、地熱、 ① など、自然環境の中で繰り返し起こる現象から生み出されるエネルギーの総称で、従来の ② などの化石燃料と異なり、 ③ を増加させないクリーンなエネルギーとして、さらなる導入が期待されている。

【選択肢】

	①	②	③
ア．	原子力	石油・石炭・木炭	CO_2
イ．	バイオマス	石油・石炭	CO_2
ウ．	バイオマス	石油・石炭・木炭	廃棄物
エ．	原子力	石油・石炭	廃棄物

**次の各問に答えよ。**

（1）株式会社である加工食品メーカーの社内の組織に関する記述の正誤の組み合わせとして、適切なものを選択肢から選べ。

① 加工食品の商品開発を担当している部門は、会社の売上に関わらないスタッフ部門である。

② 人事部門や経理部門などのスタッフ部門は、製造部門や営業部門などのライン部門が活動しやすいように支援することが求められる部門である。

③ 取締役は株主からの委任を受け、経営理念に基づき、担当部門の意思決定や運営管理を行っている。

④ 株主は会社の所有者として会社の利益を配当として得る権利を持つが、経営は取締役に委任している。

【選択肢】

	①	②	③	④
ア．	正	正	正	誤
イ．	正	誤	誤	誤
ウ．	誤	正	正	正
エ．	誤	誤	誤	正

（2）ビジネスでの会話に関する記述について、最も適切なものを選択肢から選べ。

【選択肢】

ア．商談で自社の商品をお客さまに紹介する場合は、その商品がいかに素晴らしいかに的を絞って、よどみなく説明する。

イ．上司について話す場合は、相手が社内の人であっても社外のお客さまであっても、上司の名前に敬称として「さん」をつけて会話する。

ウ．お客さまから当社の商品AとBのいずれかを購入すべきか尋ねられた場合は、まずこちらが販売したいキャンペーン商品Aの特徴を説明し、次にお客さまのニーズを聞いてからそれに合う商品Bを説明する。

エ．お客さまとの商談では、最後に価格や納期などの結論を再確認し、商談を継続する場合は、次回の商談の日時を約束する。

（3）新人や後輩へのアドバイスに関する記述の正誤の組み合わせとして、適切なものを選択肢から選べ。

① 相手がどのようなことに困っているのかを知るために、常に相手に関心を持ち、自分から声をかけるようにした。

② 上司からの指示を相手がわかる言葉に変えて説明すると、上司の意図が伝わらないおそれがあるので、常に上司の言葉をそのまま伝えるようにした。

③ 説得力のあるアドバイスをするためには、自分自身の体験談よりも本に書いてあることの方が有効なので、本の内容をそのまま伝えた。

④ 後輩を指導するために、教える内容を再確認することや、わかりやすく説明する工夫をすることで、自分自身の理解も深まり成長につながった。

【選択肢】

	①	②	③	④
ア.	正	誤	正	誤
イ.	誤	正	誤	正
ウ.	正	誤	誤	正

第3編

3

（4）ハラスメントに関する記述について、下記の[　　　　]に入れるべき語句の組み合わせとして、適切なものを選択肢から選べ。

　　職場でのハラスメントのうち、[　①　]を背景とした言動であって、業務上必要かつ相当な範囲を超えたものにより、就業環境が害される言動を[　②　]という。代表的な言動として、他の従業員の前で大声で叱責を繰り返すなどの「精神的な攻撃」や、従業員の私的なことを本人の了解を得ずに他の従業員に暴露する「個の侵害」、業務とは関係ない私的な雑用を強制的に行わせたりする[　③　]などがあり、法令で会社に対して防止対策を講じることが義務づけられている。

【選択肢】

	①	②	③
ア.	優越的な関係	パワーハラスメント	「過大な要求」
イ.	優越的な関係	モラルハラスメント	「過小な要求」
ウ.	同僚との人間関係	パワーハラスメント	「過小な要求」

（5）お客さまからの商品の改善要望への対応策について、社内でプレゼンテーションをする際の注意点に関する記述として、最も適切なものを選択肢から選べ。

【選択肢】

ア．シンプルでわかりやすいプレゼンテーションにするために、一番良いと思う対応策についてだけ資料に記載し、そのメリットをアピールする。

イ．改善案のプレゼンテーションの導入部分では、①お客さまからの改善要望の背景、②具体的な要望、③提案する対応策、④その理由、の順に説明する。

ウ．プレゼンテーションは説明を間違えないようにすることが最も重要なので、原稿をしっかりと準備し、それを読むことに集中する。

問3 次のビジネス活動に関する問に答えよ。

（1）あるスポーツジムが新たに会員を獲得する際のPDCAサイクルに関する語句の組み合わせとして、適切なものを選択肢から選べ。

① 子供用の遊具やビデオを備えたスペースを作り、家族割引の会員プランを設定し、これらを宣伝するためのチラシをポスティングした。

② 加入した会員にアンケートを取った結果、ジムで体を鍛えること以外に、普段の家庭での生活で「健康に過ごすため気をつけたいこと」への興味が想定以上にあった。

③ 近隣のニュータウンに建設された大型の高層マンションに入居が始まり、若い父母と小学生以下の子供がいるファミリー層の会員の獲得策を検討した。

④ 家庭での生活で健康に関わりが深い「食」について、栄養士による食生活セミナーや会員個別の栄養改善カウンセリングのサービスを新たに計画し、実施した。

【選択肢】

	①	②	③	④
ア．	Do	Plan	Check	Action
イ．	Action	Check	Do	Plan
ウ．	Check	Action	Plan	Do
エ．	Do	Check	Plan	Action

（2）情報セキュリティに関する正しい記述の組み合わせとして、適切なものを選択肢から選べ。

① 顧客や社員の個人情報を適切に管理する企業として、エコマークの認証を受けた。

② 会社のPCを外部に持ち出す前に、社内ルールに沿って、上司だけでなく情報部門からも許可を得るようにした。

③ 不正ソフトウエア対策は、ウィルス対策ソフトをインストールするか、Windows Update などのセキュリティパッチの自動更新のいずれかを行う必要がある。

④ 会社から貸与されたスマートフォンはあまり使っていなかったが、リモート

ロックと暗証番号によるロックを設定した。

【選択肢】

ア．	②、③
イ．	②、④
ウ．	①、④

（3）ある老舗の和菓子店について、下記のSWOT分析表の空欄a〜dに入れるべき記述の組み合わせとして、適切なものを選択肢から選べ。

	自社（内部環境）	市場（外部環境）
プラス面	S a	O c
マイナス面	W b	T d

① 家族経営のため規模が小さく菓子の生産量に限りがあり、休日などに売り切れる。

② 四季ごとに日本の季節感を味わえる品揃えが、幅広い年齢層に人気である。

③ 訪日観光のブームが来て、外国人観光客が来店するようになった。

④ 小豆や砂糖など菓子の原材料費や、電気・ガス・水道の経費が上がった。

【選択肢】

	a	b	c	d
ア．	①	②	③	④
イ．	①	②	④	③
ウ．	②	①	④	③
エ．	②	①	③	④

（4）報告書の書き方について、下記の①～③に入れるべき語句の組み合わせとして、適切なものを選択肢から選べ。

令和5年7月20日

営業部長　高山　芳雄　様

営業部　清水

新商品「無添加保湿クリーム」発表会について

新商品「無添加保湿クリーム」発表会を開催しましたので報告いたします。

記

1．日時　　　令和5年7月18日（火）　午後1時～午後4時
2．場所　　　弊社本社A会議室
3．報告事項

> ①

今冬に販売を予定している標記の新商品について、開発部による商品開発が済み、販売代理店など取引先を招待した。

> ②

・参加社数　24社（計37名）
・商談申込社数　13社

> ③

・お客さまから多く寄せられた保湿力に関するご質問、ご意見に対して、開発部担当者が的確に回答し、商談申込数を増やしたと考える。
・次回の発表会は、商品モニターによる他社商品との比較などの評価を紹介し、さらに商談数を増やしたい。

以上

【選択肢】

	①	②	③
ア．	結果	所見	全体
イ．	全体	結果	所見
ウ．	全体	所見	結果

（5）相互に重なり合わず、もれなく集めるというＭＥＣＥの考え方にもとづいたロジックツリーの事例に関する記述の正誤の組み合わせとして、適切なものを選択肢から選べ。

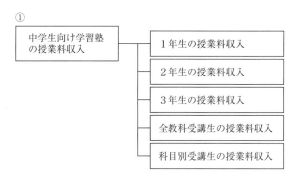

①
中学生向け学習塾の授業料収入
- 1年生の授業料収入
- 2年生の授業料収入
- 3年生の授業料収入
- 全教科受講生の授業料収入
- 科目別受講生の授業料収入

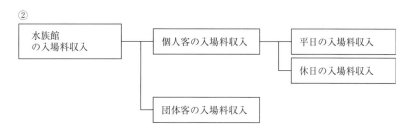

②
水族館の入場料収入
- 個人客の入場料収入
  - 平日の入場料収入
  - 休日の入場料収入
- 団体客の入場料収入

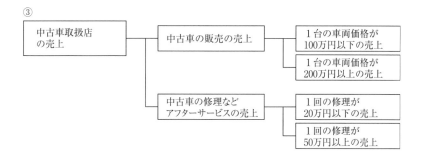

③
中古車取扱店の売上
- 中古車の販売の売上
  - 1台の車両価格が100万円以下の売上
  - 1台の車両価格が200万円以上の売上
- 中古車の修理などアフターサービスの売上
  - 1回の修理が20万円以下の売上
  - 1回の修理が50万円以上の売上

【選択肢】

	①	②	③
ア．	誤	正	誤
イ．	誤	誤	正
ウ．	正	正	誤

問4 次の各事項に関する設問に答えよ。

（1）税金に関する記述の正誤の組み合わせとして、適切なものを選択肢から選べ。

① 勤労者の所得税は、給与所得の金額から配偶者控除、社会保険料控除、生命保険料控除など所得控除を差し引いた課税所得金額に超過累進税率をかけて算出される。

② 従業員の所得税は、会社があらかじめ毎月の給与から源泉徴収して年末調整時に税務署に納付している。

③ 毎年1月1日から12月31日までの1年間に一定金額以上の医療費を支払った場合、年末調整で還付金を受け取ることができる。

【選択肢】

	①	②	③
ア.	正	誤	誤
イ.	正	正	誤
ウ.	誤	正	正

（2）ビジネス上の取引に関する記述の語句の組み合わせとして、適切なものを選択肢から選べ。

① スーパーマーケットで会議用の飲料を購入して現金で支払った。

② 月末までに受け取った1ヵ月分のすべての商品の代金を翌月25日に現金で支払った。

③ 取引する相手の資産・収入・債務などの調査が大切である。

④ 商品やサービスを提供した時点で代金を受け取るため債権は発生しない。

【選択肢】

	①	②	③	④
ア.	信用取引	現金取引	信用取引	信用取引
イ.	信用取引	信用取引	現金取引	現金取引
ウ.	現金取引	現金取引	現金取引	信用取引
エ.	現金取引	信用取引	信用取引	現金取引

（3）次の貸借対照表に関する記述の正誤の組み合わせとして、適切なものを選択肢から選べ。

ある会社の貸借対照表

単位［万円］

資産の部		負債の部	
流動資産		流動負債	
固定資産	70	固定負債	40
		純資産の部	
		資本金等	60
			120

① 売掛金など1年以内に回収する資産は70万円である。

② 1年を超えて返済する借金などは40万円である。

③ 総資産は60万円である。

【選択肢】

	①	②	③
ア.	誤	正	正
イ.	正	誤	誤
ウ.	誤	正	誤

（4）労働に関する記述の正誤の組み合わせとして、適切なものを選択肢から選べ。

① 会社が労働者に法定労働時間を超えて労働させた場合、1日8時間を超えた労働時間に対しては通常賃金、休日・深夜の労働時間に対しては割増賃金を支払わなくてはならない。

② 1ヵ月や1年といった一定期間の総労働時間をあらかじめ定めておき、出社・退社の時間を労働者の裁量に委ね、多くの場合コアタイムが定められている制度を裁量労働制という。

③ 仕事中心の生活・人生を改め、仕事よりも個人の趣味、家族と過ごす時間を優先することをワークライフバランスという。

④ 働き方改革の実現に向けて、長時間労働の是正などのため、月間や年間の時間外労働時間に上限を設けることや、年次有給休暇の確実な取得を企業に義務付けた。

【選択肢】

	①	②	③	④
ア．	誤	誤	誤	正
イ．	正	誤	正	正
ウ．	誤	正	誤	誤
エ．	正	正	正	誤

（5）社会保障に関する記述について、適切なものを選択肢から選べ。

【選択肢】

ア．勤労者の配偶者は、満65歳になったとき基礎年金に加えて、勤労者が加入していた厚生年金を公的年金として受け取ることができる。

イ．けがや病気になった場合の治療費などは健康保険から補填されるが、出産や葬祭に関する費用は支給されない。

ウ．就業中に雇用保険の被保険者である期間が一定以上ある場合、失業した時にハローワークから認定されると失業給付が受けられる。

問題を読みやすくするために、この
ページは空白にしてあります。

第3編

3

（日本経済新聞　2022.8.31）

中小の技能 伝承しやすく

ラミラ、業務のコツを字幕に

中小企業の技能伝承をスタートアップが後押しする。マニュアル動画を手軽に作成できるアプリを提供するLAMILA（ラミラ、東京・文京）は、熟練者が説明した業務のコツや勘どころを自動で字幕にするサービスを始める。長引く新型コロナウイルス禍や人手不足が響き、対面での継承は難しさが増している。新興勢はデジタル技術を活用し、技能の「見える化」を後押しする。

ラミラのアプリ「VideoStep（ビデオステップ）」は、スマートフォンで動画の撮影・編集ができる。字幕も付けられ、中国語など13言語に自動翻訳する機能が付いている。

9月には音声認識の人工知能（AI）技術を活用し、撮影時の説明内容を自動で字幕化する機能を追加する。ラミラの迎健太社長は「中小企業の負担を軽減したい」と狙いを説明する。利用料は月額5万円からに設定し、2026年までに500社に導入してもらう目標だ。

金属加工の大松精機（岡山県倉敷市）は5月からビデオステップを使い、ベテラン社員が持つ溶接技術を動画で蓄積し始めた。溶接では加熱時の部材の変形を予想し、

見える化の技術 コロナで需要増

作業マニュアルの動画を作りたくても、専門的な編集ソフトを使いこなせない中小企業の需要を捉えている。

部材を2～3度だけ傾けて取り付けるなど感覚的な技術が求められる。これを文書や写真で伝えるのは難しいため、動画の活用を決めた。

動画は1日ほどで作成でき、字幕や音声でコツや注意点を強調できる。今後、新人社員や外国人社員の教育に活用して「量産部品であれば、動画だけで製品できるようにしたい」（製造部の石岡由朗副部長）という。

過去の助言検索

国内で技能伝承が注目されたのは、団塊の世代の退職が本格化した07年ごろだ。その後、問題は解消していないどころか深刻化している。厚生労働省の調査で「指導する人材が不足している」と答えた事業所の割合は07年に50%。これが21年には60%に上昇した。高齢技術者の雇用延長などで当座をしのぐ中小企業は多い。

コロナ禍でOJT（職場内訓練）への制約も強まる。デジタル技術は有効な解決策となり得る。中小企業での導入は遅れている。労働政策研究・研修機構が19年に公表した調査によると、「継承すべき技能の見える化」に取り組んでいる割合は従業員49人以下の企業で40%にとどまる。300人以上（72%）を大きく下回る。こうした状況を改善するため、新興勢がサービス開発を急ぐ。建設現場や設備事業者のノウハウ共有を後押しするのがクアンド（北九州市）だ。23年中に主力のビデオ通話アプリに、通話内容を自動で文字起こしする機能を盛り込む。

現場の作業員が同アプリを使うと、遠隔地にいる熟練者と現場の映像や図面を共有しながら指導を受けられる。新機能では会話をキーワードで検索して記録し、現場や工法ごとの助言内容をキーワードで検索できるようにする。熟練者が出張などで不在の場合でも、過去の事例を調べることで課題解決の参考にできる。

使いやすさカギ

AI開発のエクサウィザーズは、ベテラン社員の経験と勘に基づく作業を再現するソフトウエアの受託開発を始める。製造ラインの機器や設備にセンサーを取り付けてデータを取得。内容をAIで解析し、作業マニュアルとして落とし込む。

たとえば食品会社が焼き菓子を作る場合、ベテラン社員が気温や湿度などを踏まえ、機器をどう使ったかをソフトに蓄積する。他の社員がその日の気温などを入力すると、最適な焼き時間を算出する仕組みだ。1件あたり数百万円から開発を請け負い、24年3月までに食品業界などで10社の顧客開拓を目指す。

デジタル技術の普及には課題もある。愛知県にある町工場では技能伝承用に仮想現実（VR）映像の制作ソフトの導入を検討したが「使い方が難しく、採用に至らなかった」。新興勢には中小企業と対話し、サービスの使い勝手を高めていく工夫が不可欠になる。

技能の見える化は小規模企業ほど遅れている

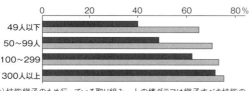

（注）技能継承のため行っている取り組み。上の棒グラフは継承すべき技能の見える化、下は高齢従業員の再雇用や勤務延長
（出所）労働政策研究・研修機構

新興勢による技能伝承支援が広がる

●継承すべき技能を見える化	
LAMILA	技術動画の手順書にAIで字幕、多言語に翻訳も
クアンド	施工現場の遠隔指導の映像をデータ化
●AIによる分析・助言	
ACES	商談や会議における成功のコツをAIが抽出
エクサウィザーズ	製造工程をAIで分析して技能伝達ソフトを開発
●計画づくりを支援	
スキルノート	社員の保有スキルを可視化、育成計画を策定

（※）記事のレイアウト、フォント、フォントサイズは変更されています。

（1）ラミラ社の取り組みと製品に関する記述の正誤の組み合わせとして、適切なものを選択肢から選べ。

① ラミラ社はスマートフォンで手軽にマニュアル動画の撮影や編集ができるアプリを提供しており、500社への導入実績がある。

② アプリには、動画に字幕を付けられ複数の外国語に自動で翻訳する機能があり、2022年9月には人工知能を活用して撮影時の説明内容を自動で字幕化する機能を追加する予定である。

③ アプリを導入した金属加工会社では、文書や写真では伝えにくい、ベテラン社員が持つ感覚的な溶接技術の動画化を進めている。

④ 導入企業の事例として、1日程度で動画を作成することができ、今後の教育に活用することで、個別受注のような複雑で経験が必要な作業も動画視聴だけで可能となった。

【選択肢】

	①	②	③	④
ア.	誤	誤	正	正
イ.	正	誤	誤	正
ウ.	誤	正	正	誤
エ.	正	正	誤	誤

（2）技能伝承の調査に関する記述について、下線部の語句のうち適切なものを選択肢から選べ。

　労働政策研究・研修機構の調査によると、「継承すべき技能の見える化」に取り組む企業の割合は、従業員数49人以下で50%以上、300人以上で70%以上となっている。一方で、「高齢従業員の再雇用や勤務延長」は企業規模に関わらず80%以上となっており、全体の傾向として、技能伝承に取り組んでいる企業の割合は、従業員数が少ない企業ほど低い傾向にある。

【選択肢】

ア．49人以下で50%以上、300人以上で70%以上

イ．企業規模に関わらず80%以上

ウ．従業員数が少ない企業ほど低い傾向にある

（3）技能伝承の現状に関する記述について、適切なものを選択肢から選べ。

【選択肢】

ア．新型コロナウイルス禍や人手不足の影響で、ＯＪＴ教育による技能伝承が難しくなっている中で、デジタル技術を活用した技能の見える化が重要になると考えられている。

イ．国内で技能伝承が注目され始めたのは 10 年以上前で、徐々に改善しているものの未だに課題は多く、高齢技術者の雇用延長を行って自社の技術力を維持している企業も多い。

ウ．菓子製造時の焼き時間設定、金属溶接時のわずかな傾きなどベテラン社員の感覚による技能は伝承が難しいため、仮想現実（ＶＲ）映像を利用した教育を取り入れる企業が増加している。

（4）新興企業が提供する技能伝承支援に関する記述について、適切なものを選択肢から選べ。

【選択肢】

ア．クアンド社は、建設現場のノウハウ共有を後押しするため、ビデオ通話アプリに通話内容を自動で翻訳する機能を盛り込み、建設現場で働く外国人労働者のスキルアップを手助けする。

イ．クアンド社のアプリを使うと、遠隔地にいる熟練者から指導を受けられるだけでなく指導内容が文字で記録され、新機能ではそれをＡＩが解析して熟練者が不在でも助言を得ることができる。

ウ．エクサウィザーズ社は、ベテラン社員の勘に基づく作業やキャリア、保有するスキルを可視化して全員が共有することで、作業マニュアルと社員育成計画の作成を支援する。

エ．エクサウィザーズ社の開発するソフトは、ベテラン社員が実際に行った作業の条件と内容をＡＩが解析し、他者でも再現できることを目指していて、食品業界などに売り込みをかけている。

（5）技能伝承の課題に関する記述の正誤の組み合わせとして、適切なものを選択肢から選べ。

① 技能伝承のサービスを利用する企業にとっては、ソフトの使用に高いスキルが必要であっても、多くの機能があるサービスを導入して効率的に伝承を進めるべきである。

② デジタル技術の普及に向けて、支援サービスの開発企業は実際に使用する中小企業の目線で、使い勝手を高める開発をする必要がある。

③ 国の調査では、指導する人材が不足しているという事業所の割合は 2021 年時点で 60％となっていて、技能の見える化やＡＩの活用などにより伝承を加速させることが急務になっている。

【選択肢】

	①	②	③
ア.	誤	誤	誤
イ.	誤	正	正
ウ.	正	正	誤

　松下史郎は、家庭のバスルームやキッチン、トイレなどの水回りのリフォームを専門とする「ゆめのリフォーム」に入社して3年目の社員である。松下は現在、A県内のショールームに勤務しており、マネジャーの真田から指導を受けながら、来店するお客さまへの接客対応とその商談が進んだ時の見積書の作成や、メーカーから仕入れる商品の工事現場への納品、工事のスケジュールの打ち合わせなどを行っている。また、今年からショールームに配属になった後輩社員の永島の指導も任されている。

　ゆめのリフォームはA県で創業してから45年の歴史があり、地元に根づいた活動をしている。仕事の大小に関わらず、誠実、高品質、迅速にお客さまに対応することを経営理念としており、ちょっとした水回りトラブルの修理や簡易な工事対応なども引き受けてきた。そのお客さまがリピーターとなり、時には大きなリフォーム工事に繋がり、また多彩な提案力も口コミで広がるなど地域で一定の信頼を勝ち得てきた。

　最近の当社の業績は横ばいとなっているが、その原因として考えられるのが、ここ数年の間に大手リフォーム会社がA県内に新たに参入してきたことである。その大手企業は設備の入れ替え工事を安い価格で受注するため、リフォームの価格競争が厳しくなっている。

　ある日曜日の朝、ショールームのオープン時に小さな子どもを連れた3人のご家族が来店し、受付に案内された後にキッチンのコーナーを見ていた。松下がお客さまのそばでしばらく様子を見ていると、声をかけてきた。

お客さま「我が家は中古のマンションなのですが、キッチンの使い勝手が悪くてすぐにでもリフォームしたいと思っています。」

松下「今のキッチンではどのような点にお困りでしょうか。」

お客さま「キッチンは高さがあり妻が料理をしづらいので、もう少し低いものにできればと思っています。また、小さな子どもが何をしているのか様子を見えるようにしたり、作った料理を運んだり、使い終わった食器を片付けやすくするために、壁の一部を取り壊してリビングが直接見えるようにできるといいですね。先ほど見せて頂いたXキッチンが高さも含めてちょうどよいと思います。」

松下「壁を取り壊す改修もあり、大規模な工事となりそうですね。」

お客さま「子育ての出費も大きいので、可能な限り安く工事できるプランを提案してもらえればと思います。」

（１）松下がお客さまへ提案すべき内容として、最も適切なものを選択肢から選べ。

【選択肢】

ア．大掛かりになる壁の取り壊しはおすすめせず、その代案として、Ｘキッチンよりも高価であるものの機能が充実しているＹキッチンを割引きした価格で提案する。

イ．一度、自宅を工事担当者と訪問してＸキッチンを実際に設置できるかどうか、どのような工法で工事すべきかを検討の上、あらためてベストな提案をする。

ウ．おそらく２～３年後には新製品が出てＸキッチンは大幅に安くなると思うので、もう少し待ってからリフォームをすることを提案する。

　２週間後、そのお客さまがショールームを訪れた。

お客さま「先日見積もりをもらったキッチンのリフォームですが、松下さんが提案されたプランで工事をお願いしたいと思います。実際の工事の日程について、契約から工事完了まで、どれくらいの期間が必要かを教えてもらえませんか。」

松下「承知しました。すぐにスケジュールを立ててお返事します。」

　商談を終えた松下はＰＥＲＴ図を使いながら契約から工事完了の最短となる日数を検討した。

（２）松下がＰＥＲＴ図で検討した工事スケジュールで最短となる日数について、適切なものを選択肢から選べ。

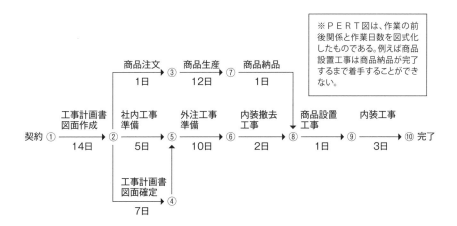

※ＰＥＲＴ図は、作業の前後関係と作業日数を図式化したものである。例えば商品設置工事は商品納品が完了するまで着手することができない。

　翌日午後、ショールームが空いている時間帯に松下と永島は真田に呼ばれ、3人で打ち合わせをすることになった。

真田「昨日、本社で開かれたマネジャー会議に参加してきましたが、皆さんもご存じのように大手リフォーム店が県内に進出してきて、当社の業績に影響を与えています。このような状況下で私が販売施策として提案してきたのが、ショールームでの集客キャンペーンです。2ヵ月後の土日の開催を目指して、準備を進めたいと思います。」

松下「承知しました。どのような準備が必要でしょうか。」

真田「これがその企画書です。この中で全体のスケジュール作りとレイアウト、展示品の検討、近隣への案内用のチラシ原稿作成は私が行いますが、それ以外の展示品の手配、チラシの手配、ノベルティの検討と手配、アンケートの作成については2人で分担してください。ノベルティについては、どのような内容にするかを1週間以内に2人で検討して案を固めてから提案してください。」

松下「それでは私が展示品の手配、アンケートの作成を行い、永島さんにノベルティの候補を検討してもらったあとで私と打ち合わせをして提案します。そのあとでノベルティの手配、チラシの手配を永島さんにお願いしたいと思います。永島さん、対応をよろしくお願いします。」

　その後はショールームも忙しくなり、お客さまからのリフォームの受注も増えてきた。

　松下は、忙しい日々を送りながらも集客キャンペーンの準備を進めていたが、明日が真田マネジャーにノベルティを提案する日となっていた。その日、松下はノベルティの候補が、まだ永島から出ていないことに気づいた。打ち合わせのため外出している永島の携帯に電話をかけた。

松下「ノベルティについて、明日が真田マネジャーへの提案日なので2人で打ち合わせをして案を固める必要がありますが、状況はどのようになっていますか。」

永島「松下さんが忙しそうなのでなかなか相談が出来ていなかったのですが、

社名を入れたボールペンとお子さま用のおもちゃの手配をしようと業者
と打ち合わせをしています。」

（3）松下が永島に伝えるべき指示に関する記述の正誤の組み合わせとして、適
切なものを選択肢から選べ。

① 自分からこまやかな確認をしていなかったことを詫びた上で、一度、松下の
考えも踏まえて打ち合わせをしてから、松下と永島の2人で真田に提案でき
るように指示をする。

② 後輩の自主的な対応を褒めながら、今回の集客キャンペーンは本社も大きく
関わることなので直接、真田にもノベルティの内容や予算について相談する
よう指示をする。

③ 自分自身の過去の失敗談も交えながら、今回の対応の誤りと今後の対応の仕
方をアドバイスして、ノベルティの検討、手配は真田と松下が対応すると伝
える。

【選択肢】

	①	②	③
ア．	正	誤	誤
イ．	誤	正	誤
ウ．	正	誤	正

ノベルティ案について真田から承認をもらった後、松下は集客キャンペーンの
アンケート内容をまとめた。事前に松下は真田に相談をして、アンケートで質問
すべき内容についてアドバイスをもらっていた。真田の指示は、お客さまの属性
（年齢層、家族構成、どこから来たかなど）、持ち家かどうか、一戸建てかマンショ
ンか、当社での相談歴、今後のリフォーム予定、興味をもった展示品、ショールー
ム（来場のしやすさ、接客力、対応力、商品力、自社PR力など）についての評
価を求めることであった。

（4）松下は、真田の指示に沿ってアンケートを作成した。空欄①〜③に入れる
べき語句の組み合わせとして、適切なものを選択肢から選べ。

```
＝ご来場のお客さまへのアンケート＝
本日はショールームにご来場いただきありがとうございます。
よろしければアンケートにご協力お願い申し上げます。

【お客さまについてお聞かせください】
  性別    □ 男性    □ 女性
  年齢    □ 20代   □ 30代   □ 40代   □ 50代   □ 60代   □ 70代以上
  家族構成 □ 1人    □ 2人    □ 3人    □ 4人    その他（          ）
  お住まい ※市町村までご記入ください （                          ）
【住居】
  □ 持ち家（一戸建て、マンション、その他）  □ 賃貸   □ その他
【今後のリフォーム、修理の予定】
  □ リフォーム：予定あり（       ① ：           ）  □ なし
  □ 修理対応：予定あり（                    ）  □ なし
【興味を持った展示品】
  （                                          ）
【展示品の評価】
  キッチン  ：（ 良い ← 5・4・3・2・1 → 悪い）
  バスルーム：（ 良い ← 5・4・3・2・1 → 悪い）
  トイレ    ：（ 良い ← 5・4・3・2・1 → 悪い）
  その他の感想・ご意見 （                      ）
【弊社での相談歴】
  □ あり（相談内容：              ） □ なし
【弊社ショールームや広告について評価できること ※複数回答可】
  □ 入りやすい  □ 対応の速さ  □ 相談が気軽にできる  □    ②
  □ 多彩な提案が期待できる  □ カタログが良い  □ ホームページが分かりやすい
  その他ご意見 （                              ）
【      ③      】
  （                                          ）

〜 アンケートにご協力いただき誠にありがとうございました〜
```

【選択肢】

	①	②	③
ア.	リフォーム予算、日数	品揃え	次の来店予定日
イ.	リフォーム時期、箇所	品揃え	弊社に期待すること
ウ.	リフォーム時期、箇所	店舗数	弊社に期待すること

　その後、集客キャンペーンが終わり、松下はアンケートの結果を集計し、真田、
永島と打ち合わせを行った。

真田「集客キャンペーンにたくさんのお客さまにご来店頂きました。早速です
　　　が、松下さんにアンケートの結果をまとめてもらいました。県内の大手
　　　リフォーム業者との競争も気になりますが、私は当社の強みそのものが
　　　失われてきているのではないか、ということも懸念しています。アンケー

トの結果から、ショールームの問題、課題が何かということを松下さんと永島さんの2人でよく検討し、今後どのようにショールームへ集客していけば良いか提案してください。」

松下「承知しました。2人で提案書を作成して報告いたします。」

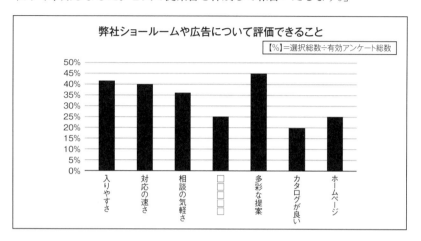

弊社ショールームや広告について評価できること

【%】＝選択総数÷有効アンケート総数

（横軸：入りやすさ／対応の速さ／相談の気軽さ／□□□□□／多彩な提案／カタログが良い／ホームページ）

※□□□□□は問（4）②の回答である。

（5）松下と永島が真田にすべき提案として、最も適切なものを選択肢から選べ。

【選択肢】

ア．気軽な相談がしにくいのはショールームへの入りにくさも要因であり、集客キャンペーンにさらに費用をかけて今回より規模を大きくして行うように提案する。

イ．最も評価の高い「多彩な提案」はこれ以上の改善をする必要はないので、ショールームの展示品は高級商品を増やしてお客さまへ訴求していくことを提案する。

ウ．「対応の速さ」は当社の強みとされていたが、他の項目と比べても評価が特別に高いわけではなく、その要因を探り改善を図ることを提案する。

エ．カタログはホームページよりも評価が低いので、今のカタログに掲載されているリフォーム提案例のページを削減してコスト削減することを提案する。

次の＜資料１＞、＜資料２＞、＜資料３＞は、中華料理店、焼肉店、海鮮料理店を運営するA社の、売上高と営業利益の推移、店舗ごとの席数と年間来店客数の推移、2022年の店舗ごとの売上高に占める変動費、固定費、営業利益の割合を示した資料である。これらの資料を見て各問に答えよ。

＜資料１＞売上高と営業利益の推移

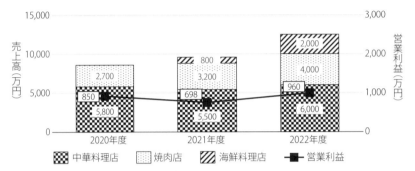

（注）海鮮料理店は2021年から営業を開始した

＜資料２＞店舗ごとの席数と年間来店客数の推移

	席数（席）	2020年（人）	2021年（人）	2022年（人）
海鮮料理店	16	0	4,000	8,000
焼肉店	50	15,000	17,000	20,000
中華料理店	64	29,000	34,000	40,000

＜資料３＞2022年の店舗ごとの売上高に占める変動費、固定費、営業利益の割合

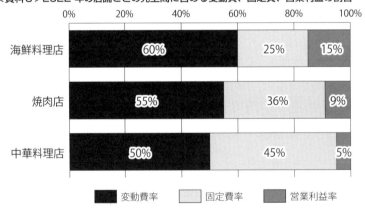

（注1）変動費率＝変動費÷売上高×100
（注2）固定費率＝固定費÷売上高×100
（注3）営業利益率＝営業利益÷売上高×100

（1）＜資料1＞から読み取れる記述の正誤の組み合わせとして、適切なものを選択肢から選べ。

① 3年間のうち、前年に比べて売上高が最も増加したのは、2021年から2022年の海鮮料理店である。

② A社の売上高において最も割合が高いのは中華料理店であり、割合は2021年に低下したが、2022年に増加している。

③ 2022年のA社の営業利益率は8％で、2020年から2ポイント減少している。

【選択肢】

	①	②	③
ア.	正	正	誤
イ.	誤	誤	正
ウ.	正	誤	正

（2）＜資料2＞に関する記述について、適切なものを選択肢から選べ。

（注）回転数＝年間の来店客数÷席数

【選択肢】

ア．焼肉店の回転数は2年連続で増加し、2022年は400回である。

イ．3年間で来店客数が最も増加した期間は、中華料理店の2020年から2021年である。

ウ．2022年の海鮮料理店の回転数は、2021年から1.5倍に増加している。

（3）＜資料1＞、＜資料2＞から読み取れる記述の正誤の組み合わせとして、適切なものを選択肢から選べ。

① 中華料理店は、売上規模が最も大きいが、2020年と2022年の来店客一人あたりの売上高を比較すると減少している。

② 焼肉店は、2020年と2022年を比較すると、売上高は増加しているが来店客一人あたりの売上高に変動はない。

③ 海鮮料理店は、2021年から2022年にかけて来店客一人あたりの売上高が600円増加している。

④ 2020年から2022年にかけて、すべての店舗で年間来店客数と年間売上高は毎年増加している。

	①	②	③	④
ア．	誤	正	正	誤
イ．	正	誤	正	正
ウ．	正	誤	誤	誤
エ．	誤	正	誤	正

（4）＜資料1＞、＜資料3＞に関する記述について、下記の [＿＿＿＿＿＿] に入れるべき語句の組み合わせとして、適切なものを選択肢から選べ。

　損益分岐点は、費用を変動費と固定費に分け、利益がプラスマイナスゼロになる売上高を算出する。売上高が6,000万円であった2022年の中華料理店の損益分岐点は [＿①＿] である。損益分岐点を上回った結果、中華料理店の2022年の営業利益は [＿②＿] となり、同年の海鮮料理店の営業利益と比較すると [＿③＿] なった。

【選択肢】

	①	②	③
ア．	5,400万円	300万円	同額に
イ．	5,700万円	500万円	低く
ウ．	5,400万円	300万円	高く
エ．	5,700万円	360万円	同額に

（5）＜資料1＞、＜資料2＞、＜資料3＞からA社の今後の利益増加への取り組みの記述として、最も適切なものを選択肢から選べ。

【選択肢】

ア．中華料理店は、2022年の売上高や席数は3店舗の中で最も多いが、営業利益が海鮮料理店や焼肉店と比べて同額か低いため、3店舗の中で最も割合が高い変動費の削減を検討する。

イ．焼肉店は、2022年の来店客数、営業利益率は3店舗の中で2番目に高いが、回転数は最も低いため、キャンペーンなどによる集客策の検討と共に、料理を提供する時間の短縮に取り組む。

ウ．海鮮料理店は、2022年をみると営業利益率が3店舗の中で最も高いが、来店客一人あたりの売上高が最も低いため、ドリンクやデザートのメニューを見直して客単価のアップを検討する。

文部科学省後援　令和5年度後期

ビジネス能力検定 ジョブパス 2級

＜実施　令和5年 12月3日（日）＞

（説明時間　12：50〜13：00） （試験時間　13：00〜14：30）

・試験問題は試験監督者の指示があるまで開かないでください。
・解答用紙（マークシート）への必要事項の記入は、試験監督者の指示があるまで行わないでください。

・机の上には、受験票および筆記用具以外は置かないでください。電卓、辞書、参考書等の使用はできません。

・この試験問題は24ページあります。試験監督者の指示と同時にページ数を確認してください。乱丁等がある場合は、手をあげて試験監督者に合図してください。

・試験監督者の指示と同時に、解答用紙（マークシート）に、受験者氏名・受験番号（下11桁）を記入し、受験番号下欄の数字をぬりつぶしてください。正しく記入されていない場合は、採点されませんので十分注意してください。

・試験問題は、すべてマークシート方式です。正解と思われるものを1つ選び、解答欄の〇をHBの黒鉛筆でぬりつぶしてください。ボールペン等、鉛筆以外を使用した場合は採点されません。また、2つ以上ぬりつぶすと、不正解になります。

・試験問題についての質問には、一切答えられません。

・試験中の筆記用具の貸し借りは一切禁止します。

・試験を開始してから30分以内および試験終了5分前以降の退場はできません。30分経過後退場する場合は、もう一度、受験者氏名・受験番号・マークが記入されているか確認し、試験監督者の指示に従って退場してください。（**再入場不可**）試験問題は持ち帰ってください。

・合否の発表は令和6年1月下旬の予定です。合否の通知は団体経由で行い、合格者へは合格証を同封します。

・合否結果についての電話・手紙等でのお問い合わせには、一切応じられません。

一般財団法人　職業教育・キャリア教育財団

問1 次の各問に答えよ。

（1）ＩＴ大手企業に関する記述について、下記の [____] に入れるべき語句の組み合わせとして、適切なものを選択肢から選べ。

　インターネットを軸にしてサービス提供者と顧客を結ぶプラットフォームビジネスなどを行うアメリカの大手ＩＴ企業４社のことを指して、[①] と呼ぶ。これらの企業は、デジタル化が進む現代において、利便性の高いサービスを提供し [②] を進める一方で、市場の [③] に対する批判も高まっている。

【選択肢】

	①	②	③
ア．	ＧＡＦＡ	グローバル化	寡占
イ．	ＧＡＦＡ	ガラパゴス化	開放
ウ．	ＩＡＥＡ	ガラパゴス化	寡占
エ．	ＩＡＥＡ	グローバル化	開放

（2）同一労働同一賃金に関する記述について、適切なものを選択肢から選べ。

【選択肢】

ア．企業があらかじめ提示した職務内容に基づいて必要な人材を採用する制度であり、専門性の高い人材を迅速に確保できるメリットがある。

イ．職場におけるハラスメントを防止するために、事業主の社内方針の明確化と周知徹底や、相談窓口などの体制整備、発生時の迅速な対応を義務付けている。

ウ．同一企業・団体の正規雇用労働者と非正規雇用労働者の間の不合理な待遇差の解消に取り組むことで、労働者がどのような雇用形態でも納得感のある処遇を得られることを目指している。

（3）景気動向指数に関する記述について、下線部の語句のうち適切なものを選択肢から選べ。

　景気の転換局面をとらえるための指標で KPI とも呼ばれ、内閣府により毎月発表されている。先行指数、一致指数、遅行指数の３つの指標から景気の動向を示している。指標の基準を50％として、指標の数値が小さくなる時は景気が拡大傾向にあると判断される。

【選択肢】

ア．ＫＰＩ

イ．内閣府

ウ．数値が小さくなる

（4）ＡＲとＶＲに関する記述について、下線部の語句のうち適切なものを選択肢から選べ。

　専用ゴーグルなどを用いて現実と異なる世界を楽しむことができる<u>ＡＲ（拡張現実）</u>や、目の前のリアルな現実に情報を加える<u>ＶＲ（仮想現実）</u>は、<u>シミュレーション</u>をする技術として発展しているが、現在は、<u>ＩＴ産業のみ</u>で活用が進んでいる。

【選択肢】

ア．ＡＲ（拡張現実）

イ．ＶＲ（仮想現実）

ウ．シミュレーション

エ．ＩＴ産業のみ

（5）国際収支に関する記述の正誤の組み合わせとして、適切なものを選択肢から選べ。

① 国際収支のうち、商品の貿易やサービスの提供、国外からの労働による出稼ぎなどから算出される収支を、金融収支という。

② 近年、外国人のインバウンド需要が回復途上であるが、訪日外国人の消費は国際収支に影響を与える。

③ 貿易における輸入額が輸出額を上回ると、国際収支にマイナスの影響を与える。

【選択肢】

	①	②	③
ア．	誤	正	正
イ．	正	誤	正
ウ．	正	正	誤

問2 次の各問に答えよ。

（1）キャリアマネジメントに関する記述の正誤の組み合わせとして、適切なものを選択肢から選べ。

① どのような仕事においても、自分の責任を意識して、職務権限の範囲を超えても最後まで自分でやりきるという意識が重要である。

② 変化の激しい現代では、能動的な姿勢を持って、自分自身で将来に向けたキャリアの形成と成長を図ることが必要である。

③ 対人スキルにおいては、相手の関心事や要望を読み取ることも重要だが、自分の考え方や希望を最も重視して伝えるべきである。

④ 自らの得意分野を生かしてスペシャリストになると同時に、周囲の人と協力して仕事の成果を出せるジェネラリストになることも求められている。

【選択肢】

	①	②	③	④
ア．	正	正	誤	正
イ．	誤	正	誤	正
ウ．	正	誤	正	誤
エ．	誤	正	正	誤

（2）組織の種類に関する記述について、下線部の語句のうち適切なものを選択肢から選べ。

　会社が持つ<u>製品ごとの販売</u>に適した機能別組織、事業部間や部署間の<u>コミュニケーションの促進</u>に適した事業部制組織、目標に適した人材を一定の期間に区切って集める<u>プロジェクト組織</u>がある。

【選択肢】

ア．製品ごとの販売

イ．コミュニケーションの促進

ウ．プロジェクト組織

（3）コンピュータ・システムを販売する営業担当者が、お客さまの立場に立った取り組みを進める順番として、適切なものを選択肢から選べ。

① お客さまの反対意見や疑問点に対して適切な回答をして、お客さまとの信頼

関係を築いてゆく。

② 自社のノウハウと組み合わせ、お客さまに最適と考えられるプランを作成する。

③ 解決策やその効果をわかりやすくまとめ、お客さまに伝える。

④ アクティブリスニングを心がけ、お客さまのニーズを聞くと共に、お客さまの
業務を理解し、お客さま自身も気がついていないニーズや課題にも注意を配る。

【選択肢】

ア．④→①→②→③

イ．②→④→③→①

ウ．①→②→④→③

エ．④→②→③→①

（４）クレームを防ぐ方法に関する記述の正誤の組み合わせとして、適切なもの
を選択肢から選べ。

① 従業員の経験や知識にあわせて、自社が目標とするサービスのレベルを複数
設定することにより、サービスが向上しクレームを防ぐことができる。

② 予期せぬ販売後のクレームを減らすために、販売前の説明はしすぎず、お客
さまの質問に答えるだけにとどめた方がよい。

③ 表面に現れるクレームよりも隠れたクレームの方が多いと考えられており、
日ごろからお客さまの声に耳を傾け、常に改善を心がける。

【選択肢】

	①	②	③
ア．	正	誤	誤
イ．	正	正	誤
ウ．	誤	誤	正

（５）リーダーの役割に関する記述について、最も適切なものを選択肢から選べ。

【選択肢】

ア．メンバーが努力すれば達成可能な一段高い目標を設定し、チーム全員の力を成
果につなげるため、メンバーが同じ方向を向いて行動するための基準をつくる。

イ．目標と基準を設定した後は、メンバーが仕事に集中して力を発揮できるよう
にするため、細かい指示や進捗の共有は行わない。

ウ．仕事を成し遂げたときはリーダーシップが優れていたと考えられるが、達成
できなかった時にはメンバーに問題があるため、メンバー一人ひとりに反省
を促す。

問3 次のビジネス活動に関する問に答えよ。

（1）情報の共有化に関する記述の正誤の組み合わせとして、適切なものを選択
肢から選べ。

① 開発中の新製品の情報は社内秘だったが、できるだけ多くの社員の意見を開
発に生かすために全社員と共有した。

② 自身の営業日誌のファイルをサーバーに格納して営業部内で共有するため、
ファイル作成者以外が誤ってファイルを削除・変更できないように設定した。

③ 打ち合わせの日程調整をしやすくするために、社内のプロジェクトチームメ
ンバー全員のスケジュールを共有した。

【選択肢】

	①	②	③
ア．	誤	正	正
イ．	正	誤	正
ウ．	正	正	誤

（2）ある機械装置メーカーが顧客である代理店と取引先を招いて、創立10周
年記念パーティーを計画している。次のＰＥＲＴ図の┃　　Ａ　　┃の中に入
れるべき日数の最大値として、適切なものを選択肢から選べ。ただし、着
手（①）から完了（⑩）までの最小所要日数は45日とする。

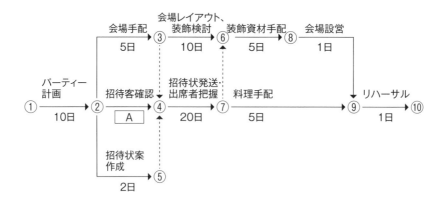

【選択肢】

ア．7日

イ．8日

ウ．9日

（3）次の企画書の ☐ の中に入れるべき語句の組み合わせとして、適切なものを選択肢から選べ。

令和5年12月4日

管理部

部長　鈴木　健志　様

人事課　境　武明

令和6年度入社式企画書

令和6年度入社式を下記のとおり実施したく、ご承認ください。

記

開催日時　令和6年4月3日（水）9:00～13:00

会場　　　本社4階大会議室

①	新入社員：　　　　　10名（本社および各営業所配属）
	幹部：　　　　　　　社長、営業本部長、管理部長
	各営業所長：　　　　15名（リモート会議システムで参加）
	運営スタッフ：　　　管理部員2名、営業本部員1名

式次第

内容	時間
第1部　式典	9:00～10:00
幹部挨拶 20分	
新入社員自己紹介 10分	
各営業所員からのウェルカムメッセージ（リモート会議システム）20分	
会社方針説明動画上映 10分	
第2部　入社手続き	10:00～12:00
第3部　昼食会	12:00～13:00

費用

②	20万円
昼食会弁当・飲み物	4万円
計	24万円

添付資料　　| ③ |

以上

【選択肢】

	①	②	③
ア．	担当者	会場費	幹部名簿、費用明細
イ．	出席者	新入社員旅費交通費	新入社員名簿、見積書
ウ．	出席者	運営スタッフ人件費	新入社員名簿、請求書

（4）ある喫茶店で調査した1日の時間帯ごとの売上高の変化について、調査内容とその結果をまとめたグラフの種類に関する組み合わせとして、適切なものを選択肢から選べ。

※　時間帯は、朝7時の開店から夜9時の閉店までを2時間ごとに7つに区分した。

① 時間帯ごとの客単価（売上高÷客数）の推移の調査

② 時間帯ごとの客層別（社会人、高齢者、主婦、学生）の客数の推移の調査

③ 時間帯ごとの注文（ドリンク、スイーツ、フード、アルコール）の構成比の
推移の調査

【選択肢】

	①	②	③
ア．	折れ線グラフ	棒グラフ	帯グラフ
イ．	折れ線グラフ	棒グラフ	円グラフ
ウ．	棒グラフ	帯グラフ	レーダーチャート
エ．	棒グラフ	帯グラフ	円グラフ

（5）問題解決に関する取り組みについて、下記の　　　　　　に入れるべき語句
の組み合わせとして、適切なものを選択肢から選べ。

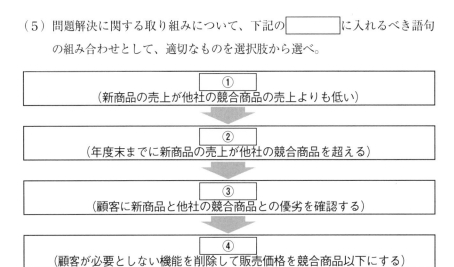

	①	②	③	④
ア．	問題認識	目標設定	原因分析	対策立案・実施
イ．	問題認識	原因分析	目標設定	対策立案・実施
ウ．	原因分析	問題認識	対策立案・実施	目標設定
エ．	目標設定	原因分析	対策立案・実施	問題認識

問4 次の各事項に関する設問に答えよ。

（1）ある弁当店が新商品の価格設定について複数の案を検討した。各案の考え方
とその設定方式に関する組み合わせとして、適切なものを選択肢から選べ。

① 弁当1個あたりの製造原価を考慮しつつ、競合店の弁当の価格と使用されて
いる具材の内容などを参考に、価格を決めた。

② 他店の競合する弁当の価格を調査したところ500円台の商品が多かったが、
当店の新商品は500円台では利益が出ないので600円とした。

③ 500円台で販売していた弁当を、お客さまにお得感をアピールするために、
ワンコインでおつりがくる税込み499円とした。

【選択肢】

	①	②	③
ア．	コスト積み上げ価格設定	心理的価格設定	競争重視価格設定
イ．	コスト積み上げ価格設定	競争重視価格設定	心理的価格設定
ウ．	競争重視価格設定	コスト積み上げ価格設定	心理的価格設定

（2）貸借対照表に関する記述について、適切なものを選択肢から選べ。

【選択肢】

ア．売掛金は信用取引で販売した代金を受け取る前の債権で、流動資産である。

イ．銀行からの借入金は返済期日までの期間によらず固定負債である。

ウ．製造・販売する製品の原材料のうち一定の金額を超えるものは固定資産である。

（3）労働基準法に関する記述の正誤の組み合わせとして、適切なものを選択肢
から選べ。

① 労働時間や給与などの労働条件は、労働者と会社が対等な立場で決定される。

② 始業・終業時間や休憩時間など個別の雇用契約の内容が就業規則の基準に達
しない場合は、雇用契約の内容が優先される。

③ 原則として1日8時間を超えて勤務する場合は、一定の割増賃金が支払われる。

【選択肢】

	①	②	③
ア．	正	正	誤
イ．	正	誤	正
ウ．	誤	誤	正

（4）勤務条件と休暇に関する記述の正誤の組み合わせとして、適切なものを選択肢から選べ。

① 1週間や3ヵ月といった一定期間の総労働時間を定め、始業・終業時刻を労働者本人の自由に任せる制度を裁量労働制という。

② 労働時間を、実際に働いた時間ではなく、あらかじめ定めた一定時間とみなす制度のことをフレックスタイム制という。

③ 社員に勤続期間に応じた日数の有給休暇を与え、そのうち所定の日数以上の有給休暇を取得させることは、会社の義務である。

④ 会社が与える休暇には、育児休業、介護休業など法律で定められた法定休暇の他に、冠婚葬祭のための慶弔休暇など会社が独自に認めた休暇がある。

【選択肢】

	①	②	③	④
ア.	正	正	誤	誤
イ.	正	誤	正	誤
ウ.	誤	誤	正	正
エ.	誤	正	誤	正

（5）次の給与明細から抜粋した部分の　　　　　　に入れるべき語句の組み合わせとして、適切なものを選択肢から選べ。

　　※ ④については、計算式を選べ。

支給	基本給	役職手当	通勤手当		
	180,000	0	20,000		
	残業手当	休日手当			支給合計
	9,750	0			A

控除	健康保険	①	雇用保険	②	
	9,480	16,412	1,259	27,151	
	課税対象額	所得税	③		控除合計	差引支給額
	182,599	4,040	0		B	④

【選択肢】

	①	②	③	④
ア.	労災保険	労働保険計	住民税	A－B
イ.	厚生年金保険	社会保険計	住民税	A－B
ウ.	労災保険	社会保険計	消費税	A＋B
エ.	厚生年金保険	労働保険計	消費税	B－A

問題を読みやすくするために、この
ページは空白にしてあります。

（日本経済新聞 2023.3.15）

物流「24年問題」解決へ一役

運転手不足、懸念広がる

物流業界でトラック運転手不足などが懸念される「2024年問題」を解決しようと、スタートアップが動き出した。運送会社のデジタル化を支援するascend（アセンド、東京・新宿）は需給に合わせた最適な運賃を算出するシステムを開発する。荷主との料金交渉を後押しする狙いだ。業務改善や効率化の引き合いは強く、新興勢の商機は拡大している。

アセンドは10月にも新システムを投入する。トラックの発着地や日時、荷物の重量など6つの条件に応じて運賃を変える「ダイナミックプライシング」方式を取り入れた。運送会社と荷主の仲介を手掛ける企業2社から、過去8年分の数千万件に及ぶ運送データを入手。これを参考に、人工知能（AI）が「最高」「推奨」「最低」の3種類の運賃をはじく。

運送会社が荷主との料金交渉でデータに基づく運賃案を提示し、収益性を改善できるようにする。現状は走行距離や車種を踏まえた慣習的な値決めが多く、運送会社が赤字覚悟で引き受けるケースもあるという。

アセンドは22年に、内閣府の戦略的イノベーション創造プログラムの実証実験事業者に採択された。システムの需要を見込めたため、まずは試用版を投入する準備を進めている。中堅の運送会社で実績をつくり、大手にも売り込んでいく。

「時間外」に上限

こうした動きの背景には24年4月に施行される改正労働基準法がある。自動車運転業務は時間外労働の上限が年960時間（月80時間）となる。現状は労使が合意すれば実質的に制限はない。休憩や待機などを含む拘束時間は現状より216時間短い年3300時間にする。月21日の稼働を想定した場合、1日あたり14時間から13時間程度に短くなる計算だ。

厚生労働省の調査によると、トラック運転手の収入は全産業平均を下回る。労働時間短縮で長距離輸送などの業績が悪化すると、運転手の収入減につながる恐れがある。担い手不足が深刻化し、物流網が混乱する可能性も指摘される。業界の構造改革は急務になっている。

アセンドの日下瑞貴社長は大手コンサルティング会社などで物流会社を担当した経験を持ち、業界のデジタル化の遅れを肌身に感じていた。新システムをテコに「運送会社の収益とドライバーの賃金の向上を後押ししたい」と意気込む。

長距離輸送の効率化に挑むのがスペース（愛知県蒲郡市）だ。23年内にも「中継輸送」と呼ぶサービスを始める。2つの運送会社をマッチングし、輸送を分担できるようにする。

たとえば、荷物を東京から大阪に運ぶ会社と、その逆の会社をつなぐ。愛知にあるスペースの物流拠点で積み荷を交換してもらう。両社はそれぞれ出発地に戻って荷物を届ければいい。出発地が愛知の会社にとっては愛知―大阪間を往復する手間を省くことができる。

実証実験では、関東―関西間の輸送で1日の拘束時間を平均2時間ほど削減し、13時間以内に抑えたという。長距離輸送に伴う運転手の待機時間や渋滞に巻き込まれるリスクを減らし、輸送コストの圧縮にもつなげる。スペースは足元で愛知や静岡などに計約20カ所の拠点を持つ。新サービスに向け、24年までに40カ所に増強する計画だ。

倉庫待機を短縮

倉庫作業を省力化する動きも活発だ。荷物の搬送ロボットを手掛けるLexx Pluss（レックスプラス、川崎市）は26年までに生産能力を年1500台と現状の20倍に引き上げる。設備投資に充てるため、ベンチャーキャピタル（VC）のDRONE FUNDなどを引受先とする第三者割当増資で14億5000万円を調達してきた。

搬入先となるトラックの運転手の待機時間を短くする需要を捉える。24年の法改正は新たな事業環境下で収益力を高める機会と捉える。ロボットを活用した自動化により、人力で2時間かかった作業を30分に抑えた事例もあった。

物流業界が新たな流れを生み出せるか。新興勢が果たす役割は小さくない。

アセンド 最適運賃算出システム

スペース 長距離輸送、2社で分担

トラック運転手の待遇は全産業平均を下回る

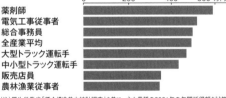

	0	200	400	600 万円
薬剤師				
電気工事従事者				
総合事務員				
全産業平均				
大型トラック運転手				
中小型トラック運転手				
販売店員				
農林漁業従事者				

(注)厚生労働省「賃金構造基本統計調査」を基に、主な業種の2021年の年間所得額を試算

「2024年問題」では物流の混乱も懸念される

現状	24年4月以降
トラック運転手の時間外労働時間：労使が合意すれば実質制限なし	時間外労働時間：年960時間が上限
休憩などを含む拘束時間：年3516時間まで	拘束時間：年3300時間まで

 運送会社　収益減少 → 運転手　収入低下 → 物流網　人手不足で混乱も

（※）記事のレイアウト、フォント、フォントサイズは変更されています。

（1）アセンド社が開発するシステムに関する記述について、適切なものを選択肢から選べ。

【選択肢】

ア．トラックの発着地や日時、荷物の重量などの条件に応じて運賃を変えるダイナミックプライシングのシステムが、複数の中堅運送会社に導入されている。

イ．ダイナミックプライシングにより、運送会社は荷主との料金交渉で長年の経験や勘をデータ化した運賃案を提示し、収益性を改善することができる。

ウ．アセンド社の社長は、新システムにより物流業界のデジタル化を進め、運送会社の収益やドライバーの賃金の向上を後押ししたいと意気込んでいる。

エ．アセンド社は、運送会社2社から過去8年分の運送データを入手し、人工知能が「最高」「推奨」「最低」の3種類の運賃をはじくシステムを開発した。

（2）改正労働基準法に関する記述について、下線部の語句のうち適切なものを選択肢から選べ。

2024年4月の改正労働基準法の施行により、運送会社の収益減少や道路渋滞の深刻化による物流網の混乱が懸念されている。これまでは労使が合意すれば実質的に制限がなかった自動車運転業務の時間外労働時間の上限が、年960時間（月80時間）となる。休憩や待機などを含む拘束時間は、月間で21日の稼働を想定した場合、1日あたり2時間程度短くなる。

【選択肢】

ア．道路渋滞の深刻化

イ．時間外労働時間

ウ．2時間程度

（3）長距離輸送の効率化の取り組みに関する記述の正誤の組み合わせとして、適切なものを選択肢から選べ。

① スペース社は、中継輸送と呼ぶサービスで、長距離輸送に伴う運転手の待機時間や渋滞に巻き込まれるリスクの低減、輸送コストの圧縮に取り組んでいる。

② スペース社の中継輸送は、運送会社同士をマッチングして中継地点で積み荷を交換することで輸送を分担し、両社の長距離輸送を省くことが可能になる。

③ 中継輸送の実証実験では、愛知—大阪間の輸送で1日の拘束時間を平均2時間ほど削減し、13時間以内に抑えるという結果がでている。

④ スペース社は現在、愛知や静岡などに中継輸送のための拠点を計約20カ所持っているが、24年までにさらに40カ所を増やす計画である。

【選択肢】

	①	②	③	④
ア.	正	誤	正	誤
イ.	正	正	誤	誤
ウ.	正	誤	誤	正
エ.	誤	正	正	誤

（4）倉庫作業の効率化の取り組みに関する記述について、下記の 　　　　 に入れるべき語句の組み合わせとして、適切なものを選択肢から選べ。

　　レックスプラス社は、　①　などを引受先とする第三者割当増資で14億5000万円を調達して設備投資を実施する。倉庫作業の省力化を通じて、搬入先となるトラックの運転手の　②　を短くすることを可能にする荷物搬送ロボットの　③　を、26年までに現状の20倍に引き上げる。

【選択肢】

	①	②	③
ア.	メガバンク	待機時間	搬送能力
イ.	ベンチャーキャピタル	輸送距離	搬送能力
ウ.	ベンチャーキャピタル	待機時間	生産能力

（5）物流業界の課題に関する記述として、最も適切なものを選択肢から選べ。

【選択肢】

ア. 2024年問題に伴う物流網の混乱を避けるには、長距離輸送をなくすことで運送会社の収益力を高め、運転手の待遇改善を進めることが必要である。

イ. スタートアップ企業は物流業界の2024年問題をビジネスチャンスとしてとらえており、運送会社のデジタル化や効率化の支援に取り組む新興企業の商機が拡大している。

ウ. 2024年問題の解決のためには、中小型トラック運転手の年間所得を大型トラック運転手以上に引き上げ、全産業平均並みにするなどの待遇改善が必要である。

問6 **次のケースを読んで各問に答えよ。**

　細木彰は、新車を販売する「ワールド自動車販売」に入社し、３年目になる社員である。ワールド自動車販売は、ある県の西部地域に５つの店舗と整備修理工場を持ち、近隣のお客さまを中心に車を販売し、車検や定期点検、車の不調時には迅速に整備・修理を行っており、評判が良い。細木はA店に勤務し、主な業務は車の購入や点検整備・修理のために来店したお客さまの接客と、販売促進のイベント企画である。イベント企画は上司であるA店店長の和田から指示を受け、後輩で入社１年目の大山を指導しながら進めている。

　ある日、細木は和田から大山とともに打ち合わせに呼ばれて、次のような指示を受けた。

和田「昨日の当社の営業会議で、地下鉄の延伸地域で車を利用する人が減少しており、売上に影響していると報告がありました。そこで、５店舗のうちで規模の大きな当店が中心となって販売促進を企画することになりましたが、私は市内のショッピングモールで車の展示会を開催したいと考えています。その準備を 11 月 17 日（金）から開始したいと思います。細木さん、リーダーとなって企画実施してもらえますか。」

細木「はい、承知しました。」

和田「展示会では車の販売だけでなく、お客さまの車に対するニーズも調査したいと思っています。大山さんも企画実施の支援とアンケートの作成をお願いします。細木さん、大山さん、何か意見はありますか。」

細木「以前の展示会を振り返って、より多くのお客さまに来店いただく工夫と、今回新たに加えるニーズ調査のアンケートもしっかり計画したいと思います。」

大山	(X)
細木	(Y)

（１）大山の発言 (X) に対する細木の発言 (Y) についての記述の正誤の組み合わせとして、適切なものを選択肢から選べ。

① （X）「展示車両はショッピングモールに近いB店から運ぶのが良いと思います。」

　　（Y）「B店が展示車両を準備するならば、私はA店所属ですのでリーダーを辞退します。」

②　（X）「車の販売促進とお客さまのニーズ調査を両方実施するよりも、車の販売促進に絞ったほうがよいと思います。」

　　　（Y）「なるほど、確かに手間がかかりますね。なぜそのように考えたのですか。」

③　（X）「私はまだ1年目で経験が少ないので、企画実施には不安があります。」

　　　（Y）「和田店長が推薦してくださり、私も大山さんをフォローするので成長できる良い機会になると思います。」

【選択肢】

	①	②	③
ア．	誤	誤	正
イ．	正	正	誤
ウ．	誤	正	正

　細木は展示会開催に向けて実施事項をまとめて、関係部門や担当者に依頼した。

　その後、日々の接客や展示会の準備を行っていると1ヵ月が経過した。進捗状況の確認を定期的に行い、本日12月15日（金）にチェックしたところ、図1の通りであった。

図1　展示会準備スケジュール

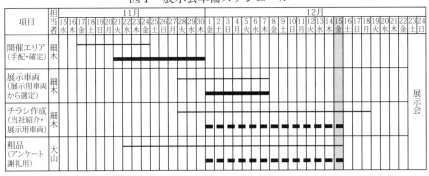

　　　　　　━━━━ 予定　　■■■ 実行中　　━━━━ 済み

注：展示車両とチラシ作成の着手はショッピングモール内の開催エリアの確定（終了）後になる

（2）展示会準備スケジュールに関する記述の正誤の組み合わせとして、適切なものを選択肢から選べ。

　　　注）A店は土日・平日ともに営業しているため、休日による遅れはないものとする。

① 開催エリアは、着手が4日遅れたため、終了も4日遅れた。

② 展示車両は、着手が3日遅れたが、挽回して予定通りに終了した。

③ チラシ作成は、着手が遅れたが、予定通りの作業期間で進んだ場合、終了は

12月21日（木）になる見込みである。

④ 粗品は、着手が遅れたが、予定通りの作業期間で進んだ場合、展示会までに
は間に合う見込みである。

【選択肢】

	①	②	③	④
ア.	正	誤	誤	誤
イ.	誤	正	正	誤
ウ.	正	正	誤	正
エ.	誤	誤	正	正

展示会当日、車両はすでにショッピングモールに搬入され、お客さまを迎える
準備も整った。しばらくすると、塚原さまという50歳代の夫婦が立ち寄った。

塚原さま「引っ越す先の駐車場が狭くなって、今の車では大きすぎるので、安
くて小さな車に買い替えたいのですが、何か良い車はありません
か。」

（3）塚原さまへの細木の回答として、最も適切なものを選択肢から選べ。

【選択肢】

ア．パンフレットをお持ちしたいと思いますが、気になる車種やご予算、追突防
止といった安全機能や装備など、ご希望はございますか。

イ．小さな車にこだわるよりも、安全機能を備え環境に配慮した低燃費の車を検
討されたほうがよろしいと思います。

ウ．ご商談の前に、お車や当社に対するアンケート調査を実施していますので、
まずアンケート調査に回答してください。

しばらく商談をしているとお客さまは気に入った車がみつかり、成約となった。

細木「塚原さま、本日はお車のご購入ありがとうございました。諸手続きや納
車など詳しいことは後日ご連絡いたします。」

細木は塚原さまの接客を終えると、引き続き、立ち寄ったお客さまの接客と、
通りかかった人に声をかけてアンケート調査を続け、展示会は終了した。

その後、細木は大山を呼んだ。

細木「大山さん、塚原さまの納車に向けた事務手続きなどの準備をお願いしま
す。それと納車前の点検整備を納車日に合わせて整備工場に手配してお
いてください。」

大山「承知しました。」

数日後、細木は塚原さまから電話を受けた。

塚原さま「納車の日程の件ですが、すみませんが、先日約束した日の都合がつかなくなり、2日ほど前倒ししていただきたいのですが、できますでしょうか。」

細木「かしこまりました。確認して折り返しお電話を差し上げます。」

細木は事務手続きなどを任せた大山に間に合うか確認した。大山は販売システムの画面を開き、進捗状況を確認した。

大山「事務手続きは余裕をもって進めていましたので、2日の前倒しであれば対応できます。」と返事をした。

細木は塚原さまに要望通りに納車を2日前倒しできることを電話で連絡した。

塚原さまの納車の前日になり、細木は整備状況の確認のため、整備工場の作業日程計画担当者に連絡したところ、次のような回答であった。

担当者「塚原さまのお車は明後日に整備する予定で、作業員を割り振っています。明日、納車とは聞いていません。手配したオプション部品は準備できていますが。」

細木は大山に確認すると、整備工場への連絡を忘れていたとのことだった。

（4）このときの細木の大山への対応に関する記述の正誤の組み合わせとして、適切なものを選択肢から選べ。

① 大山が整備工場に納車前の点検整備の日程変更を依頼し忘れたことが原因なので、大山に今後同様のミスを起こさせないために責任を問い、今後の塚原さまへの対応をすべてまかせる。

② 和田店長にすぐに状況を報告し、整備工場の作業日程計画担当者と調整し至急整備してもらうか、場合によっては塚原さまに明日の納車の時間を遅らせるかなど進め方の判断と指示を仰ぐ。

③ 塚原さまに、納車の前倒しを後輩が整備工場に連絡し忘れたため、点検整備が間に合わず、明日の納車は無理であることを正直にお伝えして、明日の納車を諦めていただき、改めて納車の日程を調整する。

【選択肢】

	①	②	③
ア．	誤	正	誤
イ．	正	誤	正
ウ．	誤	正	正

　大山には納車に関わる事務手続きや点検整備などの定型業務は、チェックリストを活用して、見落としがないようにアドバイスをした。

　塚原さまの納車を済ませた翌日、細木は大山に声をかけられた。

大山「細木さん、依頼されておりました展示会で調査したアンケートの集計、結果がまとまりました。細木さんからの指示通り、お客さまの居住地が公共交通機関の駅から1km以内の徒歩圏内か、1km超の徒歩圏外かに分類して集計しました。」

細木「ありがとうございました。早速、和田店長に報告しましょう。」

図2　アンケート集計結果

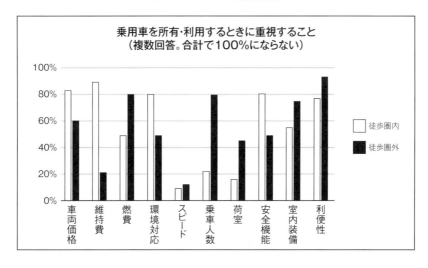

アンケート項目の詳細
維持費：駐車場代、税金等 環境対応：電気・ハイブリッド等電動車 スピード：加速性能 乗車人数：7人乗り等 荷室：広い 安全機能：追突防止等 室内装備：空気清浄、高級オーディオ 利便性：時間に縛られず日常的に乗れる

和田「なるほど、こういう結果でしたか。お客さまの車に対するニーズは、本社の営業会議の分析でも多様化していて、公共交通機関にアクセスしやすい人や若い人は車を所有しない傾向がみられ、また一方で環境への負荷が少ない車に関心が高まっています。当社は全社でこうした状況に対応していかなければなりませんね。」

（5）アンケート結果と店長のコメントから今後のワールド自動車販売の販売促進策について、最も適切なものを選択肢から選べ。

【選択肢】

ア．徒歩圏外のお客さまに対して、加速性能に加えオーディオなど充実した室内装備のニーズに応えて、スポーツカーや高級車を取り揃えたカーリースサービスを提供する。

イ．徒歩圏外のお客さまに対して、駐車場代を抑えて利便性を得たいニーズに応えて、登録を行った会員同士が共同で車を使用するカーシェアリングサービスを提供する。

ウ．徒歩圏内のお客さまに対して、維持費を抑え環境にも対応したいニーズに応えて、インターネット予約ができ電気自動車やハイブリッド車も取り揃えたレンタカーサービスを提供する。

エ．徒歩圏内のお客さまに対して、乗車人数が多く荷室の広さを求めるニーズに応えて、大人数で出かけるレジャー用途を想定し、7人以上乗車できる大きな車の売り込みを強化する。

問7 次の＜資料１＞、＜資料２＞、＜資料３＞は、住宅新築、リフォーム、太陽光設置の３つの事業を営んでいる建設業M社の、2020 年～ 2022 年の売上高と売上総利益率の推移、事業別販売件数と新規・既存顧客別販売件数の推移、売上総利益額の全社に占める事業別割合を示した資料である。これらの資料を見て各問に答えよ。

＜資料1＞売上高と売上総利益率の推移

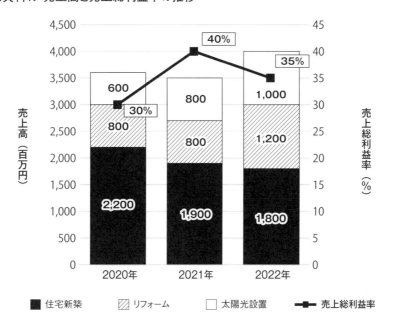

＜資料２＞事業別と新規・既存顧客別の販売件数の推移

単位：件	2020年			2021年			2022年		
	販売件数	新規顧客販売件数	既存顧客販売件数	販売件数	新規顧客販売件数	既存顧客販売件数	販売件数	新規顧客販売件数	既存顧客販売件数
住宅新築	70	70	0	75	70	5	60	55	5
リフォーム	80	30	50	80	40	40	100	60	40
太陽光設置	50	20	30	95	40	55	140	65	75
販売件数合計	200	120	80	250	150	100	300	180	120

＜資料3＞売上総利益額の全社に占める事業別割合

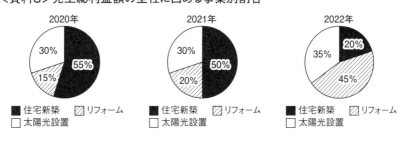

（1）＜資料１＞から読み取れる記述の正誤の組み合わせとして、適切なものを
選択肢から選べ。

① 2021 年の売上総利益額は、14 億円である。

② 2020 年から2年連続で売上高が増加している事業は、太陽光設置である。

③ 2020 年と 2022 年の比較で最も売上高が減少した事業は、2020 年から 25％
以上減少している。

【選択肢】

	①	②	③
ア.	正	正	誤
イ.	誤	正	正
ウ.	正	誤	正

（2）＜資料２＞に関する記述について、下記の　　　　　　に入れるべき語句の
組み合わせとして、適切なものを選択肢から選べ。

　　M社の3つの事業の販売件数合計は、2021 年、2022 年ともに前年からプラス
となっており、2022 年は前年比で、　①　％と増加している。2022 年の住
宅新築販売件数に占める新規顧客販売件数の割合は約 92％となっており、2022
年のリフォーム販売件数に占める新規顧客販売件数の割合より　②　ポイン
ト以上多い。3つの事業の中で、2020 年と 2022 年を比べると、既存顧客販売件
数が最も伸びている事業は太陽光設置であり、　③　となった。

【選択肢】

	①	②	③
ア.	130	40	2.8 倍
イ.	120	40	2.5 倍
ウ.	120	30	2.5 倍

（3）＜資料1＞、＜資料2＞から読み取れる記述の正誤の組み合わせとして、
適切なものを選択肢から選べ。

① 太陽光設置の1件あたりの販売単価（販売単価＝売上高÷販売件数）は、
2020年から2021年にかけて減少している。

② 住宅新築は2021年から2022年にかけて売上高は減少しており、1件あたり
の販売単価も減少している。

③ リフォームは2021年から2022年にかけて販売件数が増加しており、2022
年の1件あたりの販売単価をみると2021年の1.2倍に増加している。

④ 2021年から2022年までの推移をみるとM社の3つの事業合計の販売件数は
増加しているが、売上総利益額は減少している。

【選択肢】

	①	②	③	④
ア.	誤	正	誤	正
イ.	正	正	誤	誤
ウ.	誤	誤	正	正
エ.	正	誤	正	誤

（4）＜資料1＞、＜資料3＞に関する記述について、下線部の語句のうち適切
なものを選択肢から選べ。

2020年から2022年にかけての3つの事業の売上総利益額に占める各事業の割
合で、毎年減少している事業が住宅新築であり、2020年から2022年で30ポイ
ント減少している。反対に毎年増加している事業がリフォームで、2022年の売
上総利益額は4億9千万円になっている。また、2022年の太陽光設置の売上総
利益額は、2021年から7千万円増加している。2020年と2021年の住宅新築と
リフォームの売上総利益額に占める割合を合わせると70％と同じになり、売上
総利益額も同額となっている。

【選択肢】

ア．30ポイント

イ．4億9千万円

ウ．7千万円増加

エ．売上総利益額も同額

（5）＜資料１＞、＜資料２＞、＜資料３＞からM社の今後の売上高、売上総利益額増加への取り組みに関する記述として、最も適切なものを選択肢から選べ。

【選択肢】

ア．住宅新築は売上高、販売件数、売上総利益額が、いずれも2年連続で減少しているため、新規販売件数が伸び悩んでいる原因を分析して販売促進策を検討する。

イ．リフォームの全社に占める売上総利益額の割合は毎年高くなっていて、これは新規顧客率の増加が一因となっていると考えられるので、状況を分析し新規顧客開拓の強化を検討する。

ウ．太陽光設置は売上高、販売件数、販売単価とも2年連続して増加してきているため、M社の主力事業として経営資源を最も投入することを検討する。

●監修者紹介●

一般財団法人　職業教育・キャリア教育財団

ビジネス能力検定（B検）および情報検定（J検）の試験実施団体。職業教育・キャリア教育の情報を広く社会に発信し、職業教育・キャリア教育に対する社会の理解を深めることにより、教育機関および学習者を支援するとともに職業教育・キャリア教育の普及啓発に努めている。具体的な事業としては9つあり、研究事業、研修事業、国際交流事業、検定事業、キャリア形成支援事業、評価事業、認証事業、安心・安全の確保に資する事業、助成・補助事業を実施している。

2024年版　ビジネス能力検定 ジョブパス2級公式試験問題集

2024年3月5日　　　　初版第1刷発行

監修者——一般財団法人 職業教育・キャリア教育財団
　　　　　Ⓒ2024　Association for Technical and Career Education
発行者——張　士洛
発行所——日本能率協会マネジメントセンター
〒103-6009　東京都中央区日本橋 2-7-1　東京日本橋タワー
TEL　03(6362)4339（編集）／03(6362)4558（販売）
FAX　03(3272)8127（編集・販売）
https://www.jmam.co.jp/

装　丁———————岡村 佳織
イラスト——————村山 宇希（ぽるか）
本文イラスト————高田 真弓
本文DTP——————株式会社アプレ コミュニケーションズ
印刷所———————広研印刷株式会社
製本所———————株式会社三森製本所

ISBN978-4-8005-9168-5　C3034
落丁・乱丁はおとりかえします。
PRINTED IN JAPAN

専門学校生のための
就職内定基本テキスト

専門学校生就職応援プロジェクト 著
A5版　168頁（別冊48頁）

　専門学校生の就職活動に精通した著者がまとめる就職活動テキストの改訂版。仕事とキャリアの考え方から自己分析、企業研究、筆記対策・面接対策まで、専門学校生が就職活動に際して知っておくべき知識とノウハウをまとめた1冊。ワークシートや別冊の「就職活動ノート」を使って、自分で考え、就職活動を進めていけるような工夫が満載です。

日本能率協会マネジメントセンター

留学生のための
就職内定ワークブック

久保田　学 著
B5版　176頁（別冊40頁）

　日本での就職を希望する人は多いものの、外国人留学生の就職率は日本人学生に比べるとかなり低い現状です。本書は、その障害のひとつとなる、世界から見ると独特な日本の就職活動を学びながら、留学生自身がこれからのキャリアに向き合い、企業から求められる強みや能力を意識できるようにした、書き込めるワークブックです。就職活動に出遅れずに準備してもらうツールとしても期待ができます。在留資格の変更などの解説DL付き。

日本能率協会マネジメントセンター

ビジネス能力検定（B検）ジョブパスの公式テキスト

唯一の公式テキストであり、試験対策用教材です。職業教育・キャリア教育の道しるべとしてご活用いただけます。

ビジネス能力検定ジョブパス
2級公式テキスト
一般財団法人　職業教育・キャリア教育財団　監修

B5判　168頁

ビジネス能力検定ジョブパス
1級公式試験問題集
一般財団法人　職業教育・キャリア教育財団　監修

B5判　136頁

別　冊

解答・解説

❶ 令和4年度前期試験問題

❷ 令和4年度後期試験問題

❸ 令和5年度前期試験問題

❹ 令和5年度後期試験問題

令和4年度前期
ビジネス能力検定ジョブパス2級の
結果概要

●分野別の配点と平均点

分野別分類	分類名	問数	配点	平均点
A	ビジネス常識	8	26	17.7
B	時事・社会	9	28	19.2
C	組織・業務基本	9	24	18.4
D	コミュニケーション手法	9	22	18.4
	合計	35	100	76

●分野別出題率　　　　　　●分野別平均点

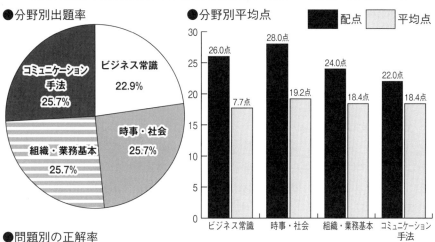

●問題別の正解率

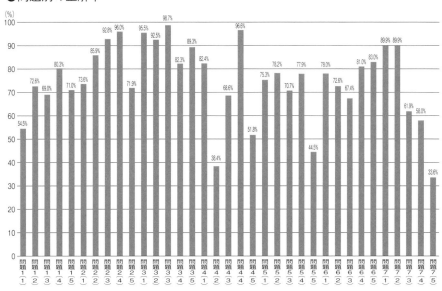

❶ 令和４年度前期試験問題

問1

（1）イ（第2編第7章第2節）

ア（誤）──例えば、1ドル120円から1ドル150円に円安が進むと、1ドルの原材料の輸入価格は、120円から150円に上昇します。商品価格を変更しない場合は原材料費が上昇するので利益が減り、値上げする場合は売れ行きが落ち、利益減少につながりやすくなります。したがって、この選択肢は不適切です。

イ（正）──例えば、円高が進み1ドルが120円から100円になると、120円の部品の輸出価格は、海外では1ドルから1.2ドルに上昇します。販売価格上昇により、価格競争力が下がり、輸出企業の業績悪化につながりやすくなります。したがって、この選択肢は適切です。

ウ（誤）──円高が進むと円の価値が海外通貨に対して高くなります。海外通貨の価値は円に対して低くなり、円に換算すると国内で生産するよりも海外で生産し輸入した方がコストは抑えられるため海外に工場を移す動きにつながりやすくなります。したがって、この選択肢は不適切です。

（2）エ（ビジネス用語の基本）

① **（パリ協定）**──2016年に発効された温室効果ガスの排出削減などに関する国際的な枠組みはパリ協定です。京都議定書は2005年に発効した温室効果ガスの排出削減目標を定める先進国の枠組みです。パリ協定は京都議定書の後継の枠組みと言えます。

② **（脱炭素社会）**──日本は2050年に二酸化炭素の排出量を実質的にゼロとする脱炭素社会（カーボンニュートラル）を目指しています。循環型社会は、3R（リデュース、リユース、リサイクル）などにより資源を循環させ、天然資源の消費を抑制し、環境への負荷をできる限り低減する社会です。

③ **（化石燃料）**──二酸化炭素の排出量を削減するには化石燃料の使用を削減することが効果的です。バイオマスは生物起源エネルギーの総称です。例えば、建築廃材、台所のゴミなどで、燃焼させるなどして発電します。バイオマスは環境にやさしいエネルギーとして注目されています。

④ **（植林）**──植物は光合成により二酸化炭素を吸収しますので、二酸化炭素の吸収量を増加させる活動としては植林が適切です。カーボンオフセットとは、排出した温室効果ガスを別の手段で埋め合わせる取り組みです。例えば、企業がカーボンクレジットを購入して自社の排出した温室効果ガスの排出量を相殺します。

（3）ア（ビジネス用語の基本）

① **（IoT）**──あらゆるものがインターネットに接続され相互に通信して自動的に計測・認識・制御する仕組みをIoT（Internet of Things：モノのインターネット）といいます。MaaSは、ICTを活用して、交通の手段・運営主体にかかわらず、利用者にシームレスな移動手段をサー

ビスとして提供する概念のことです。

② （センサー）―人間の目の代わりに障害物を検出するのはセンサー技術です。カメラ、ミリ波レーダーなどのセンサーが使用されます。

③ （ＡＩ）―人間の脳の代わりに状況を判断して適切な運転操作やルート選択を行うのはＡＩ（人工知能）技術です。IoT、センサーで集めたデータをもとに判断を行い、アクセル、ブレーキ、ハンドルなどを操作します。

（4）イ（ビジネス用語の基本）

① （デリバリーの獲得件数月 100 件）―KGI は戦略の最終的な達成度を評価する指標です。重要目標達成指標と訳され、組織の成果を定量的に定めたもので、主に売上高や利益率、成約件数などが設定されます。

② （クーポン付チラシ配布枚数 5,000 枚と回収率 1％、SNS の閲覧数 1,000 回）―KPI は、KGI を達成するためのプロセスの達成度を評価するための指標です。重要業績評価指標ともいいます。「デリバリーの獲得件数月 100 件」を達成するためのプロセスとして、「クーポン付チラシ配布枚数 5,000 枚と回収率 1％、SNS の閲覧数 1,000 回」の達成度を評価します。

（5）ウ（ビジネス用語の基本）

ア（誤）―EPA（Economic Partnership Agreement：経済連携協定）は、FTA に加え、投資や知的財産の保護、ビジネス環境の整備・改善などを含む、幅広い経済環境の強化を目的とする協定です。関税やサービス貿易の障壁などの撤廃に加え、投資や人的交流の拡大など幅広い分野で経済の結び付きを強めることが期待できます。設問文の「特定の国や地域間で関税などを撤廃して貿易の自由化を進める協定」は FTA のことで、不適切です。

イ（誤）―FTA（Free Trade Agreement：自由貿易協定）は、特定の国や地域間で、互いにモノの関税やサービス貿易の障壁などを撤廃する協定です。関税なし（または減免）で輸出入ができるようになるので貿易が拡大し、企業にとっては貿易の取引量の拡大、消費者にとっては輸入品が安く手に入るようになるなどのメリットがあります。設問文の「それに加えて投資、人の移動、知的財産保護や競争政策など」は EPA のことで、不適切です。

ウ（正）―TPP（Trans-Pacific Partnership：環太平洋パートナーシップ協定）は EPA の一つで、アジア太平洋地域における高い水準の貿易自由化を目標として、2016 年 2 月に署名されました。参加国は、当初 12 か国でしたが、その後、米国が離脱し参加国は 11 か国となりました。

問2

（1）ウ（第１編第２章第１節、第６節）

ア（誤）―業務に関する知識や実務能力などは、テクニカルスキルなので、不適切です。テクニカルスキルとは具体的には、業務知識・技能・技術、財務、法務、知的財産、語学、労務管理、生産管理、情報処理などで実務担当者に求められるスキルです。

イ（誤）―コミュニケーション能力やリーダーシップ能力などは、ヒューマンスキルなので、不適切です。コンセプチュアルスキルは、状況分析・問題発見力や戦略企画立案能力などで、

管理者に求められます。

ウ（正）—コンプライアンスは法令遵守のことで、法令や規則だけでなく、社会規範や道徳、会社のルールなどを、会社と社員一人ひとりが遵守することを指します。設問文の「法令や規則を順守する」と合致するので、適切です。

（2）エ（第1編第2章第2節）

一般的に、企業には存在意義や存在目的を表す「経営理念」が存在します。経営者は経営理念に沿って「経営方針」を示し、その経営方針に沿った「経営目標」を設定し、その目標を達成するために「経営戦略」を立案して事業を推進します。

① （経営理念）—「みんなが健康で元気な社会を実現する」は、その企業の経営の最も根幹になる考え方、社会に対する経営者の思いでもあり、存在意義や存在目標を表すので、「経営理念」です。

② （経営方針）—「自宅でも安全に気軽に利用できる運動器具を販売する」は、経営理念に沿った事業運営の方針を表すので、「経営方針」です。

③ （経営目標）—「2025年までに売上30億円を達成する」は、経営方針に沿った事業の目標を表すので「経営目標」です。

④ （経営戦略）—「高齢者向けの運動器具の商品と営業を強化していく」は、経営目標を達成するために実行する戦略を表すので「経営戦略」です。

（3）ア（第1編第4章第3節、第4節）

ア（正）—得意客を増やすためには、新規顧客をリピーターに、リピーターを得意客にするプロセスが必要です。そのためには、お客さまが満足するサービスや接客が欠かせません。選択肢の「次回購入時にポイント分を値引きするポイントカードの発行」は、お客さまの来店頻度が高まり満足するサービスにつながるので、この選択肢は適切です。

イ（誤）—累積購入金額が多いお客さまには、「購入履歴にない分野の新商品」ではなく「購入履歴がある分野の新商品」に絞って情報を提供すると、購入していただける可能性が高まります。したがって、この選択肢は不適切です。

ウ（誤）—近隣へのチラシ配布などの自社の商品やサービスを広く訴求することは、「初めて来店されたお客さまをリピーターにするため」ではなく「新規顧客を増やすため」に有効です。したがって、この選択肢は不適切です。

（4）ア（第1編第5章第2節）

ア（正）—誠意あるお詫びの言葉として適切です。

イ（誤）—「遺憾」は、残念という意味であり、お詫びの言葉ではなく、不適切です。

ウ（誤）—「心苦しい」は、自分の気持ちを述べているだけで、お詫びの言葉ではなく、不適切です。

（5）ウ（第1編第7章第2節）

① （正）—チームの目標があり、メンバー全員が理解することで、各自がチームの目標に向かって行動できるので、適切です。目標は決めるだけでは不十分で、リーダーが目標を周

知・徹底し、メンバー全員がチームの目標を理解することが大切です。

② （誤）―チームワークを発揮するには、全員が合意するルールが必要です。ルールはメンバーが自ら定めるものではないので、不適切です。

③ （誤）―チームワークを発揮するには、人の好き嫌いを排除し、個人的な感情が仕事に影響を与えないことが重要なので、不適切です。

④ （誤）―チームで仕事を進めるときは、チームの目標を達成することが最も重要です。自分の役割を果たすことが最優先ではないので、不適切です。自分の仕事だけに集中し、進めさえすれば良いのではなく、周囲と意見交換してチームの成果を考えるようにしましょう。

（1）エ（第2編第1章第3節）

① （正）―USBメモリーに誰でもアクセスできると、紛失や盗難された場合、USBメモリーから情報が漏洩するリスクがあります。そのリスクを回避するためには「パスワードを設定する、使用範囲を限るなどの予防策」が有効なので、適切です。

② （誤）―新製品の開発に関する情報は、機密性の高い情報です。家族や友人であっても自分の判断で意見を求めるようなことをして、情報を外部にもらしてはいけないので、不適切です。

③ （正）―社内ネットワークにある情報の持ち出しや削除行為を制限するために、専用の監視アプリケーションを導入することは適切です。リモートワークの普及により、ますます情報の管理が重要になっています。

④ （誤）―ウイルスがPCに感染すると、機密情報が流出したり、暗号化されてアクセスできなくなったりして、会社に大きな損害を与える可能性があります。一時的であってもウイルス対策ソフトの機能を停止させることは避けるべきなので、不適切です。

（2）ア（第2編第1章第4節）

PDCA サイクルとは、Plan（計画を立てる）、Do（実行する）、Check（評価・検討する）、Action（改善策を立てる）をサイクルとして回すフレームワークです。

① （Do）―計画に沿って、「ポスター掲示、POP 作成、店員の声掛け」などにより、新商品の販売を実行しているので Do になります。

② （Check）―「販売実績を集計」「既存商品と新商品の比率や全体の売上額を調査」により計画と実行の差異を、評価・検討しているので Check になります。

③ （Plan）―「新商品を企画」という計画を立てているので Plan になります。

④ （Action）―「成功事例を従業員の間で共有」するという改善策を立てているので Action になります。

（3）ウ（第2編第4章第2節）

① （正）―新聞は一覧性が高く、コンパクトで情報量も多いので短時間で大量の情報を得ることができます。毎日継続して読むことで、テーマの前後関係や全体像が把握できます。

② (誤)—新聞社によって取材先や記事の選び方、論調に差異があるため、特定の一紙を読み続けると情報が偏る危険性があります。質の高い情報収集を行うためには数紙を読み比べるようにしましょう。

③ (正)—業界や取引先と競合他社の情報を必ずチェックするだけでなく、政治面や国際面にも目を通して社会全体の動きをとらえると、視野が広げるきっかけになります。

(4) ア（特別講義）

問題解決の流れは、「1 問題認識（どこに問題があるのか）」→「2 問題分析・原因分析（なぜ問題が起こったか）」→「3 対策決定（どのように解決するか）」→「4 実行（実際に問題解決を具体化）」→「5 対策評価（さらにつぎの対策を考える）」のようになります。

「1 問題認識」は設問文の③の時間外労働が「慢性的に多い部門と個人による差が大きい部門が見られた」が該当し、「2 問題分析・原因分析」は②の「人手不足により必要な人数が確保できていないことがわかった」が該当し、「3 対策決定」と「4 実行」は①の「他部門からの応援や機械を導入して業務の自動化を進めた」が該当し、「5 対策評価」は④の「対策前後の時間外労働の変化を集計し、効果のあった対策は定着させるとともに更なる改善策を検討した」が該当します。したがって順番は、③→②→①→④になります

(5) ウ（第2編第2章第3節）

① （全営業所の労務管理担当）—全営業所の労務管理担当向けの企画であることから、対象者は「全営業所の労務管理担当」になります。

② （テレワーク社員の労務管理）—「1. 目的」にテレワークが導入され、社員の労務に関する質問を受けるケースが増えている、適正な労務管理を実施できる体制構築を目指す、と記述されていることから、研修内容は「テレワーク社員の労務管理」になります。

③ （なし）—「3. 会場」から Web 会議システムを使用したオンライン会議であることがわかります。「5. 講師」から講師は社員が務めることがわかります。したがって、「会議室使用料、参加者の交通費」、「講師費用」はかかりません。

 問4

(1) ウ（特別講義）

貸借対照表とは、会社の経営を理解するための重要な書類である財務諸表の一つで、期末時点の会社の財政状態を示しています。左右2列に分かれて表示されており、左側に資産を、右側に負債と純資産を記載します。左右の合計金額は必ず一致します。

① (30)—③の後に求めます。「負債及び純資産合計」100百万円から「流動負債」50百万円と「資本金など」20百万円を減じて、「固定負債」は30百万円になります。

② （100）—最初に求めます。「資産合計」は、「流動資産」50百万円と「固定資産」50百万円の合計なので、100百万円になります。

③ （100）—②の後に求めます。「資産の部」と「負債の部」の合計金額（「資産合計」と「負債及び純資産合計」）は必ず一致します。②の「資産合計」が100百万円なので、「負債及び純資産合計」も100百万円になります。

（2）ウ（第2編第6章第7節）

「売上は現金決済でその場で受け取る」「仕入れは翌月の月末にまとめて現金で決済する」が前提となるため、前月の月末現金残高＋当月の売上－前月の仕入れ＝当月の月末現金残高となります。

8月の月末現金残高は、800万円（7月の月末現金残高）＋800万円（8月の売上）－700万円（7月の仕入れ）＝900万円となります。

（3）ア（第2編第6章第5節）

① （正）—公的年金の一つである国民年金は、すべての国民が満20歳になると加入する義務があります。学生には、申請により在学中の保険料の納付が猶予される「学生納付特例制度」が設けられています。

② （誤）—厚生年金は、会社員や公務員が加入する公的な年金制度のことで国民一人ひとりが加入するか否かを選択することはできません。

③ （誤）—公的年金の支給開始年齢は、原則満65歳です。

④ （正）—公的年金の他にも、企業が従業員のために独自に積み立てる企業年金や、個人が保険会社と契約する個人年金などがあります。

（4）イ（第2編第6章第6節）

① （所得税）—所得税は、個人が得た所得に対して課される税金です。所得税は、所得（収入から必要経費を差し引いた額）が多いほど税率が高くなる累進課税制度が採用されています。

② （固定資産税）—固定資産税は、所有している土地や家屋などの固定資産に対して課される税金です。

③ （消費税）—消費税は、モノやサービスの購入に対して課される税金です。消費税は、主に社会保障と地方交付税の財源に充てられています。

（5）エ（第2編第6章第3節）

ア （誤）—就業規則の作成、変更について、使用者は労働組合または従業員代表の意見を聴かなければならないことが、労働基準法に定められていますが、すべての従業員の合意を得る必要はないため不適切です。

イ （誤）—労働基準法によると、常時10人以上の労働者を雇用している会社では、使用者が就業規則を作成して、所轄の労働基準監督署に届け出ることが義務付けられているため不適切です。

ウ （誤）—労働基準法によると、常時10人以上の労働者を雇用している会社では、就業規則を変更した場合は、市役所ではなく所轄の労働基準監督署に届け出ることが義務付けられているため不適切です。

エ （正）—就業規則には始業・終業の時刻のほか休憩時間や休日など、必ず記載しなければならない絶対的記載事項が定められているので適切です。そのほかにも、退職手当や賞与のように、記載しなくても認められますが、規則を定めるのであれば記載されるべき事項（相対的記載事項）もあります。

問5

（1）ア（第2編第4章第2節）

ア（正）―本文1段目11行目に「精度を担保するのは、専門医が監修した診察情報のデータベースだ。感染症や糖尿病など各分野に精通した医師ら（中略）症状に対する情報を盛り込んだ。」とあり、設問文と合致します。

イ（誤）―本文1段目5行目に「10日から国立病院機構名古屋医療センター（名古屋市）で試験運用を始める。」とあり、設問文の「試験運用をすでに終了して」と合致しません。

ウ（誤）―本文1段目18行目に「AIはこのデータベースと患者の症状を照らし合わせ専門医が選ぶと推定される診断内容や治療方法を表示する。」とあり、設問文の「適切な専門医を選ぶ」と合致しません。

（2）ウ（第2編第4章第2節）

①（1.4倍）―表より、2番目に不足人数の多い県は福島県で、不足人数は3,500人です。埼玉県の不足人数は5,040人なので、その比率は、1.44倍（＝5,040人÷3,500人）です。

②（110）―本文2段目7行目に「東京都は必要数の1.4倍の医師を抱える」とあります。これをパーセンテージにすると140％になります。福島県の医師不足率は70.9％なので、充足率は、29.1％（＝100％－70.9％）になります。140％から29.1％を引くと110.9ポイントとなるので、東京都の充足率は福島県と比べると約110ポイント上回っています。

③（群馬県）―表から、医師の不足人数が多い順に並べると、1位：埼玉県5040人、2位：福島県3500人、3位：茨城県2376人、4位：新潟県1969人、5位：群馬県1837人になります。したがって、医師の不足人数の多さが5番目の県は、群馬県です。

④（6.7）―表から、医師の不足人数の多さが5番目の群馬県の医師不足率は34.5％なので、充足率は65.5％です。岩手県の医師不足率は、41.2％なので、充足率は58.8％です。その差は、6.7％（＝65.5％－58.8％）です。

（3）イ（第2編第4章第2節）

ア（誤）―本文3段目10行目に「福岡県大牟田天領病院は熊本市の熊本大学病院と連携し、循環器の手術で活用できないか検討している」とあり、選択肢の「福岡の病院に既に導入されるなど」と合致しません。また、本文3段目13行目に「現状の導入実績は7件で、『年内に約50件まで増やしたい』」とあり、選択肢の「年内には現状の導入実績の7倍以上の件数に増える見通しである」と合致しません。

イ（正）―本文2段目後ろから8行目に「ハート・オーガナイゼーション（大阪市）は9月、手術中にほぼリアルタイムで遠隔地の専門医の助言を受けられる動画システムの提供を始めた。医療動画は個人情報保護のため、厚労省が求めるデータ規格に変換する必要がある」とあり、選択肢と合致します。

ウ（誤）―本文3段目19行目に「スマートフォン向けに医療相談アプリを提供する英バビロンヘルスは（中略）チャット形式で症状を書き込むと、受診が必要かどうかをAIが判断する」とあり、設問文の「英バビロンヘルスは、医師に代わってAIが診察するスマートフォン向けアプリを提供し」と合致しません。

エ（誤）—本文4段目後ろから5行目に「AMI（熊本県水俣市）は（中略）診断補助機能を付けた聴診器を開発中だ」とあります。選択肢の「医師の聴診の不慣れなどを補うための診断補助機能を付けた聴診器の販売を開始しており」と合致しません。

（4）ウ（第2編第4章第2節）

① **（正）**—本文3段目後ろから1行目に「国内の医療ICT（情報通信技術）市場は23年度に198億円と、18年度の1.6倍に拡大する見通しだ」とあるので、18年度の市場規模は、198億円÷1.6倍＝123.75億円です。23年度の198億円との差は、74.25億円であり、設問文と合致します。

② **（誤）**—グラフから設問文の「医療ICT市場規模は右肩上がりで成長しており」は合致します。しかし、本文4段目4行目に「けん引するのはソフトウエアのサービスだが」とあり、設問文の「けん引するのは、ハードウエアのサービスである」と合致しません。

③ **（正）**—グラフから医療ICT市場規模は、2018年度から2023年度まで毎年拡大していることが読み取れます。したがって、設問文と合致します。

（5）イ（第2編第4章第2節）

ア（誤）—本文5段目後ろから5行目に「各地で良質な医療サービスを維持するためには、制度改革と合わせてスタートアップの技術の活用が欠かせない」とありますが、選択肢の「海外の医療機関の利用」については書かれていないので、合致しません。

イ（正）—リード文1行目に「医師の診察をデジタル技術で支援するスタートアップが相次いでいる。人工知能（AI）を活用した医療サービスを手掛けるプレシジョン」とあり、本文1段目後ろから7行目のスタートアップであるプレシジョンの佐藤寿彦社長の発言「医師が不慣れな病気であっても、AIが適切な治療方針を導き出し、現場を後押しできれば」とあり、選択肢と合致します。

ウ（誤）—本文1段目後ろから2行目に「36年に全国で約5300〜3万5000人の医師が不足する可能性がある」とあり、選択肢の「全国の医師不足は2036年には約5,300〜3万5,000人となる可能性があり」と合致します。しかし、本文5段目後ろから8行目に「地方での医師不足に対して厚労省は大学医学部に地域枠・地元枠を設定するなど」とあり、選択肢の「厚生労働省は地方の病院の医師の採用に地域枠・地元枠を設定する」と合致しません。

 問6

（1）ウ（第1編第4章第2節、特別講義）

ア（誤）—主に中小規模のオフィスをターゲットとしているので、大手企業のオフィス移転や改装など大規模な案件は数多く手掛けていないので不適切です。

イ（誤）—オフィスデザインの賞を受賞した案件はありますが、魅力的なオフィス作りによってお客さま企業の売上げ増に大きく貢献していることは問題文から読み取れないので不適切です。

ウ（正）—これまでに数多くの案件を取り扱い、お客さまの予算に応じたさまざまなニーズにこたえてきており、同じお客さまから再度注文をいただくことも多いことから、A社に

アピールすべき強みとして適切です。

エ（誤）—安価でシンプルな家具からデザイン性の高い家具まで、さまざまなオフィスに合った家具を提案できる強みは、設問文から読み取れず、また、オフィスに合った家具の提案はA社の設計要望からは読み取れないので不適切です。

（2）ウ（第2編5章第1節）

　⑤設計・管理費は、①、②、③の合計の10%なので、700万円（①内装工事）と250万円（②電気工事）とa（③オフィス家具）の合計金額の10%の額になります。したがって、①、②、③、④に、①、②、③の合計金額の10%を加えると合計金額の2,200万円になります。これを式で表すと、

　①700万円＋②250万円＋a＋④220万円＋（①700万円＋②250万円＋a）×10%＝2,200万円

　これを変形していくと次のようになります。

　④220万円＋（①700万円＋②250万円＋a）×110%＝2,200万円

　（①700万円＋②250万円＋a）×110%＝1,980万円

　（①700万円＋②250万円＋a）＝1,800万円

　a＝1,800万円—①700万円—②250万円

　a＝850万円

（3）ア（第2編1章第7節）

　PERT図は、必要な作業の前後関係と流れを矢印などで関連付け、作業工程と作業日数を図式化したものです。レイアウト設計の完了②から転用オフィス家具設置完了⑩までの必要作業日数を計算します。合流点ごとに最長作業日数を計算していきます。

　【⑥までの作業日数】

　②③⑤⑥の流れ：1週間＋2週間＋1週間＝28日

　②④⑥の流れ：1週間＋2週間＝21日

　したがって、②から⑥の最長作業日数は、28日です。

　【⑦までの作業日数】

　②⑦の流れ：6週間＝42日

　②〜⑥⑦の流れ：28日＋2日＝30日

　したがって、②から⑦までの最長作業日数は、42日です。⑦から⑩までの作業日数は3日なので、②から⑩の最長作業日数は次になります。

　42日＋3日＝45日

　以上より、10月31日に転用オフィス家具設置を完了させるには、45日前の、9月17日から作業を開始する必要があるので、レイアウト設計は、9月16日までに完了させる必要があります。

（4）ウ（第1編第7章第3節）

①（誤）—お客さまの前で厳しく指摘することは、斉藤に恥をかかせることになり、お客さまにも不快な思いをさせます。後輩への指導は、お客さまの前で行うべきではないので不適切です。

②（正）—斉藤は全体業務を把握しておらず、1週間程度の遅れは問題ないと誤った

判断をしています。外部に提出する書類を、上司や先輩が内容を確認することでミスを防ぎ、後輩指導することは大切です。したがって、この設問文は適切です。

③ **（誤）**—今回はA社への納期に影響が出ないことで対応できたが、納期遅れなどお客さまに了承いただくことがある場合、案件の取りまとめとA社との窓口である田中が、斉藤から詳しく状況を聞いたうえで、お客さまへ説明するようにします。したがって、この設問文は不適切です。

④ **（正）**—他プロジェクトのお客さま向けの発注との取り違えや納期遅れなどプロジェクトの進行に関わる情報は、プロジェクトの管理者に報告・相談する必要があるので適切です。そうしなければ、お客さまとの約束が果たせず納期が遅れたり、お客様の満足度の低下につながります。

（5）ア（特別講義）

ア（正）—アンケート結果から、「移転費用と賃料・維持費の削減」「環境への配慮」は、お客様が重視している傾向にあることが分かります。コスト抑制と環境対策への取り組みは、注力すべき取り組みとして適切です。

イ（誤）—アンケート結果から、「移転先の物件探しの手間」は重視しない傾向にあり、また「オフィスの移転を一括して」依頼する要望は重視する項目にないので、不適切です。

ウ（誤）—アンケート結果から、「内装デザイン」は重視しない傾向があり、「斬新なデザイン力をアピール」する取り組みは、適切とは考えられません。

 問7

（1）ア（第2編第3章第4節）

ア（正）—＜資料1＞のX町店の2020年から2021年の推移は次のとおりです。

売上原価：40.0（千万円）から50.0（千万円）に増加

販売費及び一般管理費：33.6（千万円）から40.0（千万円）に増加

売上高：80.0（千万円）から100.0（千万円）に大きく増加

売上高対営業利益率：8％から10％に改善

すべて合致します。

イ（誤）—＜資料1＞のY通り店の2020年から2021年の推移は次のとおりです。

売上高：80.0（千万円）から75.0（千万円）に減少

売上原価：40.0（千万円）から35.0（千万円）に減少

販売費及び一般管理費：32.0（千万円）から34.0（千万円）に増加

売上高対営業利益率：10％から8％に悪化

販売費及び一般管理費と売上高対営業利益率が合致しません。

ウ（誤）—＜資料1＞の2021年のX町店とY通り店の比較は次のとおりです。

売上高対営業利益率：X町店10％、Y通り店8％

営業利益額：（単位：千万円）

X町店：100.0 −（50.0 + 40.0）= 10.0

Y通り店：75.0 −（35.0 + 34.0）= 6.0

営業利益額はX町店の方が多く、合致しません。

（2）イ（第2編第3章第4節）

ア（誤）―＜資料2＞からX町店の2021年の売上高に占める比率が最も大きいのはDIYで、その比率は50％です。売上原価に占める比率が最も大きいのはDIYで、その比率は40％です。したがって、選択肢は不適切です。日用品は、売上高20％で最も小さく、売上原価は35％で2番目に大きくなっています。

イ（正）―＜資料2＞からY通り店の家具は、2021年の売上高に占める比率は30％で2020年の35％よりも低下し、2021の売上原価に占める比率は40％で2020年の35％よりも上昇しています。したがって、選択肢は適切です。

ウ（誤）―＜資料2＞から売上高全体に占める日用品の比率は、X町店では2020年の30％から2021年の20％に低下し、Y通り店では2020年の15％から2021年の30％に上昇しています。したがって、選択肢は不適切です。

（3）イ（第2編第5章第2節）

①（売上原価）―売上高から売上原価を差し引くと売上総利益を導き出せます。売上総利益から販売費及び一般管理費を差し引くと営業利益が導き出せます。

②（増加）―X町店の2020年、2021年の売上総利益は、次のように増加していることがわかります。

2020年：80.0（千万円）－ 40.0（千万円）＝ 40.0（千万円）

2021年：100.0（千万円）－ 50.0（千万円）＝ 50.0（千万円）

③（構成比）―商品別の売上原価は、売上原価に売上原価の構成比を掛けることで導き出すことができます。

④（1億4千万円）―Y通り店の家具の売上原価は次のように、1億4千万円です。

2020年：40.0（千万円）× 35％ ＝ 14.0（千万円）

2021年：35.0（千万円）× 40％ ＝ 14.0（千万円）

（4）ア（第2編第3章第4節）

　＜資料3＞のグラフは、ウォーターフォールチャートというグラフです。一番目の値から最後の値までの変化を要素に分解して、棒グラフで増減要素を分かりやすく表しています。
営業利益の増加・減少要因について、販売数量が増加すると営業利益が増えるので増加要因に、減少すると営業利益が減るので減少要因になります。逆に仕入価格や人件費・宣伝費が増加すると営業利益が減るので減少要因に、減少すると営業利益が増えるので増加要因になります。

①（誤）―X町店の仕入価格要因はマイナス10.0千万円（仕入価格の上昇）、販売数量要因はプラス20.0千万円（売上高の増加）で設問文と合致します。しかし、人件費・宣伝費要因がマイナス6.4千万円（人件費・宣伝費の増加）でマイナスに働くので、設問文は不適切です。

②（正）―Y通り店は、仕入価格要因がプラス5.0千万円（仕入価格の低下）ですが、販売数量要因がマイナス5.0千万円（売上高の減少）で打ち消されており、人件費・宣伝費要因が2.0千万円増加した分だけ2021年の営業利益は減少しているので、設問文は適切です。

③（正）―人件費・宣伝費要因は、Y通り店のマイナス2.0千万円（人件費・宣伝費の増加）

に比べ、X町店はマイナス6.4千万円（人件費・宣伝費の増加）で、そのマイナス幅は4.4千万円です。しかし、販売数量要因は、Y通り店はマイナス5.0千万円（売上高の減少）に比べ、X町店はプラス20.0千万円（売上高の増加）で、そのプラス幅は25.0千万円と、人件費・宣伝費要因のマイナス幅を上回るプラスとなっており、設問文は適切です。

（5）イ（第2編第3章第4節、第2編第5章第2節）

① **（正）**—売上高に対する売上原価の割合を売上原価率といい、売上原価率が低いほど利益は高くなります。Y通り店の商品カテゴリー毎の2021年の売上原価率は＜資料1＞＜資料2＞から次のようになります。

ＤＩＹ：

（売上原価35.0千万円×構成比30％）÷（売上高75.0千万円×構成比40％）＝35.0％

家具：

（売上原価35.0千万円×構成比40％）÷（売上高75.0千万円×構成比30％）＝62.2％

日用品：

（売上原価35.0千万円×構成比30％）÷（売上高75.0千万円×構成比30％）＝46.7％

したがって、Y通り店で最も売上原価率の低いＤＩＹの品揃え、サービスを強化し、営業利益額の増加を図る方針は適切です。

② **（正）**—売上高対営業利益率の向上を図ることは重要です。このためには、＜資料3＞のY通り店をみると販売数量要因（マイナス5.0千万円）、仕入価格要因（プラス5.0千万円）、人件費・宣伝費要因（マイナス2.0千万円）となっており、それぞれ改善することが必要になります。特に売上高が落ちているにも関わらず、増加している人件費・宣伝費要因の内訳を検証し、削減を進めることは適切です。

③ **（誤）**—＜資料1＞＜資料2＞から、日用品は2020年売上高24千万円、売上原価14千万円、売上原価率58％となり、2021年売上高20千万円、売上原価17.5千万円、売上原価率88％となります。日用品の売上原価率は2021年に急激に上昇しており、その要因の特定と対策を考えずに販売価格を値下げしても、売上高対営業利益率向上に繋がるかは不透明なため、現状分析と今後のとるべき方針としては、不適切です。また売上高対営業利益率の向上が目的のため、人件費・宣伝費についても考慮が必要になります。

④ **（誤）**—＜資料1＞＜資料2＞から、X町店の家具について、売上高は、24千万円（売上高80千万円×構成比30％）から30千万円（売上高100千万円×構成比30％）に増加していますが、売上原価は、14千万円（売上原価40千万円×構成比35％）、から12.5千万円（売上原価50千万円×構成比25％）に減少していることが分かります。売上高は増加し、売上原価は減少しているので、設問文は不適切です。

令和4年度後期
ビジネス能力検定ジョブパス2級の
結果概要

●分野別の配点と平均点

分野別分類	分類名	問数	配点	平均点
A	ビジネス常識	10	30	20.3
B	時事・社会	9	28	18.8
C	組織・業務基本	9	22	15
D	コミュニケーション手法	7	20	16.8
	合計	35	100	70.9

●分野別出題率

●分野別平均点

●問題別の正解率

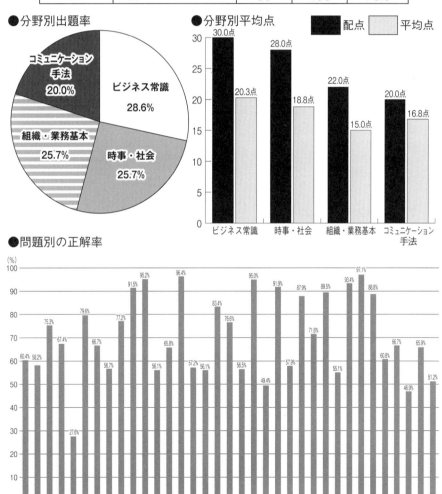

❷ 令和4年度後期試験問題

問1

（1）ア（ビジネス用語の基本）

ア（正）—SaaSとは、インターネットを介してクラウドサーバー上のソフトウェアを利用できるサービスのことなので、適切です。一般的に、初期費用は少なくて済みますが、利用期間中は継続的にサービス利用料がかかります。グループウェア、ビジネスチャット、会計ソフトなどで普及が進んでいます。

イ（誤）—MaaSとは、交通の手段、運営主体にかかわらず、複数の公共交通機関やそれ以外の移動サービスを最適に組み合わせて、目的地までの移動を1つのサービスとして提供する仕組みなので、選択肢の「鉄道会社が、自社で運営する」は不適切です。たとえば、航空会社とバス会社が連携して、目的地までの移動を一括して予約、決済できるサービスの提供などがあります。

ウ（誤）—アプリケーションを購入してインストールする場合、すべての機能を含んだ大きなアプリケーションをインストールし、必要に応じて初期設定をする必要があります。SaaSの場合は、機能のほとんどがすでにクラウド上に用意されており、その機能にアクセスするための小さなアプリケーションをインストールするか、またはアプリケーションをインストールせずにブラウザから利用できるため、サービスを利用できるようになるまでの時間が短くなります。

（2）エ（ビジネス用語の基本）

①（ネットワーク）—ICTやデータを活用してさまざまな社会の課題の解決を図るためには、データのやりとりができるネットワークが必要です。

②（EMS）—電力の需要と供給の最適化を行うのは、電力のマネジメントシステムであるEMS（Energy Management System）です。EMSはICTを活用して、地域内の家庭やオフィスビル、工場のエネルギー（電気・ガス等）の使用状況を把握し、エネルギーの需要と供給を最適化します。RPA（Robotics Process Automation）とは、コンピュータ上のソフトウェアのロボットによる業務の自動化のことです。

③（脱炭素社会）—スマートシティでは、再生可能エネルギーの最大活用とエネルギーの需要と供給の最適化で、化石燃料を使用した発電によるエネルギーの消費を抑えて、脱炭素社会を目指す取り組みがあります。

（3）ア（ビジネス用語の基本）

①（ブロックチェーン）—取引情報を複数のコンピュータに分散して保存することで改ざんやデータ消失を防ぐ仕組みは、ブロックチェーンです。ビッグデータとは、さまざまな形式のデータを含む巨大なデジタルデータ群のことです。ICTを活用することでビッグデータから有用なデータを導き出し、さまざまな分野の問題解決に利用されています。

② **（金融）**——フィンテックは金融（Finance）と技術（Technology）を組み合わせた造語で、最新の ICT を活用した金融サービスです。たとえば、スマートフォンなどを利用した決済、ビットコインなどの仮想通貨、人工知能がアドバイスしてくれる資産運用などがあります。

③ **（クラウドファンディング）**——個人がさまざまなプロジェクトに出資できるのは、クラウドファンディングです。調達費用が比較的安く、資金が潤沢にない起業家などに注目されています。ソーシャルネットワークとは、SNS（ソーシャルネットワーキングサービス）と呼ばれる Twitter、Instagram、LINE などに代表されるような、Web 上でのコミュニケーションを目的としたネットワークです。

④ **（キャッシュレス決済）**——キャッシュレス決済は、フィンテックの一形態です。QR コードを利用した QR コード決済、IC チップを利用したプリペイド型の電子マネーなどがあり、QR コード決済の利用が急速に広がっています。

(4)　ウ　（ビジネス用語の基本）

コア・コンピタンスとは、顧客に利益をもたらす企業独自の一連のスキルや技術などの経営資源を組み合わせた企業の中核的な能力のことで、企業の強みにつながります。

① **（正）**——A社の高効率の蓄電技術は、企業独自の技術なのでコア・コンピタンスです。

② **（誤）**——近隣の競合店の販売価格調査、キャンペーン商品、ＳＮＳやチラシでのＰＲのいずれもＢ社独自のスキルや技術ではなくコア・コンピタンスではないため、不適切です。

③ **（正）**——Ｃ社独自のデジタル画像処理技術は、企業独自の技術なのでコア・コンピタンスです。

(5)　ウ　（ビジネス用語の基本）

GDPR とは EU が定めた個人情報の保護を目的とした規則のことです。欧州経済領域で取得した個人情報の処理方法と域外への移転の原則禁止などが定められています。

ア（誤）——GDPR は、EU が定めた規則なので、不適切です。

イ（誤）——GDPR は、個人情報の保護を目的とした規則なので、不適切です。

ウ（正）——GDPR により、欧州経済領域に拠点を持つ多くの日本企業も対応を迫られているので、適切です。また、欧州経済領域に拠点を持たない企業でも、欧州経済領域の個人データの取得が GDPR の対象となる場合があります。

(1)　ア　（第1編第1章第1節、第2編第6章第4節）

ア（正）——従業員が日々の勤務時間を自由に設定できるのは、フレックスタイム制なので適切です。一定の期間についてあらかじめ定められた総労働時間があり、その範囲内で日々の始業・終業時刻や働く時間を、従業員自身が自由に決めることができる制度です。フレックスタイム制では、必ず出勤する「コアタイム」という時間帯を設けることもあります。

イ（誤）——固定席を持たずに自分の好きな席で働く制度は、フリーアドレス制なので不適切です。テレワークの普及により、オフィスに従業員全員の席を置く必要がなくなったことで、フリーアドレス制を導入する企業が増えています。裁量労働制とは、仕事の進め方や時間配分を従業員の裁量に任せ、勤務時間にかかわらず仕事の成果を中心に評価する制度です。

ウ（誤）—雇用形態が多様化し割合が増えたのは、非正規労働者なので、不適切です。契約社員、派遣社員、パート労働者などの非正規労働者は、雇用全体の４割を占めるまでになっています。非正規労働者は正規労働者に比べ、働き方は柔軟ですが、一般的に雇用の安定性や昇進・昇給が期待できないというデメリットがあります。

（2）ウ（第1編第2章第1節）

①（誤）—株式会社、合同会社、合資会社などの会社形態にかかわらず、企業に求められる社会的責任は同じなので、設問文は不適切です。

②（誤）—企業は、利益を確保し組織として存続し、継続的に社会に貢献し続けることが求められますので、不適切です。

③（正）—企業は、利益を確保し納税によって、国や地方に税収をもたらす社会的責任がありますので、適切です。

④（正）—企業は、従業員を雇用し仕事と成長の機会を提供するとともに、地域社会と良好な関係を築き共存共栄を果たす社会的責任がありますので、適切です。

（3）イ（第1編第2章第5）

ア（誤）—品質・コスト・納期のうちどれか1つだけではなく、3つが高いレベルでバランスを取り合うことで、顧客のニーズにこたえることができます。したがって、不適切です。

イ（正）—「QC」は「Quality Control」の略で、品質管理を意味しています。QCサークルは、日本独自のもので、継続的に製品・サービス・仕事などの質の管理・改善を主体的に行う少人数のグループのことです。したがって、適切です。

ウ（誤）—「カイゼン」は、生産現場などで働く人々が作業効率や安全性を継続的に向上させる日本で生まれた活動です。したがって、不適切です。

（4）ア（第1編第3章第4節）

ア（正）—アクティブリスニングでは、視線を合わせ、うなずく、あいづちを打つ、質問をする、などの手法があります。これらの手法によって相手が何を伝えようとしているか、声にならない言葉を察して聴くことができます。したがって、適切です。

イ（誤）—何かをしながら話を聴くことは、話に集中できないばかりか、話の内容を正確に聴き取れず、また相手を不快にさせます。アクティブリスニングでは、相手と視線を合わせて、集中して話を聴きます。したがって、不適切です。

ウ（誤）—上司からの仕事の指示に理解できない点があれば、質問をして理解することが必要です。理解できないままにしておくと、指示と違うことをしてしまい時間を無駄にすることにもつながります。アクティブリスニングでは、適切な質問をすることにより、より深く話を理解することができます。したがって、不適切です。

（5）エ（第1編第7章第4節）

ビジネス活動を展開する際や、キャリア形成のうえで人脈づくりは重要です。社会と積極的にかかわる姿勢が人脈形成につながります。

①（誤）—人脈づくりでは、情報（利益）は先に自分の方から与えることがポイントです。

したがって、不適切です。

② （正）－人脈づくりでは、すみやかな返答を心がけます。したがって、適切です。

③ （誤）－人脈づくりでは、見返りを求めないことがポイントです。したがって、不適切です。

④ （正）－紹介を依頼したときは、面会後に紹介者へ面会の状況を報告し、丁寧にお礼を述べるようにします。したがって、適切です。

（1）ア（第1編第2章第6節、第2編第6章第4節、ビジネス用語の基本）

ア （正）－新型コロナウイルス感染症の感染拡大の対策として、また、働き方改革の柔軟な働き方がしやすい環境整備の一環として、政府や自治体によりテレワーク制度の導入が推進されています。テレワーク制度は従業員にとっても通勤時間の削減やワークライフバランスをとりやすくなるといったメリットがあります。

イ （誤）－ハラスメントは相手の意に反する不適切な言動によって起こるため、ハラスメント対策の研修は管理職だけでなく全従業員に実施する必要があり、不適切です。企業に対し、職場におけるパワーハラスメント防止対策を講じることを義務付けた法律として、パワハラ防止法（労働施策総合推進法）があります。

ウ （誤）－ボランティア休暇とは、労働者が自発的にボランティア活動を行う際、その活動に必要な期間について付与される休暇です。「従業員のボランティア活動への参加を義務とする」制度ではないので、不適切です。

エ （誤）－勤務間インターバル制度は、1日の勤務終了後、翌日の出社までの間に、一定時間以上の休憩時間（インターバル時間）を設け、労働者の生活や睡眠の時間を確保するもので、導入により従業員の仕事と私生活の充実につながります。しかし、年功主義は勤務年数に応じた賃金体系の報酬制度のことであり、ワークライフバランスの実現にはつながりません。したがって選択肢は不適切です。

（2）イ（特別講義）

① （ロジカルシンキング）－根拠や理由を明確にし、筋道を立てて考えているので、ロジカルシンキングです。

② （ロジックツリー）－論理的に階層化し、ツリー状に分解・整理しているので、ロジックツリーです。

③ （ブレーンストーミング）－グループで自由に意見を述べ合い、多くのアイデアを発想しているので、ブレーンストーミングです。

（3）ウ（第2編第3章第4節）

① （誤）－製品ごとの原価と生産数量のデータからは、顧客満足度を分析することはできないので、不適切です。顧客満足度を分析するには、顧客への満足度調査を行います。

② （正）－費用を固定費と変動費に分解して整理することで損益分岐点を求めることができます。したがって、適切です。損益分岐点がわかると売上と利益の関係が把握でき、利益の改善につながります。

③（正）─曜日、天気、近隣イベントはレストランの売上に関係する要素です。これらを分析することで今後の売り上げが予測でき、食材の仕入れの判断にも利用できます。したがって、適切です。

④（誤）─品質検査は現在生産している製品の品質を検査するものです。品質検査により可視化した異常値からは、将来の品質を予測することはできないので、不適切です。品質検査結果をグラフに整理し異常値を分析することで、現在の生産ラインの状態を確認します。

（4）ウ（第2編第4章第1節）

①（知的財産権）─自社の Web サイトに記事を掲載して情報発信をする際に、他社の統計資料や分析データを引用する場合、配慮が必要なのは知的財産権です。所有権は有体物を対象としており、コンテンツなどの情報は無形物となり対象となりません。

②（著作権）─著作権者の許可を得て出典元を明記することにより、著作権の侵害を防ぐことができます。特許権は発明を保護するための権利です。著作権は著作物を作成した時点で自動的に発生しますが、特許権は発明したものを特許庁に出願し、審査がとおり、登録されると権利が発生します。

③（肖像権）─肖像権は、他人から無断で写真を撮影されたり、自分が写っている写真を無断で利用されたりすることから守るものです。商標権は、商品やサービスの名前やロゴなどの商標を保護する権利です。

（5）ア（第2編第1章第7節）

①（誤）─部品1の加工は計画通りに進みました。部品2の加工は計画では4日に完了する予定でしたが、実績として5日に完了しており、計画より1日遅れました。したがって、不適切です。

②（誤）─部品3の加工は計画より1日遅れて4日に開始しました。計画通りの日数で完了すると8日に完了します。組立工程は9日から開始するので、組立工程の遅れは発生しません。したがって、不適切です。

③（正）─組立開始が1日遅れても、組立と検査工程で1日短縮できれば、12日に出荷が可能です。したがって、適切です。

問4

（1）ア（特別講義）

損益計算書とは、一定期間（通常は1年間）の収益、費用、損益を表し、経営活動の成果としての利益を把握するものです。

①（売上総利益）─「売上高」から「売上原価」を差し引いた金額は、「売上総利益」です。製品の製造までの利益を表します。

②（営業利益）─「売上総利益」から「販売費及び一般管理費」を差し引いた金額は、「営業利益」です。営業利益は、製品の販売までの利益、すなわち本業の儲けを表します。

③（50）─②の「営業利益」の金額は、100（百万円）（売上総利益300（百万円）−販売費及び一般管理費200（百万円））です。④の金額は100（百万円）であることから、営業利

益100（百万円）＋営業外収益50（百万円）－③営業外費用＝④100（百万円）が成り立ち、③営業外費用は50（百万円）となります。

④ **（経常利益）**──「営業利益」に「営業外収益」を加え、「営業外費用」を差し引いた金額は、経常利益です。通常行っている事業の経常的な利益を表します。「営業外収益」は本業以外の儲けで、たとえば株式投資や資金運用で生じた収益などです。「営業外費用」は本業以外の費用で、たとえば、借入金の支払利息や為替差損などです。

「当期純利益」は、「経常利益」から「特別利益」を加え「特別損失」を差し引いて算出した金額です。

（2）ウ（第2編第6章第2節）

① **（正）**──個人情報保護法は、個人情報の有用性に配慮しつつ、個人情報の適正な保護を規定した法律なので、設問文は適切です。IT社会の進展に伴い個人情報の利用が著しく拡大していることや、国際的な法制定の動向が背景にあり、2005年に施行されました。

② **（誤）**──個人情報を収集する際に、利用目的をできる限り特定し、相手に通知する必要があるので、設問文は不適切です。また、通知した利用目的以外の目的で使用する場合は、変更した利用目的を本人に通知するか公表する必要があります。

③ **（誤）**──安全対策としての情報活用規定を整備することは、有効な安全対策ですが、就業規則へ明記することは求められていないので、不適切です。また、個人情報を取り扱う事業者は従業員数に関係なく、個人情報保護法の対象となります。

④ **（正）**──収集した個人情報を安全に管理することが求められます。安全対策としては、設問文にある対策以外に、個人情報の活用に関する社内規定の整備、個人情報を管理する区域への入退室管理や盗難防止への対策、などがあります。

（3）イ（第2編第6章第3節）

男女雇用機会均等法は、雇用、労働条件などにおいて男女の機会を均等にすることで、憲法の定める「法の下の平等」の原則を具体化した法律です。労働者の配置、昇進などで男女差別の禁止などが定められています。

ア（誤）──事業主に対し、労働者の募集、採用について、性別にかかわりなく均等な機会を与えることを義務づけているので、不適切です。

イ（正）──妊娠・出産・育児休業などに対するハラスメントやセクシュアルハラスメントの防止措置も含まれています。ハラスメント防止ガイドラインを設定し、社員へ研修を実施することは、適切です。

ウ（誤）──婚姻、妊娠、出産等を理由とする不利益な取扱いは禁止されています。育児休業の取得によるハラスメントを防止するために説明会を実施する場合は、男女の区別なく行う必要があります。また、育児・介護休業法では、育児休業を取得しやすい雇用環境整備や、該当者に対する育児休暇制度の個別周知の義務化などが規定されています。

エ（誤）──配置・昇進・降格・教育訓練等について性別を理由とする差別を禁止しています。したがって、評価基準や人事制度は男女同じである必要があります。この選択肢は不適切です。

（4）ウ（第2編第6章第7節）

① **（正）**—販売した商品代金の支払いを後から受ける場合は、販売金額を売掛金として帳簿に計上しますので、適切です。仕入れた商品の代金を後から支払う場合は、仕入金額を、買掛金として帳簿に計上します。

② **（誤）**—約束手形は、振出人が手形の所持人に対して、一定の期日に手形金の支払いを約束する証券のため、直ちに現金支払いの義務は発生しません。したがって、不適切です。

③ **（誤）**—商品やサービスの提供後に一定の期日を置いた後の支払いは信用取引ですが、商品やサービスの提供前の支払いは、信用取引ではないので、不適切です。

④ **（正）**—信用取引では、取引先が支払い不能になることによる被害を防ぐため、取引先の債務状況を調べる信用調査が重要なので、適切です。具体的には、直接取引先にヒアリングをしたり、公開されている情報から調査したり、信用調査会社に依頼する方法などがあります。

（5）ア（第2編第6章第6節）

① **（人的控除）**—配偶者などに対する控除は、人的控除です。人的控除には、配偶者控除のほか、扶養控除、障害者控除、勤労学生控除などがあります。

② **（社会保険料）**—所得控除には、人的控除、生命保険料控除のほか、社会保険料控除、地震保険料控除などがあります。給与所得者の所得税は、おおよその見込みで給与から天引きされて源泉徴収されています。1年の給与総額が確定した時点で、年末調整を行い差額の精算をします。

③ **（超過累進税率）**—所得税の税率は、課税所得金額に応じて税率が変わる超過累進税率が採用されています。所得の金額が大きいほど税率が高くなり、所得の額に応じて7段階（5%、10%、20%、23%、33%、40%、45%）に分けられます。

 問5

（1）ウ（第2編第4章第2節）

① **（正）**—本文2段目1行目に「19年の木材生産額は2700億円。記録を遡れる中でピークだった1971年（9894億円）に比べ約4分の1に落ち込んだ」とあります。また、グラフから2019年は2009年に比べ木材生産額が増加していることがわかります。したがって、設問文と合致します。

② **（誤）**—本文2段目8行目に「林業従事者も減少している。少子高齢化に加え、労働環境の厳しさが一因だ。厚生労働省の調査では1000人あたりの労働災害発生人数は20年に25.5人と、全27業種で最も多かった」とあり、設問文と合致しません。

③ **（正）**—リード文1行目に「ドローンを活用した事業を手掛けるスカイマティクス（東京・中央）はドローンと人工知能（AI）を組み合わせ、森林の資源量や生育状況を計測するシステムの開発に乗り出した」とあり、本文1段目15行目「現状は航空機を使った撮影や現地の歩行調査が必要で、数億円規模の費用がかかる。これを『数十分の一に低減したい』（渡辺善太郎社長）」とスカイマティクスの社長の発言があることから、設問文は適切です。

④ **（誤）**—本文4段目10行目に「日本政府は30年度に温暖化ガスを13年度に比べ46%削減

する目標を立てた。森林による二酸化炭素（CO_2）吸収量は目標の5%分にあたる3800万トンを想定する」とあり、森林のCO_2吸収量について、設問文の「2013年度に排出された温暖化ガスの5%に相当する」と合致しません。

（2）イ（第2編第4章第2節）

ア（誤）——本文5段目後ろから7行目に林業について「少子高齢化が進む国内で担い手の大幅な増加を期待するのは難しい」とあり、選択肢と合致しません。

イ（正）——本文2段目後ろから2行目に植林スタートアップの中川がドローンメーカーと共同で開発した「いたきそ」について、「植林は重さ約20キログラムの荷物をもって山中で作業するため、腰痛に悩む従事者も少なくない。いたきその導入以降はこうした労働災害がゼロで、1日あたりの植林量は1.2倍に増えた」とあり、また、本文3段目14行目に「コマツは伐採などに使う機械からデータを集め、業務進捗などを管理するシステムを開発中だ」とあることから、選択肢と合致します。

ウ（誤）——本文4段目8行目に「国内外で脱炭素への機運が高まるなか、森林整備の動きが活発化している」とありますが、選択肢の内容である「積極的に樹木を伐採して太陽光パネルを設置し発電拠点を増やすことである」は新聞記事からは読み取れませんので、不適切です。

（3）ア（第2編第4章第2節）

①（誤）——本文1段目後ろから10行目にスカイマティクスについて「従来は野菜の生育状況を把握するドローンシステムを手掛けてきた。蓄積した解析技術を森林分野に応用する」とあり、設問文の「航空機業界で培った」と合致しません。

②（誤）——本文3段目8行目に「今後は中川から独立した社員が同業に対して、ドローンのレンタル事業を始める方針で」とあり、中川はドローンのレンタルを開始していないので、設問文と合致しません。

③（正）——本文3段目18行目に「新興勢は手ごろで細かなサービスで林業従事者のニーズをすくい取ろうとしている」とあり、設問文と合致します。

（4）イ（第2編第4章第2節）

①（人工知能）——本文1段目2行目にスカイマティクスについて「ドローンの撮影画像を基にAIが樹木の本数や生え方を解析する。効率的に育てるために間伐すべき場所を見つけ出すほか」とあるので、「人工知能」が適切です。

②（機械）——本文3段目14行目に「コマツは伐採などに使う機械からデータを集め、業務進捗などを管理するシステムを開発中だ」とあるので、「機械」が適切です。

③（ECサイト）——本文3段目後ろから7行目に「森未来（東京・港）は木材専用の電子商取引（EC）サイト『eTREE（イーツリー）』を運営する」とあるので、「ECサイト」が適切です。

④（生産者）——本文3段目後ろから4行目に森未来のECサイトについて「国内外80産地で売買された計約1万点の木材の情報を蓄積したデータベースを活用できる点が特徴だ。生産者は平均的な市場価格を提示することで収益性を高められる」とあるので、「生産者」が適切です。

（5）ウ（第2編第4章第2節）

① （正）—本文5段目9行目に森林環境税について「私有林の面積や林業従事者数などに応じて市町村へ分配し、森林整備や木材利用の促進などに充てられるようにする」とあり、設問文と合致します。

② （誤）—本文5段目6行目に「東日本大震災の復興特別税に代わり、24年度からは『森林環境税』を住民税に上乗せする」とあり、森林環境税は復興特別税の一部ではないので、設問文と合致しません。

③ （誤）—本文5段目9行目に森林環境税について「私有林の面積や林業従事者数などに応じて市町村へ分配し、森林整備や木材利用の促進などに充てられるようにする」とあり、設問文と合致しません。

 問6

（1）ウ（第1編第7章第3節）

ア （誤）—「過去に行われたテーマを調べると、4月は新入生向けの部活動、7月は登山やキャンプ、12月はスキーなど季節に関連するものが多く見られた。」とあることから、季節に応じて販売が見込めるテーマの設定は問題ないので、選択肢は不適切です。

イ （誤）—「独自性を出すために他社が取り扱っていないような商品も揃えており、新規商品やあまり知られていないメーカーでも良い商品があれば仕入れている」とありますが、「他社で取り扱っている商品はできるだけ販売しないという」方針はないので、選択肢は不適切です。

ウ （正）—ナチュラルスポーツは、「商品は低中価格帯のスタンダードな品揃えが中心で、初心者から中級者をターゲットとしている」とあり、選択肢と合致します。

（2）ア（第2編第5章第2節）

　収入から支出を差し引くと利益が算出できます。

収入の合計：ウェア類300,000円＋シューズ200,000円＋その他100,000円＝600,000円

対象商品の原価（支出）は収入金額に原価率を乗じて次のようになります。

対象品の原価：ウェア類300,000円×70％＋シューズ200,000円×55％＋その他100,000円×60％＝380,000円

対象品の原価に備品／什器代と広告費とその他費用を加えると支出の合計は、次のようになります。

支出の合計：対象品の原価380,000円＋備品／什器代60,000円＋広告費30,000円＋その他費用25,000円＝495,000円

以上より利益は、収入600,000円－支出495,000円＝105,000円となり、アが適切です。

（3）エ（第1編第7章第3節）

① （正）—自分だけで解決できない問題は、経験豊富な上司や先輩に相談することで問題解決につながります。したがって、設問文の指導は適切です。福田はアドバイスにより効率よく仕事がすすめられ、気づきが得られ成長につながります。

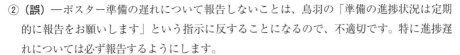

② (誤)―ポスター準備の遅れについて報告しないことは、鳥羽の「準備の進捗状況は定期的に報告をお願いします」という指示に反することになるので、不適切です。特に進捗遅れについては必ず報告するようにします。

③ (正)―イベントまでの準備期間が短く、また、福田は初めての経験であることを考えると、1週間ごとの進捗確認では、不測の事態に対応できないことが考えられるので、頻繁に進捗を確認すべきです。したがって設問文は適切です。

④ (誤)―一度任せた仕事は、終わりまで責任をもって完了させるように指導します。業務負荷を減らす必要がある場合は、積極的に支援をします。もし、途中で波江が仕事を引き取るようなことをすれば、福田の成長の機会が奪われ、また、チームの信頼関係にも悪影響を及ぼします。したがって不適切です。

(4) イ（第1編第4章第4節）

ア (誤)―お客様の発言に「まずは妻とおしゃべりをしながらのんびりと歩きたいです」とあるので、ハードな運動もできるジムに通うことをすすめることは、不適切です。

イ (正)―お客様の発言に「少し寒いですが簡単そうなので近所を歩いてみることにします」とあり、防寒を考慮して風を通しにくいウインドブレーカーや帽子、手袋をすすめることは、適切です。

ウ (誤)―お客様の発言に「まずは妻とおしゃべりをしながらのんびりと歩きたいです」とあるので、音楽を聞くイヤホンをすすめることは、不適切です。

(5) ア（特別講義）

① (正)―販売数量を増やすことは、売上向上につながります。そのための戦略として、たとえば関連アイテムなどを展示し使用場面をイメージさせることで複数の購入に繋げることは、適切な戦略です。

② (誤)―購入比率から、広告訴求効果によるイベント対象商品の購入者数、来店者数の増減、イベント関連商品の売り上げの増減は分かりません。したがって、設問文は不適切です。

③ (誤)―このイベントは利益追求よりも若手社員に、自分で計画を立て、実行し、振り返るという経験をさせる教育的側面が強いことから、準備や実施に手間がかかるという理由でイベント自体を廃止することは、不適切です。セミナーも大切ですが、実務で得た気付き、経験は社員の成長に直結します。

④ (正)―競合店の動向や人口動態などの外部環境と、自社の強み・弱みなどの内部環境を分析し、販売戦略に生かすことは、売上向上につながります。したがって適切です。これら自社の強み・弱み（内部環境）、事業を取り巻く機会・脅威（外部環境）の分析にはSWOT分析というフレームワークが使われます。

 問7

(1) ウ（第2編第5章第2節）

ア (誤)―売上高から経費を差し引くと利益を求めることができます。＜資料１＞から、A駅前店経費は180（万円／月）であることから、1カ月間の利益目標を120万円とすると、

必要な売上高は、経費180万円＋利益目標120万円＝300万円となります。したがって、不適切です。

イ（誤）─＜資料1＞から、A駅前店の1席あたりの会員料金は、300（円／時）であることが分かります。400万円を売り上げるのに必要な利用時間は、売上高400万円÷1席あたりの会員料金300（円／時）＝約13333時間となり、不適切です。

ウ（正）─＜資料1＞から、利用者数に応じた経費（変動費）がないので、表中の経費（固定費）の金額が損益分岐点であることが分かります。各店舗の損益分岐点に到達するまでののべ利用時間は次のとおりです。

A駅前店：経費180（万円／月）÷1席あたりの会員料金（300円／時）＝6,000時間

B駅前店：経費150（万円／月）÷1席あたりの会員料金（150円／時）＝10,000時間

C駅前店：経費160（万円／月）÷1席あたりの会員料金（400円／時）＝4,000時間

　以上より、損益分岐点に到達するまでののべ利用時間が最も少ないのはC駅前店で、選択肢は適切です。

（2）ウ（第2編第3章第4節）

ア（誤）─＜資料2＞から、各店舗の会員ののべ利用時間の合計は、次のとおりです。

　A駅前店：社会人会員9,000時間＋学生会員2,000時間＝11,000時間

　B駅前店：社会人会員10,000時間＋学生会員6,200時間＝16,200時間

　C駅前店：社会人会員7,500時間＋学生会員500時間＝8,000時間

以上より、社会人会員と学生会員を合わせたのべ利用時間が最も長いのはB駅前店で、最も短いのはC駅前店なので、不適切です。

イ（誤）─＜資料2＞から、各店舗ののべ利用者に占める学生会員の比率は次のとおりです。

　A駅前店：学生会員利用者数2,000人÷（社会人会員利用者数4,400人＋学生会員利用者数2,000人）＝約31％

　B駅前店：学生会員利用者数2,000人÷（社会人会員利用者数4,000人＋学生会員利用者数2,000人）＝約33％

　C駅前店：学生会員利用者数500人÷（社会人会員利用者数3,000人＋学生会員利用者数500人）＝約14％

以上より、のべ利用者に占める学生会員の比率が最も低いのはC駅前店で、最も高いのはB駅前店なので、不適切です。

ウ（正）─＜資料2＞から、一人あたりののべ利用時間は、次のとおりです。

　A駅前店社会人会員：のべ利用時間9,000時間÷会員数4,400人＝約2.0時間／人

　A駅前店学生会員：のべ利用時間2,000時間÷会員数2,000人＝1.0時間／人

　B駅前店社会人会員：のべ利用時間10,000時間÷会員数4,000人＝2.5時間／人

　B駅前店学生会員：のべ利用時間6,200時間÷会員数2,000人＝3.1時間／人

　C駅前店社会人会員：のべ利用時間7,500時間÷会員数3,000人＝2.5時間／人

　C駅前店学生会員：のべ利用時間500時間÷会員数500人＝1.0時間／人

以上より、設問文と合致するので、適切です。

（3）ア（第2編第5章第2節）

① （のべ利用時間）―売上高は、単価×数量で求められます。設問では単価は、「1座席あたりの会員料金」で、数量は「のべ利用時間」となります。

② （50%）―C駅前店の利益率は次のとおりです。

売上高：（社会人会員のべ利用時間7,500時間＋学生会員のべ利用時間500時間）×1座席あたりの会員料金400円／時＝320万円

利益率：（売上高320万円―経費160万円）÷売上高320万円＝50%

以上より、C駅前店の利益率は、50%です。

③ （90%）―B駅前店の稼働率は、次のとおりです。

のべ利用時間：社会人会員のべ利用時間10,000時間＋学生会員のべ利用時間6,200時間＝16,200時間

のべ営業時間：営業日数30日×営業時間15時間＝450時間

稼働率：のべ利用時間16,200時間÷（のべ営業時間450時間×座席数40席）＝90%

以上より、B駅前店の稼働率は、90%です。

（4）イ（第2編第3章第4節）

① （正）―アンケート結果から、A駅前店はすべての項目において学生会員の満足度が社会人会員の同等以上となっています。B駅前店は「料金」の項目で、C駅前店は「料金」と「セキュリティ」の項目で、学生会員の満足度が社会人会員より劣っています。したがって、設問文と合致します。

② （誤）―「セキュリティ」の満足度は、C駅前店が最も高く、社会人会員が「5：満足」、学生会員が「4：どちらかというと満足」ですが、A駅前店とB駅前店でともに社会人会員が「3：どちらでもない」、学生会員が「4：どちらかというと満足」となっており、A駅前店とB駅前店は同等です。

以上より、「セキュリティ」についてはA駅前店とB駅前店で同等なので、設問文と合致しません。また「清潔さ」については設問文と合致します。

③ （正）―「予約システム」についてはすべての店舗で学生会員の方がより満足度が高く、「特典」についてはA駅前店のみが同等で、ほか2店は学生会員の方がより満足度が高く、「料金」についてはA駅前店のみが同等で、ほか2店は学生会員の方がより満足度が低くなっています。したがって、設問文と合致します。

（5）ア（第2編第3章第4節）

各店舗の稼働率は次のとおりです。

A駅前店：のべ利用時間11,000時間÷（のべ営業時間450時間×座席数100席）＝約24%

B駅前店：のべ利用時間16,200時間÷（のべ営業時間450時間×座席数40席）＝90%

C駅前店：のべ利用時間8,000時間÷（のべ営業時間450時間×座席数25席）＝約71%

ア（正）―他の2店舗に比べA駅前店の稼働率は、かなり低い状況です。他の2店舗と比べて満足度の低い机・椅子と特典について利用者の要望を調査して見直しを図ることは、稼働率の向上と売上拡大につながる取り組みです。

イ（誤）―B駅前店ののべ利用者数は6,000人で、C駅前店ののべ利用者数の3,500人より多

いので選択肢と合致しません。したがって、不適切です。また、B駅前店の稼働率は90％と高いため、利用者数の大幅な増加は見込めません。売上を拡大するためには、清掃方法を見直し満足度の低い清潔さの改善を行い、満足度を下げない程度に慎重に会員料金を引き上げることが正しい戦略です。

ウ（誤）──各店舗の一人あたりの利用時間は次のとおりです。

A駅前店：のべ利用時間 11,000 時間÷のべ利用者数 6,400 人＝約 1.7 時間

B駅前店：のべ利用時間 16,200 時間÷のべ利用者数 6,000 人＝2.7 時間

C駅前店：のべ利用時間 8,000 時間÷のべ利用者数 3,500 人＝約 2.3 時間

C駅前店の一人あたりの利用時間は、B駅前店より短いですが、A駅前店より長くなっていますので、選択肢と合致しません。したがって、不適切です。また稼働率は約71％と比較的高いので座席の削減は慎重に検討する必要があります。C駅前店は1席あたりの会員料金が他の店舗に比べ高いですが、社会人会員の料金の満足度は高いので、満足度の低い予約システムの改善を行い、社会人会員の利用者数を増やすことが正しい戦略です。

エ（誤）──A駅前店における社会人会員と学生会員の清潔さの満足度は同等です。よって全3店舗で学生会員に比べて社会人会員の満足度が低いわけではないので、不適切です。社会人会員はすべての店舗で学生会員に比べてのべ利用者数が多く、また全店舗をまとめた1人あたりの平均利用時間（のべ利用時間÷のべ利用者数）が多いため平均顧客単価が高くなります。メイン顧客であり、平均顧客単価の高い社会人会員の比率を高めることは、売上拡大への適切な取り組みとなり、前半部分は適切です。

令和5年度前期
ビジネス能力検定ジョブパス2級の
結果概要

●分野別の配点と平均点

分野別分類	分類名	問数	配点	平均点
A	ビジネス常識	9	26	14.2
B	時事・社会	9	28	21.7
C	組織・業務基本	8	22	16.9
D	コミュニケーション手法	9	24	17.7
	合計	35	100	70.5

●分野別出題率　　　　●分野別平均点

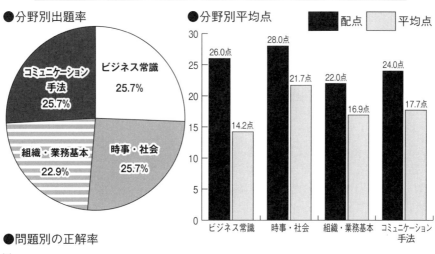

●問題別の正解率

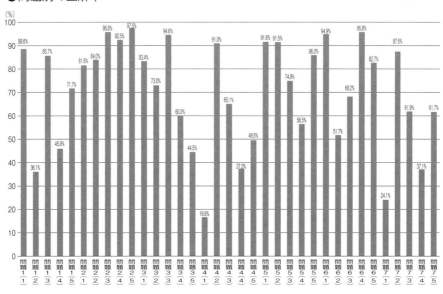

❸ 令和5年度前期試験問題

問1

（1）ウ（ビジネス用語の基本）

ア（誤）—クラウドコンピューティングのことです。利用者自身が大規模なサーバを設置する必要がなく、導入スピードが速くなるなどのメリットがあります。

イ（誤）—フィンテックのことです。金融（Finance）と技術（Technology）を組み合わせた造語で、ICT を活用した金融サービスです。スマートフォンを利用した決済や、人工知能がアドバイスしてくれる資産運用のほか、アプリによる手軽な個人間送金やクラウド会計サービスなどがあります。

ウ（正）—クラウドファンディングのことです。支援した金額でモノやサービスを購入する購入型のクラウドファンディング、寄付型のクラウドファンディングなどがあります。

（2）イ（ビジネス用語の基本）

ア（誤）—2020 年の外国人労働者の数は約 172 万人で、2021 年はわずかに増加し約 173 万人となり、過去最高を更新しました。この 10 年で外国人労働者数は 2.5 倍に増加しています。

イ（正）—外国人労働者が従事している業種は、製造業が最も多く、次いでサービス業、卸売・小売業の順となっています。

ウ（誤）—高度な専門知識が必要な産業分野ではなく、介護や農業をはじめとする、相当程度の知識または経験が必要となる人材確保が必要な 14 の特定産業分野を対象として、2020 年 4 月から受入れ可能になりました。

エ（誤）—「特定技能」は、在留資格です。特定技能には「特定技能 1 号」と「特定技能 2 号」があり、「特定技能 2 号」はより熟練した技能を要する業務に従事する外国人向けの資格となっています。在留資格は全部で 29 種類あり、特定技能のほか、外交、介護、技能実習、留学などがあります。

（3）ア（第 2 編第 7 章第 2 節、ビジネス用語の基本）

ア（正）—SDGs のことです。17 のゴール（①貧困 ②飢餓 ③保健 ④教育 ⑤ジェンダー ⑥水・衛生 ⑦エネルギー ⑧成長・雇用 ⑨イノベーション ⑩不平等 ⑪都市 ⑫生産・消費 ⑬気候変動 ⑭海洋資源 ⑮陸上資源 ⑯平和 ⑰実現手段）が設定されています。

イ（誤）—CSR のことです。CSR に関する規格として国際規格 ISO26000、日本産業規格 JISZ26000 があり、取り組みに活用されています。CSR に取り組むことにより、企業イメージの向上や、信頼性の向上が期待できます。

ウ（誤）—ESG のことです。環境、社会、企業統治を重視した投資や経営活動を指します。ESG を重視した投資額も増加しており、ESG に配慮した取り組みを行うことは、持続的な成長を支える経営基盤の強化につながると考えられています。

（4）イ（ビジネス用語の基本）

① **（誤）**—人件費や原材料の輸入価格の上昇は、企業物価指数の上昇要因になります。企業物価指数が上昇しても最終的に商品価格に転嫁する企業が増加しなければ上昇しないのは消費者物価指数です。

② **（誤）**—企業物価指数は、消費者に商品やサービスを提供する企業が価格に転嫁することで、消費者が購入する商品・サービスなどの価格の動向を示す消費者物価指数に影響します。

③ **（正）**—エネルギー価格の高騰は、企業の生産コストの上昇要因になり、取引価格を上げる要因になります。

（5）イ（ビジネス用語の基本）

① **（バイオマス）**—「バイオマス」は、生物起源エネルギーの総称です。たとえば間伐材は成長時の光合成により CO_2 を吸収しているので、燃焼して CO_2 が発生しても影響が少なく、環境にやさしいエネルギーと考えられています。「原子力」は人工的に起こした現象により生み出されるエネルギーのため、不適切です。

② **（石油・石炭）**—「石油・石炭」は、数億年前の動植物などからできたもので、化石燃料と呼ばれています。「木炭」は、現在の木材から生産されるため不適切です。

③ **（CO_2）**—再生可能エネルギーは「CO_2」を増加させないエネルギーと言われています。再生可能エネルギーは「廃棄物」が発生します。たとえば太陽光発電で使用される太陽光パネルは、耐用年数は25年から30年とされており、今後大量の廃棄物が出ると予想されています。

問2

（1）ウ（第1編第2章第2節）

① **（誤）**—加工食品の商品開発を担当している部門は、会社の事業目的の食品加工に直接的な活動を行っているので、ライン部門です。

② **（正）**—スタッフ部門は、ライン部門が活動しやすいように補佐・支援する部門で、適切です。人事部門、経理部門、総務部門などがあります。

③ **（正）**—株式会社では、会社を所有する株主が経営を監視し、社長に代表される取締役が経営理念に沿った経営方針を打ち出し、経営目標と経営戦略を定め、それを達成するための意思決定や運営管理を行います。

④ **（正）**—株主は、株式会社に出資することにより株式を保有し、会社の重要な決定事項（代表取締役社長の選任など）に投票権をもつ会社の所有者です。株主は会社を直接経営するのではなく、取締役に委任します。

（2）エ（第1編第2章第4節、第1編第3章第1節、第1編4章2節）

ア（誤）—商品がいかに素晴らしいかを説明しても、お客さまのニーズに合っていなければ商談は成功しません。お客さまの話す内容をよく聞き、ニーズを引き出し、お客さまのニーズに合った提案をすることが重要です。

イ（誤）—社内の人と話す場合と、得意先や仕入先など社外の人を交えて話す場合とでは、言

葉を使い分けます。社外の人の前で上司の話をするときは、敬称はつけず名前のみで呼び、社内では敬称をつけて呼びます。

ウ（誤）—商品の説明をする前に、お客さまのニーズを理解し、その上でお客さまのニーズに合う商品の説明をします。お客さまのニーズに合わない商品の説明はお客さまにとっても時間の無駄になります。

エ（正）—商談では最後にお互いの合意内容を確認し、商談を継続するときには、次回の予定を忘れずに約束します。また、貴重な時間をとってもらったことへの感謝とあいさつを忘れずにします。最後に好印象を残せるかどうかが、今後の信頼関係を築くうえで大切です。

（3）ウ（第1編第7章第3節）

① **（正）**—新人や後輩へアドバイスを行うには、新人や後輩の行動に関心をもち、どういう問題をかかえているのか察することができるように、意識して自分から声をかけ、気軽に相談をもちかけてくるような雰囲気をつくります。

② **（誤）**—上司と後輩の間に立って、橋渡しの役割をするときは、後輩でもわかるように、上司の指示内容を別の言葉に置き換えたり、要約するなどの工夫をします。

③ **（誤）**—説得力のあるアドバイスをするためには、自分が何を感じ、どう対応したかなど体験談を交えることが大切です。本に書いてあることも重要ですが、経験がないと説得力は生まれません。

④ **（正）**—後輩を指導するためには、教える内容について、自分自身が十分に理解し、自信をもって説明できることが大切です。後輩指導のためにあらためて仕事を振り返ることで、実務の理解度を見直すことができ、自分自身を成長させる機会ともなります。

（4）ア（第1編第2章第6節）

厚生労働省のパワーハラスメントの定義は次のとおりです。

「職場のパワーハラスメントとは、職場において行われる（1）優越的な関係を背景とした言動であって、（2）業務上必要かつ相当な範囲を超えたものにより、（3）労働者の就業環境が害されるものであり、（1）から（3）までの3つの要素を全て満たすものをいいます」

① **（優越的な関係）**—パワーハラスメントの定義から、①は「優越的な関係」です。

② **（パワーハラスメント）**—パワーハラスメントの定義から、②は「パワーハラスメント」です。「モラルハラスメント」とは道徳上許されない、相手に迷惑をかける行為のことです。

③ **（過大な要求）**—「過大な要求」とは「業務上明らかに不要なことや遂行不可能なことの強制・仕事の妨害」のことです。業務とは関係ない私的な雑用を強制的に行わせることは「過大要求」にあたります。「過小な要求」とは、業務上の合理性なく、能力や経験とかけ離れた程度の低い仕事を命じることや、仕事を与えないことです。

（5）イ（第1編第6章第3節）

ア（誤）—プレゼンテーションには効果的な内容構成があります。序論で発表するテーマの背景などを述べ、本論で理解してほしい内容の説明をして、結論で本論を要約し、今後の展開などを述べます。一番良いと思う対応策についてだけ資料に記載し、そのメリットをアピールするだけのプレゼンテーションは良い構成ではありません。

イ（正）—プレゼンテーションの導入部分では、「背景となる全体から伝えたい部分へ絞り込む」、「結論が先、理由は後」を意識し構成すると伝わりやすくなります。選択肢のプレゼンテーション導入部分は、これを踏まえた構成になっているため、適切です。

ウ（誤）—プレゼンテーションでは話し方も重要です。適度な「間」をおいて、相手の反応や理解度を見ながら話を進めます。また、声の大小・高低、話すスピード、身振り、相手への目配りにも配慮します。原稿を読むだけでは、相手の心に響くプレゼンテーションはできません。

（1）エ（第2編第1章第4節）

PDCAサイクルとは、Plan（計画を立てる）、Do（実行する）、Check（評価・検討する）、Action（改善策を立てる）をサイクルとして回すフレームワークです。

① **（Ｄｏ）**—Planの会員獲得策の検討結果をもとに、子供用の遊具やビデオを備えたスペース作り、家族割引の会員プランの設定、広告を行うなど、計画を実行しているのでDoになります。

② **（Ｃｈｅｃｋ）**—Doの実行結果をアンケートによる調査で評価をしているのでCheckになります。

③ **（Ｐｌａｎ）**—若い父母と小学生以下の子供がいるファミリー層の会員の獲得策を検討しているのでPlanになります。

④ **（Ａｃｔｉｏｎ）**—Checkのアンケートによる調査分析の結果を受けて、栄養士によるセミナーや会員個別の栄養改善カウンセリングのサービスなどの改善策を立てているのでActionなります。

（2）イ（第2編第1章第3節）

① **（誤）**—顧客や社員の個人情報を適切に管理する企業として認証を受ける制度は「プライバシーマーク」です。「エコマーク」は、環境への負荷が少なく、環境保全に役立つと認められた商品に付けられる環境ラベルです。

② **（正）**—会社のＰＣや社内資料などを外部にもち出すときは、必ず許可を得ます。社内ルールがある場合は、社内ルールに従います。

③ **（誤）**—不正ソフトウエア対策は、ウィルス対策ソフトのインストールと、Windows Updateなどのセキュリティパッチの自動更新の両方を行う必要があります。

④ **（正）**—会社から貸与されたスマートフォンは使用頻度に関わらず、万一紛失したときの対策として、リモートロックや暗証番号によるロックを設定します。

（3）エ（特別講義）

SWOT分析とは、会社が自社の強み・弱み、事業を取り巻く機会、脅威の4つの要因を軸に、目標達成のための戦略や対策を練るためのツールです。

a（②）—強み（Strength）は、「②四季ごとに日本の季節感を味わえる品揃えが、幅広い年齢層に人気である」が該当します。自社の商品に人気があることは強みと考えられます。

b（①）—弱み（Weakness）は、「①家族経営のため規模が小さく菓子の生産量に限りがあり、休日などに売り切れる」が該当します。売上数量に応じた生産調整ができていないことは弱みと考えられます。

c（③）—機会（Opportunity）は、「③訪日観光のブームが来て、外国人観光客が来店するようになった」が該当します。外国人観光客の来店が増えると販売機会が増えるので、機会と考えられます。

d（④）—脅威（Threat）は、「④小豆や砂糖など菓子の原材料費や、電気・ガス・水道の経費が上がった」が該当します。原材料費や経費の上昇は、商品あたりの売上総利益の減少や値上げによる販売数量の減少につながると考えられます。

（4）イ（第2編第2章第2節）

① **（全体）**—発表会の概要が示されているので「全体」が適切です。

② **（結果）**—発表会の結果が示されているので「結果」が適切です。

③ **（所見）**—報告者の意見が示されているので「所見」が適切です。

（5）ア（特別講義）

① **（誤）**—学年による分類と教科による分類が混在し、たとえば「全教科受講生」の中には「1年生」も含まれる可能性があるので、相互に重なり合うため不適切です。

② **（正）**—お客さまの区分「個人客」と「団体客」は、相互に重なり合わず、もれもありません。また「平日」と「休日」も相互に重なり合わず、もれもないため、適切です。

③ **（誤）**—事業の区分「中古車の販売」と「中古車の修理などアフターサービス」は、相互に重なり合わず、もれもありません。しかし、「1台の車両価格が100万円超200万円未満の売上」と「1回の修理が20万円超50万円未満の売上」がもれているため、不適切です。

（1）ア（第2編第6章第6節）

① **（正）**—所得税は、個人が得た所得に対して課される税金で、設問文は適切です。超過累進税率は、所得の金額が大きいほど税率が高くなり、所得の額に応じて7段階（5％、10％、20％、23％、33％、40％、45％）に分けられています。

② **（誤）**—従業員の所得税は、会社があらかじめ毎月の給与から源泉徴収して翌月の10日までに税務署に納付します。

③ **（誤）**—医療費は所得税の所得控除の対象ではないため、おおよその見込みで徴収された所得税額と正確な所得税額を調整する手続き「年末調整」の対象にはなりません。一定金額以上の医療費を支払った場合は、確定申告をすると還付が受けられます。

（2）エ（第2編第6章第7節）

現金取引は、商品やサービスの提供と引き換えに現金を受け取る取引です。

信用取引は、商品やサービスを先に提供して、あとで代金を受け取る取引です。会社間の取引では、信用取引が一般的です。

① **（現金取引）**―商品と引き換えに現金を支払ったので「現金取引」です。

② **（信用取引）**―先に商品を受け取り、あとで代金を支払ったので「信用取引」です。

③ **（信用取引）**―信用取引では、取引先が支払時に支払不能になり、代金が受け取れないことがあります。そのため、取引前に資産・収入・債務などを調査して支払能力を確認することが大切です。

④ **（現金取引）**―現金取引では、商品やサービスと引き換えに代金を受け取り、取引が完了するので、債権は発生しません。

（3）ウ（特別講義）

① **（誤）**―1年以内に回収する資産は流動資産です。貸借対照表の資産の部の合計と負債の部の合計は同じ金額なので、資産の部の合計は120万円となり、流動資産は50万円（資産の部合計120万円−固定資産70万円）となります。

② **（正）**―1年を超えて返済する借金などは固定負債です。固定負債は40万円なので、適切です。

③ **（誤）**―貸借対照表の資産の部の合計と負債の部の合計は同じ金額になります。したがって資産の部の合計（総資産）は120万円となり、不適切です。

（4）ア（第2編第6章第4節）

① **（誤）**―法定労働時間を超えて労働させた場合、法定労働時間の1日8時間を超えた労働時間に対しては、休日・深夜の労働時間と同じく、割増賃金を支払う必要があります。

② **（誤）**―設問文はフレックスタイム制の説明であるため、不適切です。「裁量労働制」とは、あらかじめ定められた時間を労働したとみなす制度で、業務遂行の手段や方法、時間配分などを大幅に労働者の裁量にゆだねる必要がある業務に適用できる制度です。

③ **（誤）**―ワークライフバランスとは、仕事と私生活のどちらかを犠牲にするのではなく、どちらも充実させようとする考え方であるため、不適切です。

④ **（正）**―働き方改革関連法では、時間外労働の上限規制、年次有給休暇の確実な取得のほか、雇用形態に関わらない公正な待遇の確保が定められており、働き方改革の実現に向けた取り組みが行われています。

（5）ウ（第2編第6章第5節）

ア（誤）―厚生年金に加入している勤労者に扶養されている配偶者は、満65歳になったときに基礎年金は受け取ることができますが、勤労者の厚生年金は受け取れません。

イ（誤）―健康保険は、けがや病気以外にも、出産育児一時金、葬祭費などがあり、申請により、一定金額が支給されます。

ウ（正）―失業・失職の際に給付される基本手当を失業給付と言います。雇用保険制度では、離職の日以前2年間に被保険者であった期間が原則12か月以上あり、公共職業安定所に求職申込みをして失業の認定を受けた者が給付を受けられます。

（1）ウ（第2編第4章第2節）

① **（誤）**―本文1段目後ろから10行目にラミラのアプリについて「2026年までに500社に導入してもらう目標だ。」とあり、500社は導入の目標なので不適切です。

② **（正）**―本文1段目6行目に「中国語など13言語に自動翻訳する機能が付いている。」、本文1段目13行目に「9月には音声認識の人工知能（AI）技術を活用し、撮影時の説明内容を自動で字幕化する機能を追加する。」とあり、適切です。

③ **（正）**―本文1段目後ろから4行目に金属加工の大松精機の記述「ベテラン社員が持つ溶接技術を動画で蓄積し始めた。溶接では加熱時の部材の変形を予想し、部材を2～3度だけ傾けて取り付けるなど感覚的な技術が求められる。これを文書や写真で伝えるのは難しいため、動画の活用を決めた。」とあり、適切です。

④ **（誤）**―本文2段目12行目に「動画は1日ほどで作成でき」とあり、本文2段目17行目に「今後、新入社員や外国人社員の教育に活用して『量産部品であれば、動画視聴だけで製作できるようにしたい』」とあり、個別受注のような複雑で経験が必要な作業については記述がなく不適切です。

（2）ウ（第2編第4章第2節）

ア（誤）―本文4段目5行目に「『継承すべき技能の見える化』に取り組んでいる割合は従業員49人以下の企業で40％にとどまった。300人以上（72％）を大きく下回る。」とあり、49人以下で50％以上は不適切です。

イ（誤）―棒グラフから、「高齢従業員の再雇用や勤務延長」に取り組む企業の割合は、いずれの規模の企業でも80％未満となっており、不適切です。

ウ（正）―棒グラフから、従業員の少ない企業ほど「継承すべき技能の見える化」に取り組む割合は低くなっており、適切です。

（3）ア（第2編第4章第2節）

ア（正）―リード文3行目に「長引く新型コロナウイルス禍や人手不足が響き、対面での継承は難しさが増している。新興勢はデジタル技術を活用し、技能の『見える化』を後押しする。」とあり、本文3段目6行目に「コロナ禍でOJT（職場内訓練）への制約も強まる。デジタル技術は有効な解決策となり得る」とあり、適切です。

イ（誤）―本文2段目後ろから6行目に「国内で技能伝承が注目されたのは、団塊の世代の退職が本格化した07年ごろだ。その後、問題は解消していないどころか深刻化している。」とあり、技能伝承は徐々に改善しておらず、不適切です。

ウ（誤）―本文5段目22行目に「焼き菓子を作る場合、ベテラン社員が気温や湿度などを踏まえ、機器をどう使ったかをソフトに蓄積する。」とあり、本文2段目6行目に金属加工のベテラン社員から技能継承について「文書や写真で伝えるのは難しいため、動画の活用を決めた。」とあり、仮想現実（VR）映像を利用した教育を取り入れたとは記述がなく不適切です。

（4）エ（第2編第4章第2節）

ア（誤）—本文4段目後ろから3行目にクアンド社のアプリについて「主力のビデオ通話アプリに、通話内容を自動で文字起こしする機能を盛り込む。」とありますが、自動翻訳するアプリではなく、また建設現場で働く外国人労働者のスキルアップを手助けする記述はないため、不適切です。

イ（誤）—本文5段目1行目にクアンド社のアプリについて「アプリを使うと、遠隔地にいる熟練者と現場の映像や図面を共有しながら指導を受けられる。新機能では会話を文字に起こして記録し、現場や工法ごとの助言内容をキーワードで検索できるようにする。」とあり、AIが解析して助言する機能は記述がないため、不適切です。

ウ（誤）—本文5段目15行目にエクサウィザーズについて「ベテラン社員の経験と勘に基づく作業を再現するソフトウエアの受託開発を始める。製造ラインの機器や設備にセンサーを取り付けてデータを取得。内容をAIで解析し、作業マニュアルとして落とし込む。」とありますが、社員育成計画の作成支援については記述がないため、不適切です。

エ（正）—本文5段目15行目にエクサウィザーズについて「ベテラン社員の経験と勘に基づく作業を再現するソフトウエアの受託開発を始める。製造ラインの機器や設備にセンサーを取り付けてデータを取得。内容をAIで解析し、作業マニュアルとして落とし込む。」とあり、本文5段目後ろから12行目に「24年3月までに食品業界などで10社の顧客開拓を目指す。」とあり、適切です。

（5）イ（第2編第4章第2節）

①（誤）—本文5段目後ろから8行目に「ある町工場では技能伝承用に仮想現実（VR）映像の制作ソフトの導入を検討したが『使い方が難しく、採用に至らなかった』」とあり、ソフトの使用に高いスキルが必要なサービスは導入自体が難しく、不適切です。

②（正）—本文5段目後ろから4行目に「新興勢には中小企業と対話し、サービスの使い勝手を高めていく工夫が不可欠になる。」とあり、適切です。

③（正）—本文2段目後ろから2行目に「厚生労働省の調査で『指導する人材が不足している』と答えた事業所の割合は07年に50％。これが21年には60％に上昇した。」とあり、本文3段目6行目に「コロナ禍でOJT（職場内訓練）への制約も強まる。デジタル技術は有効な解決策となり得るが、中小企業での導入は遅れている。」とあり、適切です。

 問6

（1）イ（第1編第2章第5節）

ア（誤）—選択肢の提案は、お客さまの「壁の一部を取り壊してリビングが直接見えるようにしたい」という要望に対する検討をしていません。また、「可能な限り安く」という要望もあるので、高価な「Yキッチン」の値引きよりも「Xキッチン」の値引きを検討するべきです。

イ（正）—キッチンの設置やリフォームは、工事が必要になるため、お客様の自宅を訪問して、確認する必要があります。確認後あらためてベストな提案をすることは、適切です。

ウ（誤）—選択肢の提案は、お客さまの「キッチンの使い勝手が悪くてすぐにでもリフォームしたい」という要望を理解していない提案であり、不適切です。

（2）エ（第2編第1章第7節）

①から工程が合流する各ノードまでの日数を計算し、最も多い作業日数の経路をたどります。

⑤ 19日（工事計画書図面作成14日＋社内工事準備5日）

21日（工事計画書図面作成14日＋工事計画書図面確定7日）

⑤までは、日数が多い21日となります。

⑧ 28日（工事計画書図面作成14日＋商品注文1日＋商品生産12日＋商品納品1日）

33日（⑤までの21日＋外注工事準備10日＋内装撤去工事2日）

⑧までは、日数が多い33日となります。

⑧から完了の⑩までの日数は4日（商品設置工事1日＋内装工事3日）なので、①から⑩までに必要な日数は、37日（⑧までの33日＋⑧から⑩までの4日）となり、エが適切です。

（3）ア（第1編第7章第3節）

P.174の下から17行目の真田の指示「ノベルティについては、どのような内容にするかを1週間以内に2人で検討して案を固めてから提案してください」と指示されています。

① **（正）** ―真田の指示に従った適切な対応です。

② **（誤）** ―2人で案を固めず、永島だけが提案するため、真田の指示に反した不適切な対応です。

③ **（誤）** ―ノベルティの検討と手配を真田と松下で対応すると勝手に判断して伝えており、真田の指示に反した不適切な対応です。

（4）イ（第2編第2章第3節）

① **（リフォーム時期、箇所）** ―真田の指示である「今後のリフォーム、修理の予定」に関する質問なので、「リフォーム時期、箇所」が適切です。

② **（品揃え）** ―「弊社ショールームや広告について評価できること」に関する質問であり、真田の指示の「商品力」に対する質問がほかにないため、「品揃え」が適切です。

③ **（弊社に期待すること）** ―集客キャンペーンのアンケートの質問として、今後の集客につながる質問「弊社に期待すること」が適切です。

（5）ウ（第2編第3章第2節）

ア（誤） ―「入りやすさ」は全項目の中でも評価されており、「相談の気軽さ」も全評価項目のなかでは、高くもなく低くもない評価であり、改善の優先度は高くありません。また、費用をかけて規模を大きくすることで「入りやすさ」「相談の気軽さ」の改善につながる根拠は読み取れないため、不適切です。

イ（誤） ―ショールームに高級商品の展示を増やしてお客さまへ訴求していくことが、集客につながる根拠がアンケート結果から読み取れず、また、「多彩な提案」のアンケート結果とは関連しない提案であり、不適切です。すでに評価されている「多彩な提案」も、新たな強みとして伸ばすことは検討の余地があります。

ウ（正） ―アンケートの集計結果から、経営理念の1つ「迅速にお客さまに対応する」に関連し、強みと考えている「対応の速さ」の評価が高くないことは大きな問題です。その要因を探り改善を図る提案は適切です。

エ（誤） ―「カタログが良い」「ホームページ」の評価が低いことから「自社のPR力」が低

いことが問題です。「多彩な提案」が高い評価を受けている中、リフォームの提案例を削減し、カタログページの削減によるコスト削減を行なっても、自己PR力の改善にはつながらないため、不適切です。

（1）ウ（第2編第5章第2節）

① （正）―<資料1>から各店の前年からの売上高の増加額は次のとおりです。

【海鮮料理店】

2021年：800万円（2021年売上高800万円 − 2020年売上高0万円）

2022年：1,200万円（2022年売上高2,000万円 − 2021年売上高800万円）

【焼肉店】

2021年：500万円（2021年売上高3,200万円 − 2020年売上高2,700万円）

2022年：800万円（2022年売上高4,000万円 − 2021年売上高3,200万円）

【中華料理店】

2021年：▲300万円（2021年売上高5,500万円 − 2020年売上高5,800万円）

2022年：500万円（2022年売上高6,000万円 − 2021年売上高5,500万円）

最も増加したのは、2021年から2022年の海鮮料理店であり、適切です。

② （誤）―<資料1>から中華料理店の全体に占める売上高の比率は、2020年は約68%（中華料理店5,800万円÷売上高全体8,500万円（5,800万円 + 2,700万円））、2021年は約58%（中華料理店5,500万円÷売上高全体9,500万円（5,500万円 + 3,200万円 + 800万円））、2022年は50%（中華料理店6,000万円÷売上高全体12,000万円（6,000万円 + 4,000万円 + 2,000万円））となっており、割合は一貫して低下しているため、不適切です。

③ （正）―<資料1>から2020年と2022年の営業利益率は次のとおりです。

2020年：10%（営業利益850万円÷売上高8,500万円（5,800万円 + 2,700万円））

2022年：8%（営業利益960万円÷売上高12,000万円（6,000万円 + 4,000万円 + 2,000万円））

2022年のA社の営業利益率は8%で、2020年から2ポイント減少しているため、適切です。

（2）ア（第2編第3章第4節）

ア（正）―<資料2>から焼肉店の年間回転率は次のとおりです。

2020年：300回（15,000人÷50席）

2021年：340回（17,000人÷50席）

2022年：400回（20,000人÷50席）

焼肉店の回転数は2年連続で増加し、2022年は400回であり、適切です。

イ（誤）―<資料2>から各店の前年からの来店客数の増加数は次のとおりです。

【海鮮料理店】

2021年：4,000人（2021年4,000人 − 2020年0人）

2022年：4,000人（2022年8,000人 − 2021年4,000人）

【焼肉店】

2021年：2,000人（2021年17,000人 − 2020年15,000人）

2022 年：3,000 人（2022 年 20,000 人 − 2021 年 17,000 人）

【中華料理店】

2021 年：5,000 人（2021 年 34,000 人 − 2020 年 29,000 人）

2022 年：6,000 人（2022 年 40,000 人 − 2021 年 34,000 人）

最も来店者数が増加したのは、中華料理店の 2021 年から 2022 年であり、不適切です。

ウ（誤）—＜資料２＞から海鮮料理店の年間回転率は次のとおりです。

2021 年：250 回転（4,000 人 ÷ 16 席）

2022 年：500 回転（8,000 人 ÷ 16 席）

2022 年の海鮮料理店の回転数は、2021 年から 2 倍に増加しており、不適切です。

（3）ウ（第2編第5章第2節）

① **（正）**—中華料理店の来店客一人あたりの売上高は、2020 年が 2,000 円（売上高 5,800 万円 ÷ 来店者数 29,000 人）、2022 年が 1,500 円（売上高 6,000 万円 ÷ 来店者数 40,000 人）で減少しており、売上規模も最も大きいため、適切です。

② **（誤）**—焼肉店の来店客一人あたりの売上高は、2020 年が 1,800 円（売上高 2,700 万円 ÷ 来店者数 15,000 人）、2022 年が 2,000 円（売上高 4,000 万円 ÷ 来店者数 20,000 人）で、売上高と来店客一人あたりの売上高はともに増加しているため、不適切です。

③ **（誤）**—海鮮料理店の来店客一人あたりの売上高は、2021 年が 2,000 円（売上高 800 万円 ÷ 来店者数 4,000 人）、2022 年が 2,500 円（売上高 2,000 万円 ÷ 来店者数 8,000 人）で、2021 年から 2022 年にかけて来店客一人あたりの売上高は 500 円増加しており、不適切です。

④ **（誤）**—中華料理店の売上高は 2020 年から 2021 年にかけて 300 万円減少しているため、不適切です。

（4）ア（第2編第5章第2節）

① **（5,400 万円）**—損益分岐点は次の式で求められます。

損益分岐点＝固定費 ÷（1 − 変動費／売上高）

したがって、2022 年の中華料理店の損益分岐点は次のとおりです。

固定費：6,000 万円 × 45％ ＝ 2,700 万円（売上高 × 固定費率 ＝ 固定費）

変動費：6,000 万円 × 50％ ＝ 3,000 万円（売上高 × 変動費率 ＝ 変動費）

損益分岐点：2,700 万円 ÷（1 − 3,000 万円／6,000 万円）＝ 5,400 万円

イ（300 万円）—＜資料３＞から 2022 年の中華料理店の営業利益は、300 万円（売上高 6,000 万円 × 営業利益率 5％）となります。

ウ（同額に）—＜資料３＞から 2022 年の海鮮料理店の営業利益は、300 万円（売上高 2,000 万円 × 営業利益率 15％）となり、中華料理店と同額になります。

（5）イ（第2編第3章第4節、第2編第5章第2節）

ア（誤）—＜資料１＞から中華料理店は最も売上高が高いものの、＜資料３＞から最も営業利益率が低い店舗になっています。営業利益を上げるため、3 店舗中で最も割合が高い固定費率の削減を検討する必要があります。

イ（正）—＜資料２＞＜資料３＞から焼肉店の 2022 年の来店客数、営業利益率は 3 店舗の中

で2番目に高いことが分かります。

各店の2022年の回転数は次のとおりで、焼肉店が最も低くなっています。

中華料理店：625回転（40,000人÷64席）

焼肉店：400回転（20,000人÷50席）

海鮮料理店：500回転（8,000人÷16席）

以上から、回転率を上げるためキャンペーンなどによる集客策の検討と共に、料理を提供する時間の短縮に取り組むことは適切です。

ウ（誤）―＜資料3＞から海鮮料理店の営業利益率は最も高くなっています。

各店の2022年の来店者一人あたりの売上高は次のとおりで、海鮮料理店は最も高くなっています。

中華料理店：1,500円（売上高6,000万円÷来店者数40,000人）

焼肉店：2,000円（売上高4,000万円÷来店者数20,000人）

海鮮料理店：2,500円（売上高2,000万円÷来店者数8,000人）

以上から、高い営業利益率を維持したまま席数を増加させる検討をするべきです。

令和5年度後期
ビジネス能力検定ジョブパス2級の
結果概要

●分野別の配点と平均点

分野別分類	分類名	問数	配点	平均点
A	ビジネス常識	10	30	17.9
B	時事・社会	8	26	16.9
C	組織・業務基本	9	24	17.2
D	コミュニケーション手法	8	20	14.7
	合計	35	100	66.7

●分野別出題率　　　　　●分野別平均点

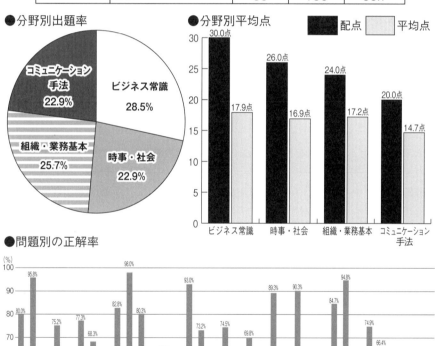

●問題別の正解率

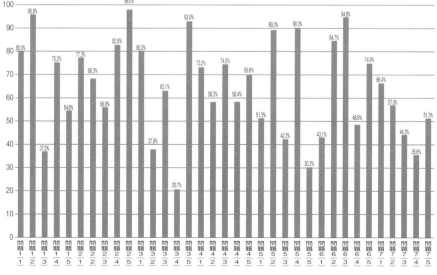

❹ 令和５年度後期試験問題

問1

（1）ア（第1編第1章第1節、第2編第7章第1節）

① （GAFA）―米国を代表する巨大IT企業4社とはGoogle、Apple、Facebook、Amazonのことで、頭文字をとって「GAFA」と呼ばれます。IAEAとは国際原子力機関のことで、原子力の平和利用を目的とする国際機関です。

② （グローバル化）―資本や情報、人などの移動が活発になり、国境を越えて、世界的な結びつきが強くなることをグローバル化といい、グローバル化した企業は世界市場で事業を展開しています。ガラパゴス化とは、特定の国や地域において、独自の最適化や技術発展により、国際的な互換性が低くなり、国際市場から淘汰される現象のことです。

③ （寡占）―特定の市場が少数の企業に支配されている状態のことを寡占と言います。寡占が進むと市場を支配している企業の力が強まり、公正な競争環境が損なわれる可能性があります。市場における開放とは、規制などを排除して市場に参入しやすくすることです。

（2）ウ（ビジネス用語の基本）

ア（誤）―ジョブ型雇用のことです。ジョブ型雇用は欧米で主流の雇用方法です。日本では新卒一括採用、年功序列などが特徴のメンバーシップ型雇用が主流でしたが、グローバル化や労働市場の流動化などによりジョブ型雇用の導入が進んでいます。

イ（誤）―パワハラ防止法（労働施策総合推進法）のことです。大企業は2020年6月、中小企業は2022年4月に適用されました。

ウ（正）―同一労働同一賃金のことです。雇用形態に関わらない公正な待遇の確保を目的として、パートタイム・有期雇用労働法の改正により大企業は2020年4月から正規雇用労働者と非正規雇用労働者の不合理な待遇差が禁止されました。2021年4月からは中小企業にも適用されました。

（3）イ（ビジネス用語の基本）

ア（誤）―景気の転換局面をとらえるための指標は景気動向指数です。景気動向指数にはCI（コンポジット・インデックス）とDI（ディフュージョン・インデックス）の2種類があります。KPIとは業績を評価し管理するための定量的な指標です。

イ（正）―景気動向指数は、内閣府により毎月発表されています。発表日は、内閣府の「景気統計公表予定一覧」に記載されています。

ウ（誤）―景気動向指数のDIは生産や消費、物価などの景気変動に関係する複数の指数を合成して作成され、50％以上であれば景気は拡大傾向にあると判断されます。指標の数値が小さくなる時は景気が縮小傾向にあると判断されるので、不適切です。

（4）ウ（ビジネス用語の基本）

ア（誤）—専用ゴーグルなどを用いて現実と異なる世界を楽しむことができるのは VR（仮想現実）なので、不適切です。

イ（誤）—目の前のリアルな現実に情報を加えるのは AR（拡張現実）なので、不適切です。

ウ（正）—AR、VR いずれもコンピュータ上の仮想空間にさまざまな物体やその動作をシミュレートするものです。技術やコンピュータの性能の向上とともに発展してきました。

エ（誤）—AR、VR は、エンターテイメント業界ではゲームへの活用、観光業界では旅行の疑似体験への活用など、さまざまな業界で活用されており、IT 業界のみで活用されている技術ではないため、不適切です。

（5）ア（ビジネス用語の基本）

国際収支とは、一国が外国との間で行なった経済取引の収入と支出の動きがわかる指標で、経常収支、金融収支、資本移転収支から構成されます。

① （誤）—商品の貿易やサービスの提供、国外からの労働による出稼ぎなどから算出される国際収支は経常収支のため、不適切です。金融収支とは、投資などにより国内に入ってくる資産と海外に出ていく資産の差額のことです。

② （正）—訪日外国人の国内消費により、外国人が持っている海外の資産が国内に入ってくるので、国際収支の経常収支に影響を与えます。

③ （正）—輸入額が輸出額を上回ると、海外に支払う金額が、受け取る金額よりも多くなり、国内の資本が海外に流出し国際収支にマイナスの影響を与えます。

 問2

（1）イ（第1編第1章第2節、3節）

① （誤）—仕事をするにあたっては、自分の責任を意識して、職務権限の範囲内で最大限に役割を果たすことが求められます。職務権限の範囲を超えて与えられていない決裁権を行使したり、責任が取れない行動を勝手にとったりしてはいけません。

② （正）—能動的な姿勢を持って、自分自身で将来に向けたキャリアの形成と成長を図ることが必要です。ジョブ型雇用や転職が増えている今日、社会や企業が人材に求めるものは何かを考え、キャリア形成をしていく重要性が高まっています。

③ （誤）—対人スキルにおいては、自分の考え方や希望を最も重視することに終始してはいけません。相手の関心事や要望も読み取った上で、対応できる折衝能力を身につけることが求められます。

④ （正）—スペシャリストになると同時に、ジェネラリストになることも求められています。はじめから両方を実現するのは難しいため、まずは自分が得意とする技術や専門的な知識を身につけ、成果を上げてスペシャリストとして認められることから始めます。

（2）ウ（第1編第2章第2節）

ア（誤）—機能別組織は、購買部、製造部、販売部、管理部など、専門機能ごとに分けた組織形態のため、「製品ごとの販売」は不適切です。機能ごとに分かれているため、注文に合

わせ製品を製造するなど部門間の連絡が重要となり、調整が必要です。

イ（誤）─事業部制組織は、事業部と呼ばれる事業や製品ごとの組織で構成される組織形態のため、事業部内のコミュニケーションには適していますが、「事業部間や部署間のコミュニケーションの促進」には適しておらず、不適切です。事業部ごとに権限が与えられ、独立した事業を行うため、迅速な意思決定を促進します。

ウ（正）─目標に適した人材を一定の期間に区切って集める組織形態はプロジェクト組織であり、適切です。プロジェクトごとに必要な人材を集め、プロジェクトが完了すると組織は解散し、各メンバーはそれぞれの部門に戻ったり、新たなプロジェクト組織に参画します。

（3）エ（第1編第4章第2節）

効果的に進めるには、お客さまのニーズを把握し、ニーズに合った解決策を用意して提案をすること、信頼関係を築くことが重要です。

エ（④→②→③→①）─お客さまのニーズを把握し（④）、お客さまのニーズに合った解決策を用意し（②）、提案します（③）。さらに信頼関係を高めていくこと（①）で継続的な取引につながります。

（4）ウ（第1編第5章第2節）

① （誤）─従業員にあわせて、自社が目標とするサービスのレベルを複数設定すると、お客さまへのサービスにばらつきが出てしまうので不適切です。担当者によってサービスに差が出ないように標準化し、サービスレベルを継続的に向上させる取り組みをすることが重要です。

② （誤）─お客さまの質問に答えるだけで十分な説明をしないとクレームにつながることがあります。クレームを未然に防ぐには、「そんな説明を受けなかった」というようなことがないよう、行き届いた説明が求められます。

③ （正）─お客さまのクレームは「氷山の一角」であり、表面に現れるクレームよりも隠れたクレームの方が多いと考えられています。日ごろからお客さまの声に耳を傾け、表面に現れない潜在クレームを把握して改善していくことは適切です。

（5）ア（第1編第7章第2節）

ア（正）─選択肢は適切です。目標をチームにわかりやすく伝え、方法を指示し、メンバーが目標に向かって行動できるように、チームの一人ひとりに気を配ります。

イ（誤）─目標と基準を設定した後は、リーダーは目標に対して、メンバーのやるべき仕事を計画し、指示をする役割があるので、不適切です。また、チーム全員が互いの仕事の進捗などがわかるように情報共有します。

ウ（誤）─仕事を成し遂げたときはメンバーを評価します。また、達成できなかったときはリーダーも共に反省し、理由をメンバーと一緒に考え、努力した部分は評価します。

（1）ア（第2編第1章第3節）

① （誤）─社内秘とは、社内の関係者や関係部門以外に知られてはいけない情報のことなので、

全社員と情報共有することは不適切です。

② （正）—営業日誌も含め会社の情報は大切な経営資源です。誤って情報が変更、削除されることを防ぐため、ファイル作成者以外が誤ってファイルを削除・変更できないように設定することは適切です。さらに、誤って変更、削除された場合でも復旧できるように定期的にバックアップを取るようにします。

③ （正）—必要な情報を共有することは、業務効率化につながります。社内のプロジェクトメンバーのスケジュールを共有することは適切です。グループウェアなど情報共有ツールを活用すると容易に情報共有が可能です。

（2）イ（第2編第1章第7節）

PERT図とは必要な作業の前後関係と流れを矢印で関連づけ、作業工程と作業日数を図式化したものです。点線は実際の作業はなく作業日数が0日であることを表します。最少所要日数とは、プロジェクトを完了するためにかかる最少の所要日数のことです。つまり全体が45日で完了するように │ A │ を求めます。④の最遅着手日（次の作業を開始しなくてはならないという日）と②の最早着手日（次の作業を最も早く開始できる日）から、割り出します。

ステップ1：⑨の最遅着手日を求める

　　　　　⑨から⑩は1日必要なので、⑨の最遅着手日は44日になる

ステップ2：⑦の最遅着手日を求める

　　　　　⑦から⑨には2つの経路（パス）があり、⑥は⑦以降でなければならないので、⑥－⑧－⑨の6日（5日＋1日）と⑦－⑨の5日の日数の多い方の作業時間が必要になる。したがって、⑦の最遅着手日は38日（⑨の最遅着手日44日－⑥〜⑧〜⑨の作業日数（5日＋1日））になる

ステップ3：④の最遅着手日を求める

　　　　　④の最遅着手日は18日（⑦の最遅着手日38日－④－⑦の日数20日）になる

以上より、②の最早着手日が10日であることから、④の作業の日数の最大値はイ．8日（④の最遅着手日18日－②の最早着手日10日）となります。

（3）イ（第2編第2章第3節）

① （出席者）—新入社員、幹部、各営業所長、運営スタッフは、式次第の内容から入社式に出席するため「出席者」が適切です。「担当者」は、運営スタッフのみが該当するため不適切です。

② （新入社員旅費交通費）—会場は自社の会議室を使用するため会場費はかかりません。運営スタッフ（管理部員2名、営業本部員1名）は社員であるため、運営スタッフ人件費はかかりません。各営業所に所属する新入社員は入社式会場に集まるための交通費が必要となります。したがって「新入社員旅費交通費」が適切です。

③ （新入社員名簿、見積書）—入社式の企画書であるため「新入社員名簿」の添付は適切です。また費用の妥当性を検証するため、「見積書」の添付も適切です。

（4）ア（第2編第3章第4節）

① （折れ線グラフ）—推移を表すには、折れ線グラフが適しています。

② **(棒グラフ)**―複数のデータを比較するには、棒グラフが適しています。また、棒グラフは
データの推移も表すことができます。

③ **(帯グラフ)**―構成比の推移を表すには、帯グラフが適しています。円グラフは構成比を表
すのに用いられますが、推移の比較には不向きです。レーダーチャートは複数の項目を構
成比に直さずに比較するのに用いられます。

(5) ア（特別講義）

① **(問題認識)**―「新商品の売上が他社の競合商品の売上よりも低い」という問題を認識して
いるので「問題認識」が適切です。

② **(目標設定)**―認識した問題を踏まえて、「年度末までに新商品の売上が他社の競合商品を
超える」という目標を設定しているので、「目標設定」が適切です。

③ **(原因分析)**―目標を達成するため、「顧客に新商品と他社の競合商品との優劣を確認する」
ことで原因を分析する情報を収集しているので。「原因分析」が適切です。

④ **(対策立案・実施)**―原因分析の結果をもとに、「顧客が必要としない機能を削除して販売
価格を競合商品以下にする」という対策を立案しているので、「対策立案・実施」が適切です。

(1) ウ（第2編第5章第1節）

① **(競争重視価格設定)**―弁当1個あたりの製造原価を考慮していますが、競合店の弁当の価
格を参考に決めているので、「競争重視価格設定」です。

② **(コスト積み上げ価格設定)**―他店の競合する弁当の価格を調査していますが、コストを算
出して利益が出るように価格を決めているので、コスト積み上げ価格設定です。

③ **(心理的価格設定)**―499円は500円台と価格差は小さくても、価格差以上に安く感じる価
格設定であり、心理的価格設定です。

(2) ア（特別講義）

資産、負債は、保有期間により流動資産、流動負債、または、固定資産、固定負債に分けられます。
保有期間が1年以内の資産は流動資産、1年を超えて保有する資産を固定資産といい、1年以
内に返済する負債は流動負債、1年を超えて返済する負債は固定負債といいます。

ア（正）―売掛金は1年以内に現金化できる資産なので流動資産です。

イ（誤）―借入金は返済期日までの期間（1年基準）により流動負債、固定負債に分類される
ため、不適切です。

ウ（誤）―原材料は棚卸資産として流動資産にあたるため、不適切です。また、一定金額を基
準にして固定資産か流動資産かを分類をすることもありません。

(3) イ（第2編第6章第3節、第4節）

① **(正)**―労働条件は労働者と使用者が、対等の立場で決定されるものであることが労働基準
法で定められているため、適切です。

② **(誤)**―個別の雇用契約の内容が就業規則の基準に達しない場合は、就業規則の内容が優先

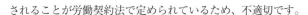

されることが労働契約法で定められているため、不適切です。

③（正）―原則として1日8時間を超えて勤務する場合は、一定の割増賃金が支払われることが労働基準法で定められているため、適切です。

（4）ウ（第2編第6章第4節）

①（誤）―一定期間の総労働時間を定め、始業・終業時刻を労働者本人の自由に任せる制度はフレックスタイム制であるため、不適切です。

②（誤）―労働時間を、実際に働いた時間ではなく、あらかじめ定めた一定時間とみなす制度は裁量労働制であるため、不適切です。

③（正）―会社には、正規、非正規に関わらず、年間10日以上の有給休暇を付与した労働者に、年5日間の取得をさせる義務があるため適切です。また、有給休暇を使わず残った場合、権利発生から2年間は残った日数を翌年に繰り越すことができます。

④（正）―設問文は適切です。他に法定休暇には生理休暇、産前・産後休業などがあり、会社が認める休暇には夏季休暇、リフレッシュ休暇などがあります。

（5）イ（特別講義）

①（厚生年金保険）―控除には、健康保険、介護保険、厚生年金保険、雇用保険、所得税、住民税などがあるため、「厚生年金保険」が適切です。労災保険料は全額事業主が負担するもので、給与明細には含まれません。

②（社会保険計）―健康保険、厚生年金保険、雇用保険などを合わせて社会保険といいます。②は社会保険の控除額をまとめた金額なので、「社会保険計」が適切です。

③（住民税）―「住民税」が適切です。消費税は給与から控除されるものではありません。

④（A－B）―差引支給額は、支給合計から控除合計を差し引いた額なので、「A－B」が適切です。

（1）ウ（第2編第4章第2節）

ア（誤）―本文1段目後ろから5行目に「システムの需要を見込めたため、まずは試用版を投入する準備を進めている。中堅の運送会社で実績をつくり、大手にも売り込んでいく」とあり、まだ試用版の準備段階のため、不適切です。

イ（誤）―本文1段目7行目に「運送会社と荷主の仲介を手掛ける企業2社から、過去8年分の数千万件に及ぶ運送データを入手。これを参考に、人工知能（AI）が『最高』『推奨』『最低』の3種類の運賃をはじく。運送会社が荷主との料金交渉でデータに基づく運賃案を提示し、収益性を改善できるようにする」とあり、運賃案は荷主との料金交渉で長年の経験や勘をデータ化したものではないため、不適切です。

ウ（正）―本文2段目3行目に「アセンドの日下瑞貴社長は大手コンサルティング会社などで物流会社を担当した経験を持ち、業界のデジタル化の遅れを課題に感じていた。新システムをテコに『運送会社の収益とドライバーの賃金の向上を後押ししたい』と意気込む」とあり、適切です。

エ（誤）―本文1段目7行目に「運送会社と荷主の仲介を手掛ける企業2社から、過去8年分の数千万件に及ぶ運送データを入手。これを参考に、人工知能（AI）が『最高』『推奨』『最低』の3種類の運賃をはじく」とあり、データの入手先が運送会社だけではないため、不適切です。

（2）イ（第2編第4章第2節）

ア（誤）―本文3段目13行目に改正労働基準法の施行による影響について「担い手不足が深刻化し、物流網が混乱する可能性も指摘される」とあり、担い手不足を原因として物流網が混乱すると予想されているため、不適切です。

イ（正）―本文2段目後ろから8行目に改正労働基準法の施行により「自動車運転業務は時間外労働の上限が年960時間（月80時間）となる。現状は労使が合意すれば実質的に制限はない」とあり、適切です。

ウ（誤）―本文2段目後ろから1行目に改正労働基準法の施行により「月21日の稼働を想定した場合、1日あたり14時間から13時間程度に短くなる計算だ」とあり、1日あたり1時間程度短くなることから、不適切です。

（3）イ（第2編第4章第2節）

①（正）―本文4段目4行目にスペース社のサービス「中継輸送」について「長距離輸送に伴う運転手の待機時間や渋滞に巻き込まれるリスクを減らし、輸送コストの圧縮にもつなげる」とあり、適切です。

②（正）―本文3段目後ろから13行目に「2つの運送会社をマッチングし、輸送を分担できるようにする。たとえば、荷物を東京から大阪に運ぶ会社と、その逆の会社をつなぎ、愛知にあるスペースの物流拠点で積み荷を交換してもらう。両社はそれぞれ出発地に戻って荷物を届ける。出発地が東京の会社にとっては愛知－大阪間を往復する手間を省くことができる」とあり、適切です。

③（誤）―本文4段目1行目に「実証実験では、関東－関西間の輸送で1日の拘束時間を平均2時間ほど削減し、13時間以内に抑えたという」とあり、「愛知－大阪間の輸送」ではなく「関東－関西間の輸送」のため、不適切です。

④（誤）―本文4段目9行目に「スペースは足元で愛知や静岡などに計約20ヵ所の拠点を持つ。新サービスに向け、24年までに40ヵ所に増強する計画だ」とあり、「さらに40ヵ所」ではなく合計40ヵ所のため、不適切です。

（4）ウ（第2編第4章第2節）

①（ベンチャーキャピタル）―本文5段目2行目にレックスプラス社について「設備投資に充てるため、ベンチャーキャピタル（VC）のDRONE FUNDなどを引受先とする第三者割当増資で14億5000万円を調達した」とあり、「ベンチャーキャピタル」が適切です。

②（待機時間）―本文5段目8行目にレックスプラス社のサービスについて「搬入先となるトラックの運転手の待機時間を短くする需要を捉える」とあり、「待機時間」が適切です。

③（生産能力）―本文4段目後ろから4行目に「荷物の搬送ロボットを手掛けるLexxPluss（レックスプラス、川崎市）は26年までに生産能力を年1500台と現状の20倍に引き上げる」

とあり、「生産能力」が適切です。

（5）イ（第2編第4章第2節）

ア（誤）—本文3段目8行目に「労働時間短縮で長距離輸送などが難しくなると運送会社の業績が悪化し、運転手の収入減につながる恐れがある」とあり、長距離輸送がなくなると運送会社の収益力が低下し、運転手の待遇がさらに悪化するため、2024年問題の解決につながりません。本文5段目後ろから6行目に「物流業界が新たな事業環境下で収益力を高め」とあります。長距離輸送を効率化し、運送会社の収益力を高めてトラック運転手の待遇を改善するなど、業界の構造改革を進めることが必要なため、不適切です。

イ（正）—リード文3行目に「運送会社のデジタル化を支援するascend（アセンド、東京・新宿）は需給に合わせた最適な運賃を算出するシステムを開発する。〜（中略）〜業務改善や効率化の引き合いは強く、新興勢の商機は拡大している」とあり、適切です。

ウ（誤）—グラフから、中小型トラック運転手と大型トラック運転手ともに年間所得額が全産業平均より低いため、中小型トラック運転手のみの年間所得を改善することは2024年問題の解決につながらないため、不適切です。

 問6

（1）ウ（第1編第7章第3節）

①（誤）—和田は指示の中で、営業会議で5店舗のうちで規模の大きなA店が中心となって販売促進を企画することに決まったと伝え、細木を販売促進企画のリーダーに任命しています。大山の発言（X）に対し、細木の発言（Y）は和田の指示に沿った発言ではないため、不適切です。

②（正）—大山の発言（X）は和田の指示に反しており、その理由をたずねている細木の発言（Y）は大山が納得した上で仕事をする手助けにつながるため、適切です。

③（正）—大山の企画実施に不安があるという発言（X）に対し、細木の発言（Y）は、経験の少ない大山の背中を押して成長につなげる内容であり、適切です。

（2）イ（第2編第1章第7節）

①（誤）—開催エリアは、11月17日に着手し11月24日に終了する予定でしたが、着手が4日遅れて11月21日となり、終了は4日遅れではなく6日遅れて11月30日となっているため、不適切です。

②（正）—展示車両は、11月28日に着手し12月7日に終了する予定でした。着手は3日遅れて12月1日になりましたが、終了は予定通り12月7日なので、適切です。

③（正）—チラシ作成は、11月28日に着手し12月18日に終了する予定でした。着手が3日遅れたため、予定通りの作業期間で進んだ場合、終了が3日遅れ12月21日となるため、適切です。

④（誤）—粗品は、11月22日に着手し12月15日に終了する予定でした。着手が9日遅れたため、予定通りの作業期間で進んだ場合、終了が9日遅れ12月24日となり、展示会に間に合わないため、不適切です。

（3）ア（第1編第4章第2節）

ア（正）—商品を提案する前に、「安くて小さな車に買い替えたい」というお客さまのニーズに加え、さらにお客さまが気づいていないニーズを引き出すため、お客さまの希望を聞くことは、適切です。

イ（誤）—「安くて小さな車に買い替えたい」というお客さまのニーズを優先せず、「安全機能を備え環境に配慮した低燃費の車」を提案することは、不適切です。

ウ（誤）—車を紹介してほしいというお客さまの要望よりも、アンケート調査という自社の都合を優先しているため、不適切です。

（4）ア（第1編第7章第2節、3節）

①（誤）—入社1年目の大山にミスの責任を取らせることは不適切です。指導する立場の細木にも責任があり、今後同様のミスが起きないよう大山と一緒に考えていくことが必要です。

②（正）—緊急事態や不測の事態などで対応方法が分からない場合は、上司に報告し指示を仰ぎます。お客さまと約束した納車日程が遅れそうな緊急事態に、上司の和田に指示を仰ぐことは適切です。

③（誤）—納車をお客さまと約束した日程に間に合わせる努力をしないまま、お客さまに納車の日程変更の連絡をすることは不適切です。また、その原因が後輩のミスによることをお客さまに伝えることも不適切です。

（5）ウ（第2編第3章第2節）

ア（誤）—徒歩圏外のお客さまは「室内装備」のニーズは70％程度と高いですが、「スピード」のニーズは20％未満と低いため、スポーツカーや高級車を取り揃えたカーリースサービスを提供する販売促進策は不適切です。

イ（誤）—徒歩圏外のお客さまは「利便性」のニーズは90％程度と高いですが、「維持費」のニーズ20％程度と低いため、会員同士が共同で車を使用するカーシェアリングサービスを提供する販売促進策は不適切です。

ウ（正）—徒歩圏内のお客さまは「維持費」（90％程度）と環境対応（80％）のニーズが高いため電気自動車やハイブリッド車も取り揃えたレンタカーサービスを提供する販売促進策は適切です。

エ（誤）—徒歩圏内のお客さまは「乗車人数」のニーズが20％程度と低いため、7人以上乗車できる大きな車の売り込みを強化する販売促進策は不適切です。

 問7

（1）ア（第2編第5章第2節）

①（正）—2021年の売上総利益額は、1,400百万円（売上高3,500百万円×売上総利益率40％）で、1,400百万円は14億円なので適切です。

②（正）—2020年から2022年の各事業の売上高は次のとおりです。
住宅新築：2020年2,200百万円、2021年1,900百万円、2022年1,800百万円
リフォーム：2020年800百万円、2021年800百万円、2022年1,200百万円

太陽光設置：2020年600百万円、2021年800百万円、2022年1,000百万円

以上より、太陽光のみが2年連続で売上高が増加している事業であるため、適切です。

③ **(誤)** ―2020年と2022年の比較で、売上高が減少した事業は、住宅新築のみです。減少額の割合は、約18%（（2,200百万円－1,800百万円）÷2,200百万円）であるため、不適切です。

（2）ウ（第2編第3章第3節）

① **(120)** ―2022年の販売件数合計は、2021年が250件、2022年が300件で、2021年の120%（300件÷250件×100）のため、「120」が適切です。

② **(30)** ―2022年のリフォーム販売件数に占める新規顧客販売件数の割合は、60%（新規顧客販売件数60件÷販売件数100×100）で、住宅新築（約92%）はリフォームに比べ32ポイント高くなっているので、「30」が適切です。

③ **(2.5倍)** ―2020年と2022年の各事業の既存顧客販売件数と増加件数は次のとおりです。

住宅新築：2020年0件、2022年5件、増加件数5件

リフォーム：2020年50件、2022年40件、増加件数－10件

太陽光設置：2020年30件、2022年75件、増加件数35件

以上より、既存顧客販売件数が最も伸びている事業は太陽光設置で、増加率は、2.5倍（75件÷30件）となっており、「2.5倍」が適切です。

（3）エ（第2編第3章第3節、第2編第5章第2節）

① **(正)** ―2020年と2021年の太陽光設置の販売単価は次のとおりです。

2020年：12百万円（売上高600百万円÷販売数量50件）

2021年：約8.4百万円（売上高800百万円÷販売数量95件）

以上より、販売単価は2020年から2021年にかけて減少しているため、適切です。

② **(誤)** ―2021年と2022年の住宅新築の売上高と販売単価は次のとおりです。

2021年：売上高1,900百万円 販売単価約25百万円（売上高1,900百万円÷販売件数75件）

2022年：売上高1,800百万円 販売単価30百万円（売上高1,800百万円÷販売件数60件）

以上より、2021年から2022年にかけて売上高は減少していますが、販売単価は増加しているため、不適切です。

③ **(正)** ―2021年と2022年のリフォームの販売件数と販売単価は次のとおりです。

2021年：販売件数80件 販売単価10百万円（売上高800百万円÷販売数量80件）

2022年：販売件数100件 販売単価12百万円（売上高1,200百万円÷販売数量100件）

以上より、2021年から2022年にかけて販売件数は増加しており、販売単価は1.2倍に増加しているため、適切です。

④ **(誤)** ―2021年から2022年のM社の全事業の販売件数と売上総利益額は次のとおりです。

2020年：販売件数200件 売上総利益額1,080百万円（売上高3,600百万円×売上総利益率30%）

2021年：販売件数250件 売上総利益額1,400百万円（売上高3,500百万円×売上総利益率40%）

2022年：販売件数300件 売上総利益額1,400百万円（売上高4,000百万円×売上総利益率35%）

以上より、事業合計の販売数量は増加していますが、売上総利益額は減少していないため、不適切です。

（4）ウ（第2編第3章第3節、第2編第5章第2節）

ア（誤）―売上総利益額の全社に占める住宅新築の割合は2022年が20％で、2020年の55％に比べ、35ポイント減少しているため、不適切です。

イ（誤）―2022年のリフォームの売上総利益額は、630百万円（売上高4,000百万円×売上総利益率35％×事業別割合45％）で、630百万円は6億3千万円のため、不適切です。

ウ（正）―太陽光設置の売上総利益額は、2021年が420百万円（売上高3,500百万円×売上総利益率40％×事業別割合30％）、2022年が490百万円（売上高4,000百万円×売上総利益率35％×事業別割合35％）で、2022年の太陽光設置の売上総利益額は、2021年から7千万円増加しているため、適切です。

エ（誤）―住宅新築とリフォームの売上総利益額に占める割合を合わせると、2020年が70％（住宅新築55％＋リフォーム15％）、2021年も70％（住宅新築50％＋リフォーム20％）です。しかし、売上総利益額は、2020年が756百万円（3,600百万円×売上総利益率30％×事業別割合70％）、2021年が980百万円（3,500百万円×売上総利益率40％×事業別割合70％）で同額ではないため、不適切です。

（5）イ（第2編第3章第4節、第2編第5章第2節）

ア（誤）―住宅新築の売上高、販売件数、売上総利益額は次のとおりです。

2020年：売上高2,200百万円 販売件数70件 売上総利益額594百万円（売上高3,600百万円×売上総利益率30％×事業別割合55％）

2021年：売上高1,900百万円 販売件数75件 売上総利益額700百万円（売上高3,500百万円×売上総利益率40％×事業別割合50％）

2022年：売上高1,800百万円 販売件数60件 売上総利益額280百万円（売上高4,000百万円×売上総利益率35％×事業別割合20％）

以上より、売上高は2年連続で減少していますが、販売件数と売上総利益額は2年連続で減少しておらず、新規販売件数が伸び悩んでいる原因を分析して販売促進策を検討することは不適切です。

イ（正）―2020年から2022年のリフォームの全社に占める売上総利益額の割合と新規顧客率の割合は次のとおりです。

2020年：売上総利益額の割合15％ 新規顧客率37.5％（新規顧客販売件数30件÷販売件数80件）

2021年：売上総利益額の割合20％ 新規顧客率50％（新規顧客販売件数40件÷販売件数80件）

2022年：売上総利益額の割合45％ 新規顧客率60％（新規顧客販売件数60件÷販売件数100件）

以上より、リフォームの全社に占める売上総利益額の割合と新規顧客率が毎年高くなっており、状況を分析しリフォームの新規顧客開拓の強化を検討することは適切です。

ウ（誤）―2020年から2022年の太陽光設置の売上高、販売件数、販売単価は次のとおりです。

2020年：売上高600百万円 販売件数50件 販売単価12百万円（売上高600百万円÷50件）

2021年：売上高800百万円 販売件数95件 販売単価約8.4百万円（売上高800百万円÷95件）

2022年：売上高1,000百万円 販売件数140件 販売単価約7.1百万円（売上高1,000百万円÷140件）

以上より、売上高と販売件数は2年連続して増加しているが、販売単価は2年連続して減少しているため、主力事業として経営資源を最も投入することを検討することは不適切です。